CW01660773

Rasa Petružienė, Dangu

# anglų-lietuvių lietuvių-anglų kalbų žodynas pradžiamoksliams

Apie 3000 žodžių

English-Lithuanian * Lithuanian-English
Dictionary for Beginners

UDK 811.111‘374.8-022.215=172
Pe264

Recenzavo humanitarinių mokslų daktarė
docentė *Vytautė Pasvenskienė*

3-oji laida



ISBN 978-9955-13-552-4

# PRATARMĖ

Mokomasis anglų-lietuvių lietuvių-anglų kalbų žodynas skiriamas pirmiausia pradinių klasių mokiniams kaip papildoma anglų kalbos priemonė. Juo gali sėkmingai naudotis ir asmenys, norintys savarankiškai pramokti anglų kalbos. Žodynas apima visus aktyviosios ir pasyviosios mokinių žodyninės atsargos leksinius vienetus ir struktūras.

Žodyną sudaro leksinis minimumas — 3000 leksinių vienetų. Žodyninis straipsnelis padalytas į tris dalis. Pirmoje dalyje nurodomas angliškas žodžio atitikmuo, antroje dalyje — kiekvieno angliško atitikmens tarimas, trečioje dalyje duoti lietuviški ekvivalentai.

Žodyne yra pateiktos netaisyklingųjų veiksmažodžių formos, kiekinių ir kelintinių skaitvardžių tarimas bei rašyba, anglų kalbos garsų simboliai ir angliškų žodžių skaitymo taisyklės, dažniausiai anglų kalboje sutinkami sutrumpinimai, anglų kalbos abėcėlė. „Laikų lentelė" padės jums sudaryti anglišką sakinį, klausimą ir neigiamą sakinio formą keturiais laikais.

Šiame žodyne surinkti žodžiai iš anglų kalbos vadovėlių, skirtų pradiniam lygiui: *English 1* (A. Stasiulevičiūtė), *English 2* (A. Stasiulevičiūtė), *English 1* (L. Kulvietienė), *English 2* (L. Kulvietienė), *Start with English 1–4, Tip-top 1–4, Chatterbox 1–4, Fanfare 1–2, Whizz kids 1–3, Stop at English* (S. Grigaliūnienė), *Let's speak English 1–2* ir kt.

Tikimės, jog šis žodynas padės lengviau ir greičiau įveikti pirmąsias anglų kalbos mokymosi pakopas.

TURINYS

# KAIP SKAITYTI ANGLIŠKUS ŽODŽIUS

| Raidė, junginys | Garsas | Taisyklė ir pavyzdžiai |
|---|---|---|
| a | [eɪ] | Jei žodžio gale yra balsė -e, tai žodžio vidurinė balsė -a tariasi [eɪ]:<br>Kate [keɪt] Katrė<br>name [neɪm] vardas |
| | [æ] | Jei žodžio gale nėra balsės -e, tai žodžio vidurinė balsė -a tariasi [æ]:<br>bag [bæg] kuprinė<br>fat [fæt] storas |
| | [ə] | Nekirčiuotame skiemenyje:<br>about [ə'baʊt] apie<br>alone [ə'ləʊn] vienišas |
| ai, ay | [eɪ] | train [treɪn] traukinys<br>pay [peɪ] mokėti |
| ar | [ɑ:] | car [kɑ:] automobilis<br>farmer ['fɑ:mə] ūkininkas |
| all | [ɔ:l] | ball [bɔ:l] kamuolys<br>fall [fɔ:l] kristi |
| air | [eə] | hair [heə] plaukai<br>chair [tʃeə] kėdė |
| b, bb | [b] | bag [bæg] kuprinė<br>rubber ['rʌbə] trintukas |
| c | [k] | Žodžio pradžioje:<br>cat [kæt] katė<br>cake [keɪk] tortas |
| | [s] | Prieš e, i, y:<br>cent [sent] centas<br>circus ['sɜ:kəs] cirkas |

| Raidė, junginys | Garsas | Taisyklė ir pavyzdžiai |
|---|---|---|
| ch | [tʃ] | chick [tʃɪk] viščiukas<br>chalk [tʃɔ:k] kreida |
| | [k] | Graikų kilmės žodžiuose:<br>school [sku:l] mokykla |
| d, dd | [d] | dog [dɒg] šuo<br>redder [ˈredə] raudonesnis |
| -ed | [t] | Galūnėje po dusliųjų priebalsių:<br>stopped [stɒpt] sustojo<br>passed [pɑ:st] praėjo |
| dg | [dʒ] | Prieš e, i, y:<br>bridge [brɪdʒ] tiltas<br>fridge [frɪdʒ] šaldytuvas |
| e | [i:] | Jei žodžio gale yra balsė -e, tai žodžio vidurinė balsė -e tariasi [i:] (kaip *y liet. k.*):<br>Pete [pi:t] Pitas<br>Steve [sti:v] Stivas |
| | [e] | Jei žodžio gale nėra balsės -e, tai žodžio vidurinė balsė -e tariasi [e]:<br>pen [pen] parkeris<br>send [send] siųsti |
| | [ɪ] | Daugumoje nekirčiuotų skiemenų:<br>before [bɪˈfɔ:] prieš<br>pretend [prɪˈtend] apsimesti |
| ea, ee | [i:] | meet [mi:t] sutikti<br>meat [mi:t] mėsa |
| ear | [eə] | Po priebalsių:<br>pear [peə] kriaušė<br>bear [beə] meška |
| ed | [d] | Po skardžių priebalsių galūnėje:<br>smiled [smaɪld] šypsojosi<br>opened [ˈəʊpnd] atidarė |

| Raidė, junginys | Garsas | Taisyklė ir pavyzdžiai |
|---|---|---|
| f, ff | [f] | farm [fɑːm] ūkis<br>puff [pʌf] gūsis |
| g, gg<br><br><br><br><br><br><br>gh<br><br>gh | [g]<br><br><br><br>[dʒ]<br><br><br>[g]<br><br>[-] | Prieš a, o, u, žodžio gale:<br>go [gəʊ] eiti<br>bag [bæg] kuprinė<br>trigger ['trɪgə] gaidukas<br>Prieš e, i, y:<br>George [dʒɔ:dʒ] Jurgis<br>gypsy ['dʒɪpsi] čigonas<br>Žodžio pradžioje:<br>ghost [gəʊst] vaiduoklis<br>Visai neskaitome žodžio viduryje ir gale:<br>eight [eɪt] aštuoni<br>higher ['haɪə] aukščiau |
| h<br><br><br>gh | [h]<br><br><br>[g] | Prieš balsę:<br>him [hɪm] jam, juo<br>hen [hen] višta<br>ghastly ['gɑːstli] šiurpus |
| i<br><br><br><br><br><br><br><br><br><br><br><br><br>ir | [aɪ]<br><br><br><br>[ɪ]<br><br><br><br><br><br><br><br><br>[ɜː] | Jei žodžio gale yra balsė -e, tai žodžio vidurinė balsė -i tariasi [aɪ]:<br>kite [kaɪt] aitvaras<br>smile [smaɪl] šypsena<br>Jei žodžio gale nėra balsės -e, tai žodžio vidurinė balsė -i tariasi [ɪ]:<br>pig [pɪg] kiaulė<br>pin [pɪn] smeigtukas<br>Nekirčiuotame skiemenyje:<br>direct [dɪ'rekt] nurodyti<br>discipline ['dɪsɪplɪn] drausmė<br>girl [gɜːl] mergaitė<br>bird [bɜːd] paukštis |

| Raidė, junginys | Garsas | Taisyklė ir pavyzdžiai |
|---|---|---|
| j | [dʒ] | Jane [dʒeɪn] Džeinė<br>jet [dʒet] reaktyvinis lėktuvas |
| k, kk | [k] | kind [kaɪnd] nuoširdus<br>take [teɪk] imti |
| kn | [n] | Netariame k:<br>know [nəʊ] žinoti<br>knit [nɪt] megzti |
| ck | [k] | knock [nɒk] belsti<br>duck [dʌk] antis |
| l, ll | [l] | love [lʌv] meilė<br>all [ɔ:l] visi |
| alk | [ɔ:k] | Netariame -l:<br>talk [tɔ:k] kalbėti |
| m, mm | [m] | my [maɪ] mano<br>summer ['sʌmə] vasara |
| n, nn | [n] | nine [naɪn] devyni<br>thinner ['θɪnə] plonesnis |
| mn | [m] | Neskaitome gale -n:<br>autumn ['ɔ:təm] ruduo |
| ng | [ŋ] | morning ['mɔ:nɪŋ] rytas<br>ceiling ['si:lɪŋ] lubos |
| o | [əʊ] | Jei žodžio gale yra balsė -e, tai žodžio vidurinė balsė -o tariasi [əʊ]:<br>rose [rəʊz] rožė<br>nose [nəʊz] nosis |
| | [ɒ] | Jei žodžio gale nėra balsės -e, tai žodžio vidurinė balsė -o tariasi [ɒ]:<br>hot [hɒt] karštas |
| | [ə] | pot [pɒt] puodas<br>Tik nekirčiuotuose skiemenyse:<br>connect [kə'nekt] jungti<br>correct [kə'rekt] taisyti |

| Raidė, junginys | Garsas | Taisyklė ir pavyzdžiai |
|---|---|---|
| oi, oy | [ɒɪ] | toy [tɒɪ] žaislas<br>joy [dʒɒɪ] džiaugsmas |
| oo | [uː] | spoon [spuːn] šaukštas<br>soon [suːn] greitai |
| oo+k | [ʊ] | book [bʊk] knyga |
| ow, ou | [aʊ] | Žodžio viduryje:<br>town [taʊn] miestas<br>sound [saʊnd] garsas |
| ow | [əʊ] | Žodžio gale:<br>follow ['fɒləʊ] sekti<br>fellow ['feləʊ] draugas |
| p, pp | [p] | pen [pen] parkeris<br>pepper ['pepə] pipirai |
| ph | [f] | phone [fəʊn] telefonas<br>phonetic [fə'netik] fonetinis |
| qu | [kw] | quite [kwaɪt] beveik<br>queen [kwiːn] karalienė |
|  | [k] | queue [kjuː] eilė |
| r, rr | [r] | Prieš balsę:<br>rice [raɪs] ryžiai<br>marry ['mæri] vesti |
| rh | [r] | rhinoceros [raɪ'nɒsərəs] raganosis<br>rhyme [raɪm] eilėraštis |
| s, ss | [s] | Žodžio pradžioje:<br>skate [skeɪt] čiuožti<br>seven ['sevn] septyni<br>Daiktavardžių daugiskaitos galūnėse po dusliųjų priebalsių:<br>books [bʊks] knygos<br>cats [kæts] katės |

| Raidė, junginys | Garsas | Taisyklė ir pavyzdžiai |
|---|---|---|
| s | [z] | Daiktavardžių daugiskaitos galūnėse po skardžiųjų priebalsių:<br>days [deɪz] dienos<br>hills [hɪlz] kalnai |
| es | [ɪz] | Daiktavardžių daugiskaitos galūnėse po ch, s, ss, x, z:<br>boxes [ˈbɒksɪz] dėžės<br>vases [ˈvɑːzɪz] vazos |
| sh | [ʃ] | she [ʃiː] ji<br>sheep [ʃiːp] avis |
| t, tt | [t] | top [tɒp] viršus<br>kitten [ˈkɪtn] kačiukas |
| th | [θ] | three [θriː] trys<br>fourth [fɔːθ] ketvirtas |
| | [ð] | Tarnybinių žodžių (parodomojo pobūdžio) pradžioje:<br>this [ðɪs] šitas, šita<br>these [ðiːz] šitie, šitos |
| u | [juː] | Jei žodžio gale yra balsė -e, tai žodžio vidurinė balsė -u tariasi [juː]:<br>tune [tjuːn] melodija<br>dune [djuːn] kopa |
| | [ʌ] | Jei žodžio gale nėra balsės -e, tai žodžio vidurinė balsė -u tariasi [ʌ]:<br>bus [bʌs] autobusas<br>cup [kʌp] puodelis |
| v, vv | [v] | vase [vɑːz] vaza<br>visit [ˈvɪzɪt] aplankyti |
| w | [w] | watch [wɒtʃ] stebėti<br>wave [weɪv] banga |

| Raidė, junginys | Garsas | Taisyklė ir pavyzdžiai |
|---|---|---|
| wr | [r] | write [raɪt] rašyti<br>wrong [rɒŋ] blogas |
| wh | [w] | why [waɪ] kodėl<br>when [wen] kada |
| x | [ks] | Žodžio viduryje ir gale:<br>fox [fɒks] lapė |
| x | [z] | Žodžio pradžioje:<br>xylophone [ˈzaɪləfəʊn] ksilofonas |
| y | [j] | Žodžio pradžioje:<br>yellow [ˈjeləʊ] geltona<br>yard [jɑːd] kiemas |
| y | [ɪ] | Žodžio viduryje:<br>pyramid [ˈpɪrəmɪd] piramidė |
| y | [ɪ] | Žodžio gale:<br>family [ˈfæmɪli] šeima |
| z, zz | [z] | zebra [ˈziːbrə] zebras<br>buzz [bʌz] zvimbimas |

Brūkšnelis prie žodžio tarimo parodo kirčiuotą skiemenį. Žodyje jų gali būti ir du: vienas viršuje, kitas apačioje. Viršuje kirtis yra pagrindinis, o apačioje pažymėtas — antrinis. Vienskiemeniuose žodžiuose kirtis nežymimas.

# KIEKINIAI SKAITVARDŽIAI

## NULIS — ŠIMTAS

| | | | |
|---|---|---|---|
| 0 | zero | [ˈzɪərəʊ] | nulis |
| 1 | one | [wʌn] | vienas |
| 2 | two | [tuː] | du |
| 3 | three | [θriː] | trys |
| 4 | four | [fɔː] | keturi |
| 5 | five | [faɪv] | penki |
| 6 | six | [sɪks] | šeši |
| 7 | seven | [ˈsevn] | septyni |
| 8 | eight | [eɪt] | aštuoni |
| 9 | nine | [naɪn] | devyni |
| 10 | ten | [ten] | dešimt |
| 11 | eleven | [ɪˈlevn] | vienuolika |
| 12 | twelve | [twelv] | dvylika |
| 13 | thirteen | [ˌθɜːˈtiːn] | trylika |
| 14 | fourteen | [ˌfɔːˈtiːn] | keturiolika |
| 15 | fifteen | [ˌfɪfˈtiːn] | penkiolika |
| 16 | sixteen | [ˌsɪksˈtiːn] | šešiolika |
| 17 | seventeen | [ˌsevnˈtiːn] | septyniolika |
| 18 | eighteen | [ˌeɪˈtiːn] | aštuoniolika |
| 19 | nineteen | [ˌnaɪnˈtiːn] | devyniolika |
| 20 | twenty | [ˈtwenti] | dvidešimt |

| | | | |
|---|---|---|---|
| 21 | twenty-one | [ˌtwenti ˈwʌn] | dvidešimt vienas |
| 22 | twenty-two | [ˌtwenti ˈtuː] | dvidešimt du |
| 23 | twenty-three | [ˌtwenti ˈθriː] | dvidešimt trys |
| 24 | twenty-four | [ˌtwenti ˈfɔː] | dvidešimt keturi |
| 25 | twenty-five | [ˌtwenti ˈfaɪv] | dvidešimt penki |
| 26 | twenty-six | [ˌtwenti ˈsɪks] | dvidešimt šeši |
| 27 | twenty-seven | [ˌtwenti ˈsevn] | dvidešimt septyni |
| 28 | twenty-eight | [ˌtwenti ˈeɪt] | dvidešimt aštuoni |
| 29 | twenty-nine | [ˌtwenti ˈnaɪn] | dvidešimt devyni |
| 30 | thirty | [ˈθɜːti] | trisdešimt |
| 40 | forty | [ˈfɔːti] | keturiasdešimt |
| 50 | fifty | [ˈfɪfti] | penkiasdešimt |
| 60 | sixty | [ˈsɪksti] | šešiasdešimt |
| 70 | seventy | [ˈsevnti] | septyniasdešimt |
| 80 | eighty | [ˈeɪti] | aštuoniasdešimt |
| 90 | ninety | [ˈnaɪnti] | devyniasdešimt |
| 100 | hundred | [ˈhʌndrəd] | šimtas |

# KELINTINIAI SKAITVARDŽIAI

## PIRMAS — ŠIMTASIS

| | | | |
|---|---|---|---|
| the 1st | the first | [fɜːst] | pirmas |
| the 2nd | the second | [ˈsekənd] | antras |
| the 3rd | the third | [θɜːd] | trečias |
| the 4th | the fourth | [fɔːθ] | ketvirtas |
| the 5th | the fifth | [fɪfθ] | penktas |
| the 6th | the sixth | [sɪksθ] | šeštas |
| the 7th | the seventh | [ˈsevnθ] | septintas |
| the 8th | the eighth | [eɪtθ] | aštuntas |
| the 9th | the ninth | [naɪnθ] | devintas |
| the 10th | the tenth | [tenθ] | dešimtas |
| the 11th | the eleventh | [ɪˈlevnθ] | vienuoliktas |
| the 12th | the twelfth | [twelfθ] | dvyliktas |
| the 13th | the thirteenth | [ˌθɜːˈtiːnθ] | tryliktas |
| the 14th | the fourteenth | [ˌfɔːˈtiːnθ] | keturioliktas |
| the 15th | the fifteenth | [ˌfɪfˈtiːnθ] | penkioliktas |
| the 16th | the sixteenth | [ˌsɪksˈtiːnθ] | šešioliktas |
| the 17th | the seventeenth | [ˌsevnˈtiːnθ] | septynioliktas |
| the 18th | the eighteenth | [ˌeɪˈtiːnθ] | aštuonioliktas |
| the 19th | the nineteenth | [ˌnaɪnˈtiːnθ] | devynioliktas |
| the 20th | the twentieth | [ˈtwentɪəθ] | dvidešimtas |
| the 21st | the twenty-first | [ˌtwenti ˈfɜːst] | dvidešimt pirmas |

| | | | |
|---|---|---|---|
| the 22$^{nd}$ | the twenty-second | [ˌtwenti ˈsekənd] | dvidešimt antras |
| the 23$^{rd}$ | the twenty-third | [ˌtwenti ˈθɜ:d] | dvidešimt trečias |
| the 24$^{th}$ | the twenty-fourth | [ˌtwenti ˈfɔ:θ] | dvidešimt ketvirtas |
| the 25$^{th}$ | the twenty-fifth | [ˌtwenti ˈfɪfθ] | dvidešimt penktas |
| the 26$^{th}$ | the twenty-sixth | [ˌtwenti ˈsɪksθ] | dvidešimt šeštas |
| the 27$^{th}$ | the twenty-seventh | [ˌtwenti ˈsevnθ] | dvidešimt septintas |
| the 28$^{th}$ | the twenty-eighth | [ˌtwenti ˈeɪtθ] | dvidešimt aštuntas |
| the 29$^{th}$ | the twenty-ninth | [ˌtwenti ˈnaɪnθ] | dvidešimt devintas |
| the 30$^{th}$ | the thirtieth | [ˈθɜ:tɪəθ] | trisdešimtas |
| the 40$^{th}$ | the fortieth | [ˈfɔ:tɪəθ] | keturiasdešimtas |
| the 50$^{th}$ | the fiftieth | [ˈfɪftɪəθ] | penkiasdešimtas |
| the 60$^{th}$ | the sixtieth | [ˈsɪkstɪəθ] | šešiasdešimtas |
| the 70$^{th}$ | the seventieth | [ˈsevntɪəθ] | septyniasdešimtas |
| the 80$^{th}$ | the eightieth | [ˈeɪtɪəθ] | aštuoniasdešimtas |
| the 90$^{th}$ | the ninetieth | [ˈnaɪntɪəθ] | devyniasdešimtas |
| the 100$^{th}$ | the hundredth | [ˈhʌndrədθ] | šimtasis |

# NETAISYKLINGŲJŲ VEIKSMAŽODŽIŲ LENTELĖ

1. Kalbėdami esamuoju laiku, vartojame I veiksmažodžių formą.

2. Kalbėdami būtuoju laiku, vartojame II veiksmažodžių formą.

3. Kalbėdami apie atliktus darbus, vartojame III veiksmažodžių formą.

| I FORMA | | | II FORMA | | | III FORMA | |
|---|---|---|---|---|---|---|---|
| awake | [ə'weɪk] | pabusti | awoke | [ə'wəʊk] | pabudo | awoken | [ə'wəʊkn] |
| be | [bi:] | būti | was/were | [wɒz], [wɜ:] | buvo | been | [bi:n] |
| am | [æm], [əm] | esu | was | [wɒz] | buvau | been | [bi:n] |
| is | [ɪz] | yra (jis, ji) | was | [wɒz] | buvo (jis, ji) | been | [bi:n] |
| are | [ɑ:] | yra | were | [wɜ:] | buvo | been | [bi:n] |
| become | [bɪ'kʌm] | tapti | became | [bɪ'keɪm] | tapo | become | [bɪ'kʌm] |
| begin | [bɪ'gɪn] | pradėti | began | [bɪ'gæn] | pradėjo | begun | [bɪ'gʌn] |
| bend | [bend] | lenkti | bent | [bent] | lenkė | bent | [bent] |
| bite | [baɪt] | kąsti | bit | [bɪt] | kando | bitten | ['bɪtn] |
| blow | [bləʊ] | pūsti | blew | [blu:] | pūtė | blown | [bləʊn] |
| break | [breɪk] | laužyti | broke | [brəʊk] | laužė | broken | ['brəʊkn] |
| bring | [brɪŋ] | atnešti | brought | [brɔ:t] | atnešė | brought | [brɔ:t] |
| build | [bɪld] | statyti | built | [bɪlt] | statė | built | [bɪlt] |
| burn | [bɜ:n] | degti | burnt | [bɜ:nt] | degė | burnt | [bɜ:nt] |
| buy | [baɪ] | pirkti | bought | [bɔ:t] | pirko | bought | [bɔ:t] |
| catch | [kætʃ] | gaudyti | caught | [kɔ:t] | gaudė | caught | [kɔ:t] |
| choose | [tʃu:z] | pasirinkti | chose | [tʃəʊz] | pasirinko | chosen | ['tʃəʊzn] |
| come | [kʌm] | ateiti | came | [keɪm] | atėjo | come | [kʌm] |

| I FORMA | | | II FORMA | | | III FORMA | |
|---|---|---|---|---|---|---|---|
| cost | [kɒst] | kainuoti | cost | [kɒst] | kainavo | cost | [kɒst] |
| creep | [kri:p] | šliaužti | crept | [krept] | šliaužė | crept | [krept] |
| cut | [kʌt] | pjauti | cut | [kʌt] | pjovė | cut | [kʌt] |
| dig | [dɪg] | kasti | dug | [dʌg] | kasė | dug | [dʌg] |
| do | [du:] | daryti | did | [dɪd] | darė | done | [dʌn] |
| draw | [drɔ:] | piešti | drew | [dru:] | piešė | drawn | [drɔ:n] |
| dream | [dri:m] | sapnuoti | dreamt | [dremt] | sapnavo | dreamt | [dremt] |
| | | | dreamed | [dri:md] | sapnavo | dreamed | [dri:md] |
| drive | [draɪv] | vairuoti | drove | [drəʊv] | vairavo | driven | [ˈdrɪvn] |
| drink | [drɪŋk] | gerti | drank | [dræŋk] | gėrė | drunk | [drʌŋk] |
| eat | [i:t] | valgyti | ate | [et] | valgė | eaten | [ˈi:tn] |
| fall | [fɔ:l] | kristi | fell | [fel] | krito | fallen | [ˈfɔ:ln] |
| feed | [fi:d] | šert | fed | [fed] | šėrė | fed | [fed] |
| feel | [fi:l] | jausti | felt | [felt] | jautė | felt | [felt] |
| fight | [faɪt] | muštis | fought | [fɔ:t] | mušėsi | fought | [fɔ:t] |
| find | [faɪnd] | rasti | found | [faʊnd] | rado | found | [faʊnd] |
| fly | [flaɪ] | skristi | flew | [flu:] | skrido | flown | [fləʊn] |
| forget | [fəˈget] | pamiršti | forgot | [fəˈgɒt] | pamiršo | forgotten | [fəˈgɒtn] |
| forgive | [fəˈgɪv] | atleisti | forgave | [fəˈgeɪv] | atleido | forgiven | [fəˈgɪvn] |
| freeze | [fri:z] | šalti | froze | [frəʊz] | šalo | frozen | [ˈfrəʊzn] |
| get | [get] | gauti | got | [gɒt] | gavo | got | [gɒt] |
| give | [gɪv] | duoti | gave | [geɪv] | davė | given | [ˈgɪvn] |

| I FORMA | | | II FORMA | | | III FORMA | |
|---|---|---|---|---|---|---|---|
| go | [gəʊ] | eiti | went | [went] | ėjo | gone | [g ɒn] |
| grow | [grəʊ] | augti | grew | [gruː] | augo | grown | [grəʊn] |
| hang | [hæŋ] | kabėti | hung | [hʌŋ] | kabėjo | hung | [hʌŋ] |
| have | [hæv] | turėti | had | [hæd] | turėjo | had | [hæd] |
| hear | [hɪə] | girdėti | heard | [hɜːd] | girdėjo | heard | [hɜːd] |
| hide | [haɪd] | slėpti | hid | [hɪd] | slėpė | hidden | [ˈhɪdn] |
| hit | [hɪt] | suduoti | hit | [hɪt] | sudavė | hit | [hɪt] |
| hold | [həʊld] | laikyti | held | [held] | laikė | held | [held] |
| hurt | [hɜːt] | sužeisti | hurt | [hɜːt] | sužeidė | hurt | [hɜːt] |
| keep | [kiːp] | laikyti(s) | kept | [kept] | laikė(si) | kept | [kept] |
| kneel | [niːl] | klūpoti | knelt | [nelt] | klūpojo | knelt | [nelt] |
| know | [nəʊ] | žinoti | knew | [njuː] | žinojo | known | [nəʊn] |
| lay | [leɪ] | dėti | laid | [leɪd] | dėjo | laid | [leɪd] |
| lead | [liːd] | vadovauti | led | [led] | vadovavo | led | [led] |
| learn | [lɜːn] | mokytis | learnt | [lɜːnt] | mokėsi | learnt | [lɜːnt] |
| | | | learned | [lɜːnd] | mokėsi | learned | [lɜːnd] |
| leave | [liːv] | palikti | left | [left] | paliko | left | [left] |
| lend | [lend] | skolinti | lent | [lent] | skolino | lent | [lent] |
| let | [let] | leisti | let | [let] | leido | let | [let] |
| lie | [laɪ] | gulėti | lay | [leɪ] | gulėjo | lain | [leɪn] |
| lose | [luːz] | pamesti | lost | [l ɒst] | pametė | lost | [l ɒst] |
| make | [meɪk] | gaminti | made | [meɪd] | gamino | made | [meɪd] |

| I FORMA | | | II FORMA | | | III FORMA | |
|---|---|---|---|---|---|---|---|
| mean | [mi:n] | reikšti | meant | [ment] | reiškė | meant | [ment] |
| meet | [mi:t] | su(si)tikti | met | [met] | su(si)tiko | met | [met] |
| pay | [peɪ] | mokėti | paid | [peɪd] | mokėjo | paid | [peɪd] |
| put | [pʊt] | dėti | put | [pʊt] | dėjo | put | [pʊt] |
| read | [ri:d] | skaityti | read | [red] | skaitė | read | [red] |
| ride | [raɪd] | joti; važiuoti | rode | [rəʊd] | jojo; važiavo | ridden | [ˈrɪdn] |
| ring | [rɪŋ] | skambėti | rang | [ræŋ] | skambėjo | rung | [rʌŋ] |
| rise | [raɪz] | kilti | rose | [rəʊz] | kilo | risen | [ˈrɪzn] |
| run | [rʌn] | bėgti | ran | [ræn] | bėgo | run | [rʌn] |
| say | [seɪ] | sakyti | said | [sed] | sakė | said | [sed] |
| see | [si:] | matyti | saw | [sɔ:] | matė | seen | [si:n] |
| sell | [sel] | parduoti | sold | [səʊld] | pardavė | sold | [səʊld] |
| send | [send] | siųsti | sent | [sent] | siuntė | sent | [sent] |
| shake | [ʃeɪk] | kratyti | shook | [ʃʊk] | kratė | shaken | [ˈʃeɪkn] |
| shed | [ʃed] | mesti (lapus) | shed | [ʃed] | metė (lapus) | shed | [ʃed] |
| shine | [ʃaɪn] | šviesti | shone | [ʃɒn] | švietė | shone | [ʃɒn] |
| shrink | [ʃrɪŋk] | susitraukti | shrank | [ʃræŋk] | susitraukė | shrunk | [ʃrʌŋk] |
| shut | [ʃʌt] | užversti | shut | [ʃʌt] | užvertė | shut | [ʃʌt] |
| sing | [sɪŋ] | dainuoti | sang | [sæŋ] | dainavo | sung | [sʌŋ] |
| sink | [sɪŋk] | skęsti | sank | [sæŋk] | skendo | sunk | [sʌŋk] |

| I FORMA | | | II FORMA | | | III FORMA | |
|---|---|---|---|---|---|---|---|
| sit | [sɪt] | sėdėti | sat | [sæt] | sėdėjo | sat | [sæt] |
| sleep | [sli:p] | miegoti | slept | [slept] | miegojo | slept | [slept] |
| speak | [spi:k] | kalbėti | spoke | [spəʊk] | kalbėjo | spoken | [ˈspəʊkn] |
| spell | [spel] | sakyti paraidžiui | spelt | [spelt] | sakė paraidžiui | spelt | [spelt] |
| spend | [spend] | leisti | spent | [spent] | leido | spent | [spent] |
| stand | [stænd] | stovėti | stood | [stʊd] | stovėjo | stood | [stʊd] |
| steal | [sti:l] | vogti | stole | [stəʊl] | vogė | stolen | [ˈstəʊln] |
| sting | [stɪŋ] | (į)gelti | stung | [stʌŋ] | (į)gėlė | stung | [stʌŋ] |
| sweep | [swi:p] | šluoti | swept | [swept] | šlavė | swept | [swept] |
| swim | [swɪm] | plaukti | swam | [swæm] | plaukė | swum | [swʌm] |
| swing | [swɪŋ] | suptis | swung | [swʌŋ] | suposi | swung | [swʌŋ] |
| take | [teɪk] | imti | took | [tʊk] | ėmė | taken | [ˈteɪkn] |
| teach | [ti:tʃ] | mokyti | taught | [tɔ:t] | mokė | taught | [tɔ:t] |
| tear | [teə] | plėšyti | tore | [tɔ:] | plėšė | torn | [tɔ:n] |
| tell | [tel] | pasakoti | told | [təʊld] | pasakojo | told | [təʊld] |
| think | [θɪŋk] | galvoti | thought | [θɔ:t] | galvojo | thought | [θɔ:t] |
| throw | [θrəʊ] | mesti | threw | [θru:] | metė | thrown | [θrəʊn] |
| understand | [ˌʌndəˈstænd] | suprasti | understood | [ˌʌndəˈstʊd] | suprato | understood | [ˈʌndəˈstʊd] |
| wake | [weɪk] | pabusti | woke | [wəʊk] | pabudo | woken | [ˈwəʊkn] |
| wear | [weə] | vilkėti | wore | [wɔ:] | vilkėjo | worn | [wɔ:n] |
| win | [wɪn] | laimėti | won | [wʌn] | laimėjo | won | [wʌn] |
| write | [raɪt] | rašyti | wrote | [rəʊt] | rašė | written | [ˈrɪtn] |

# Vardų sąrašas

| | | |
|---|---|---|
| Alice | ['ælɪs] | Alisa |
| Ann | [æn] | Ana |
| Beauty | ['bju:ti] | Gražuolė |
| Ben | [ben] | Benas |
| Betty | ['beti] | Beti |
| Bill | [bɪl] | Bilas |
| Bingo | ['bɪngəʊ] | Bingas (*šuo*) |
| Blackie | ['blæki] | Juodis (*gyvūnas*) |
| Boris | ['b ɒrɪs] | Borisas |
| Caroline | ['kærəlaɪn] | Karolina |
| Christ | [kraɪst] | Kristus |
| Cinderella | [ˌsɪndə'relə] | Pelenė (*personažas*) |
| Dan | [dæn] | Danas |
| Dick | [dɪk] | Dikas |
| Dot | [d ɒt] | Dotė |
| Eve | [i:v] | Ieva |
| Fred | [fred] | Fredis |
| Jane | [dʒeɪn] | Džeinė |
| Jesus | ['dʒi:zəs] | Jėzus |
| Jesus Christ | [ˌdʒi:zəs 'kraɪst] | Jėzus Kristus |
| John | [dʒɒn] | Jonas, Džonas |
| Kate | [keɪt] | Keitė |
| Ken | [ken] | Kenas |
| Lolly | ['l ɒli] | Lolita |
| Mark | [mɑ:k] | Markas |
| Mary | ['meəri] | Marija, Merė |
| Meg | [meg] | Megė |
| Mike | [maɪk] | Maikas |
| Neptune | ['neptju:n] | Neptūnas |
| Nick | [nɪk] | Nikas |
| Nutcracker | ['nʌtkrækə] | Spragtukas (*personažas*) |
| Pete | [pi:t] | Pitas |
| Red Riding Hood | [red 'raɪdɪŋ hʊd] | Raudonkepuraitė (*pers.*) |
| Rose | [rəʊz] | Rožė |
| Spot | [sp ɒt] | Spotas (*šuo*) |
| Steve | [sti:v] | Stivas |
| Ted | [ted] | Tedas |
| Thumbellina | [ˌθʌmbə'li:nə] | Coliukė (*personažas*) |
| Tim | [tɪm] | Timas |
| Tom | [t ɒm] | Tomas |

# DAŽNIAUSIAI SUTINKAMI ANGLIŠKI SUTRUMPINIMAI

| | | |
|---|---|---|
| ABC | [ˌeɪbiːˈsiː] | abėcėlė |
| aren't | [ɑːnt] | are not |
| can't | [kɑːnt] | cannot |
| CD | [ˌsiːˈdiː] | kompaktinis diskas |
| couldn't | [ˈkʊdnt] | could not |
| didn't | [ˈdɪdnt] | did not |
| doesn't | [ˈdʌznt] | does not |
| don't | [dəʊnt] | do not |
| hadn't | [ˈhædnt] | had not |
| hasn't | [ˈhæznt] | has not |
| haven't | [ˈhævnt] | have not |
| he'd | [hiːd] | he had/ he would |
| he'll | [hiːl] | he will |
| he's | [hiːz] | he is/ he has |
| I'd | [aɪd] | I had/ I would |
| I'll | [aɪl] | I will |
| I'm | [aɪm] | I am |
| I've | [aɪv] | I have |
| isn't | [ˈɪznt] | is not |
| it'll | [ˈɪtl] | it will |
| it's | [ɪts] | it is/it has |
| mustn't | [ˈmʌsnt] | must not |
| needn't | [ˈniːdnt] | need not |
| she'd | [ʃiːd] | she had/ she would |
| she'll | [ʃiːl] | she will |
| she's | [ʃiːz] | she is/ she has |
| shouldn't | [ˈʃʊdnt] | should not |
| that's | [ðæts] | that is |
| they'd | [ðeɪd] | they had |
| they'll | [ðeɪl] | they will |
| they're | [ðeɪə] | they are |
| they've | [ðeɪv] | they have |
| wasn't | [ˈwɒznt] | was not |
| we'd | [wiːd] | we had/ we would |
| we'll | [wiːl] | we will |
| we're | [wɪə] | we are |
| we've | [wiːv] | we have |
| weren't | [wɜːnt] | were not |
| what's | [wɒts] | what is? |
| who's | [huːz] | who is/ who has? |
| where's | [weəz] | where is? |
| won't | [wəʊnt] | will not |
| wouldn't | [ˈwʊdnt] | would not |
| you'd | [juːd] | you had/ you would |
| you'll | [juːl] | you will |
| you're | [jʊə] | you are |
| you've | [juːv] | you have |

| | | | |
|---|---|---|---|
| boy's | [bɒɪz] | berniuko | (savybinio linksnio vienaskaitos forma sudaroma prie bendrojo linksnio vienaskaitos formos pridūriant -'s) |
| girl's | [gɜːlz] | mergaitės | |
| boys' | [bɒɪz] | berniukų | (savybinio linksnio daugiskaitos forma sutampa su bendrojo linksnio daugiskaitos forma, tik pridėjus apostrofą -') |
| girls' | [gɜːlz] | mergaičių | |
| baker's | ['beɪkəz] | duonos parduotuvė | (parduotuvių pavadinimai žymimi su -'s) |
| chemist's | ['kemɪsts] | vaistinė | |

| | | |
|---|---|---|
| Mr | ['mɪstə] | ponas |
| Mrs | ['mɪsɪz] | ponia |
| Miss | [mɪs] | panelė |
| Ms | [mɪz] | ponia arba panelė |
| a.m. | [ˌæntɪ me'rɪdɪəm] | ante meridiem (*lot.*) priešpiet |
| p.m. | [ˌpəʊst me'rɪdɪəm] | post meridiem (*lot.*) popiet |
| BC | [bɪ'fɔː ˌkraɪst] | before Christ — prieš mūsų erą |
| UK | [juːˌnaɪtɪd ˌkɪŋdəm] United Kingdom — Jungtinė Karalystė | |
| USA | [ˌjuː es 'eɪ] | United States of America — JAV |
| & | [ənd] | and |

## Lietuviški sutrumpinimai

*amer.* — amerikanizmas
*bot.* — botanika
*būs. l.* — būsimasis laikas
*būt. l.* — būtasis laikas
*daiktav.* — daiktavardis
*dgs.* — daugiskaita
*es. l.* — esamasis laikas
*liep.* — liepimas
*lot.* — lotynų kalba
*mat.* — matematika
*neig.* — neigiamasis
*neskaič.* — neskaičiuotinis
*pagalb.* — pagalbinis
*sak.* — sakinys
*skaič.* — skaičiuotinis
*šnek.* — šnekamosios kalbos žodis
*teig.* — teigiamas
*veiksm.* — veiksmažodis
*vns.* — vienaskaita

# ANGLŲ KALBOS ABĖCĖLĖ

Žodyne angliški žodžiai išdėstyti abėcėlės tvarka. Siekiant palengvinti veiksmažodžių (tiek taisyklingų, tiek ir netaisyklingų) būtojo laiko formos paiešką, ši forma yra spausdinama su ✿ ženkliuku.

Abėcėline tvarka surašytos paraštės, išryškinančios raidę, kuria prasideda žodžiai, esantys tame puslapyje, taip pat palengvins ir pagreitins reikiamo žodžio paiešką.

## The ABC

| | | | |
|---|---|---|---|
| A a | [eɪ] | N n | [en] |
| B b | [biː] | O o | [əʊ] |
| C c | [siː] | P p | [piː] |
| D d | [diː] | Q q | [kjuː] |
| E e | [iː] | R r | [ɑː] |
| F f | [ef] | S s | [es] |
| G g | [dʒiː] | T t | [tiː] |
| H h | [eɪtʃ] | U u | [juː] |
| I i | [aɪ] | V v | [viː] |
| J j | [dʒeɪ] | W w | [ˈdʌbljuː] |
| K k | [keɪ] | X x | [eks] |
| L l | [el] | Y y | [waɪ] |
| M m | [em] | Z z | [zed] |

## Leksikografiniai šaltiniai


1. Hornby A. S. Oxford Advanced Learner's Dictionary of Current English. (5th edition). — Oxford UP, 1999.
2. Jones D. English Pronouncing Dictionary (5th edition). — Cambridge, 1991.
3. Kernerman Semi-Bilingual Dictionaries. English Dictionary for Speakers of Lithuanian. (Anglų kalbos mokomasis žodynas). — V., 1997.
4. Kernerman Semi-Bilingual Dictionaries. English-Lithuanian Learner's Dictionary for beginners. — V., 1999.
5. Longman New Junior English Dictionary. Longman group UK. Limited, 1993.
6. Piesarskas B. The English-Lithuanian Dictionary. (Didysis anglų-lietuvių kalbų žodynas). — V., 1999.
7. Piesarskas B. Mokomasis lietuvių-anglų kalbų žodynas. — K., 1992.
8. Piesarskas B., Svecevičius B. Lithuanian-English Dictionary. (Lietuvių-anglų kalbų žodynas) — V., 1997.
9. Scarry R. Mano žodynas (lietuvių ir anglų kalba). Best World Book ever (the 4th printing). — Chicago, 1992.
10. Stoškienė R., Timofejevienė A. Young Learner's Dictionary (Anglų-lietuvių lietuvių-anglų kalbų pradinukų žodynas). — K., 1999.
11. Svecevičius B. English-Lithuanian dictionary. (Anglų-lietuvių kalbų žodynas). — V., 1998.
12. The English Illustrated Dictionary. Award publication (2d edition) revised by Dorrothy Eagle. — London, 1996.
13. The Wordsworth Concise English Dictionary Ed G. W. Davidson, et. al. Wordsworth Editions Ltd, 1994.
14. Wells J. C. Pronunciation Dictionary. Longman Group UK Limited, 1996.

# ANGLŲ–LIETUVIŲ

## A a

| | | |
|---|---|---|
| a, an | [eɪ], [ə], [ən] | nežymim. artikelis |
| a. m. | [ˌæntɪ məˈrɪdɪəm] | priešpiet *lot.* |
| ABC | [ˌeɪ biː ˈsiː] | abėcėlė |
| about | [əˈbaʊt] | apie |
| above | [əˈbʌv] | virš |
| absent | [ˈæbsənt] | nesantis |
| absurd | [əbˈsɜːd] | absurdiškas |
| accident | [ˈæksɪdənt] | atsitikimas |
| acorn | [ˈeɪkɔːn] | gilė |
| acrobat | [ˈækrəbæt] | akrobatas |
| across | [əˈkrɒs] | per, skersai |
| act | [ækt] | veikti |
| ✿ acted | [ˈæktɪd] | veikė |
| action | [ˈækʃn] | veiksmas |
| actor | [ˈæktə] | aktorius |
| add | [æd] | pridėti |
| ✿ added | [ˈædɪd] | pridėjo |
| address | [əˈdres] | adresas |
| adjective | [ˈædʒɪktɪv] | būdvardis |
| admire | [ədˈmaɪə] | gėrėtis |
| ✿ admired | [ədˈmaɪəd] | gėrėjosi |
| adventure | [ədˈventʃə] | nuotykis |
| adverb | [ˈædvɜːb] | prieveiksmis |
| advertisement | [ədˈvɜːtɪsmənt] | skelbimas |
| advice | [ədˈvaɪs] | patarimas |
| aerial | [ˈeərɪəl] | aviacinis; antena |
| aeroplane | [ˈeərəpleɪn] | lėktuvas |
| afraid | [əˈfreɪd] | išsigandęs |
| Africa | [ˈæfrɪkə] | Afrika |
| after | [ˈɑːftə] | po, paskui |
| afternoon | [ˌɑːftəˈnuːn] | popietė |

| | | |
|---|---|---|
| again | [ə'gen] | vėl |
| against | [ə'geɪnst] | prieš |
| age | [eɪdʒ] | amžius |
| ago | [ə'gəʊ] | prieš (*praeityje*) |
| agree | [ə'gri:] | sutarti, pritarti |
| ✿ agreed | [ə'gri:d] | sutarė, pritarė |
| air | [eə] | oras |
| airport | ['eəpɔ:t] | oro uostas |
| alarm-clock | [ə'lɑ:mklɒk] | žadintuvas |
| albatross | ['ælbətrɒs] | albatrosas |
| album | ['ælbəm] | albumas |
| alder | ['ɔ:ldə] | alksnis |
| alive | [ə'laɪv] | gyvas |
| all | [ɔ:l] | visi, visos |
| all-year-round | [ˌɔ:l jɪə 'raʊnd] | visus metus |
| all right | [ˌɔ:l 'raɪt] | viskas gerai |
| all the rest | [ˌɔ:l ðə 'rest] | visi kiti, likusieji |
| alligator | ['ælɪgeɪtə] | aligatorius |
| allow | [ə'laʊ] | leisti, sudaryti sąlygas |
| ✿ allowed | [ə'laʊd] | leido, sudarė sąlygas |
| alone | [ə'ləʊn] | vienas pats |
| along | [ə'lɒŋ] | išilgai, tolyn |
| aloud | [ə'laʊd] | garsiai |
| alphabet | ['ælfəbet] | abėcėlė |
| also | ['ɔ:lsəʊ] | taip pat |
| always | ['ɔ:lweɪz] | visada |
| am | [æm], [əm] | esu |
| amazing | [ə'meɪzɪŋ] | stulbinantis |
| amber | ['æmbə] | gintaras |
| America | [ə'merɪkə] | Amerika |
| American | [ə'merɪkən] | amerikietis; amerikietiškas |
| amphibian | [æm'fɪbiən] | amfibija |

A a B b C c D d E e F f G g H h I i J j K k L l M m N n O o P p Q q R r S s T t U u V v W w X x Y y Z z

| | | |
|---|---|---|
| ancient | [ˈeɪnʃənt] | senovinis |
| and | [ənd] | ir |
| angry | [ˈæŋgri] | piktas |
| animal | [ˈænɪml] | gyvūnas |
| ankle | [ˈæŋkl] | kulkšnis |
| annual | [ˈænjʊəl] | kasmetinis |
| another | [əˈnʌðə] | kitas (*dar vienas*) |
| answer | [ˈɑːnsə] | atsakymas |
| answer | [ˈɑːnsə] | atsakyti |
| ✿ answered | [ˈɑːnsəd] | atsakė |
| ant | [ænt] | skruzdėlė |
| Antarctica | [ænˈtɑːktɪkə] | Antarktida |
| antelope | [ˈæntɪləʊp] | antilopė |
| antenna | [ænˈtenə] | antena |
| any | [ˈeni] | bet kuris, (*klausiant; neig. sak.*) |
| anybody | [ˈenibədi] | kas nors (*apie žmogų*) |
| anyone | [ˈeniwʌn] | bet kas, kas nors (*apie žmogų*) |
| anything | [ˈeniθɪŋ] | bet kas, kas nors (*apie daiktą*) |
| anyway | [ˈeniweɪ] | kad ir kaip būtų; vis tiek |
| anywhere | [ˈeniweə] | bet kur |
| apartment | [əˈpɑːtmənt] | butas (*su baldais*) *amer.* |
| appear | [əˈpɪə] | pasirodyti |
| ✿ appeared | [əˈpɪəd] | pasirodė |
| apple | [ˈæpl] | obuolys |
| apple pie | [ˈæpl paɪ] | obuolių pyragas |
| apple-tree | [ˈæpltriː] | obelis |
| apricot | [ˈeɪprɪkət] | abrikosas |
| April | [ˈeɪprəl] | balandis (*mėnuo*) |
| apron | [ˈəɪprən] | prijuostė |
| Arabia | [əˈreɪbɪə] | Arabija |
| Arabian | [əˈreɪbɪən] | arabas; arabų kalba; arabiškas |
| architect | [ˈɑːkɪtekt] | architektas |

| | | |
|---|---|---|
| are | [ɑː], [ə] | esi, esate, yra, esame |
| ✿ were | [wɜː], [weə] | buvo, buvome, buvote |
| aren’t | [ɑːnt] | nesi, nesate, nėra, nesame |
| ✿ weren’t | [wɜːnt], [weənt] | nebuvo, nebuvome, nebuvote |
| arithmetic | [əˈrɪθmətɪk] | aritmetika |
| Ark | [ɑːk] | Arka (*Nojaus laivas*) |
| arm | [ɑːm] | ranka (*nuo plaštakos iki peties*) |
| armchair | [ˈɑːmtʃeə] | fotelis |
| army | [ˈɑːmi] | armija |
| around | [əˈraʊnd] | aplink |
| arrest | [əˈrest] | suimti |
| ✿ arrested | [əˈrestɪd] | suėmė |
| arrival | [əˈraɪvl] | atvykimas |
| arrive | [əˈraɪv] | atvykti |
| ✿ arrived | [əˈraɪvd] | atvyko |
| arrow | [ˈærəʊ] | strėlė |
| art | [ɑːt] | dailė, menas; dailės pamoka |
| article | [ˈɑːtɪkl] | straipsnis |
| artist | [ˈɑːtɪst] | dailininkas |
| as | [æz], [əz] | kaip |
| as for | [ˈæz fə] | kas dėl |
| ash | [æʃ] | pelenai |
| ashore | [əˈʃɔː] | ant kranto |
| Asia | [ˈeɪʃə] | Azija |
| ask | [ɑːsk] | klausti |
| ✿ asked | [ɑːskt] | klausė |
| asleep | [əˈsliːp] | miegantis |
| assistant | [əˈsɪstənt] | padėjėjas |
| aster | [ˈæstə] | astra *bot.* |
| astronaut | [ˈæstrənɔːt] | astronautas |
| astronomer | [əˈstrɒnəmə] | astronomas |
| astronomy | [əˈstrɒnəmi] | astronomija |

A a B b C c D d E e F f G g H h I i J j K k L l M m N n O o P p Q q R r S s T t U u V v W w X x Y y Z z

| | | |
|---|---|---|
| at | [ət] | prie |
| at last | [ət ˈlɑːst] | pagaliau |
| at night | [ət ˈnaɪt] | naktį |
| at noon | [ət ˈnuːn] | per pietus |
| at once | [ət ˈwʌns] | iš karto |
| at the back of | [ət ðə ˈbæk əv] | už nugaros |
| ✿ ate | | valgė (*būt. l.*) žr. e a t |
| Athens | [ˈæθɪnz] | Atėnai |
| athlete | [ˈæθliːt] | atletas, sportininkas |
| athletics | [æθˈletɪks] | atletika |
| Atlantic | [ətˈlæntɪk] | Atlantas |
| attach | [əˈtætʃ] | pritvirtinti |
| ✿ attached | [əˈtætʃt] | pritvirtino |
| audience | [ˈɔːdɪəns] | publika, žiūrovai |
| auditorium | [ˌɔːdɪˈtɔːrɪəm] | žiūrovų salė |
| August | [ˈɔːgəst] | rugpjūtis |
| aunt | [ɑːnt] | teta |
| Australia | [ɒˈstreɪlɪə] | Australija |
| autograph | [ˈɔːtəgrɑːf] | autografas |
| autumn | [ˈɔːtəm] | ruduo |
| awake | [əˈweɪk] | pabusti |
| ✿ awoke | [əˈwəʊk] | pabudo |
| away | [əˈwei] | šalin |
| awful | [ˈɔːfəl] | baisus |
| axe | [æks] | kirvis |

## B b

| | | |
|---|---|---|
| baby | [ˈbeɪbi] | kūdikis |
| back | [bæk] | atvirkščioji pusė, nugara |
| backbone | [ˈbækbəʊn] | nugarkaulis |
| backwards | [ˈbækwədz] | atgal |
| bacon | [ˈbeɪkən] | lašiniai |
| bad | [bæd] | blogas |
| badge | [bædʒ] | ženkliukas |

| | | |
|---|---|---|
| badly | [ˈbædli] | blogai |
| badminton | [ˈbædmɪntən] | badmintonas |
| bad-tempered | [ˌbædˈtempəd] | piktas, irzlus |
| bag | [bæg] | krepšys |
| bake | [beɪk] | kepti (*duoną*) |
| ✿ baked | [beɪkt] | kepė (*duoną*) |
| baker | [ˈbeɪkə] | kepėjas |
| baker's | [ˈbeɪkəz] | duonos parduotuvė |
| bakery | [ˈbeɪkəri] | kepykla |
| balcony | [ˈbælkəni] | balkonas |
| bald | [bɔ:ld] | plikas |
| ball | [bɔ:l] | kamuolys |
| ballerina | [ˌbæləˈri:nə] | balerina |
| ballet | [ˈbæleɪ] | baletas |
| balloon | [bəˈlu:n] | balionas |
| ballpoint pen | [ˈbɔ:lpɒɪnt ˌpen] | tušinukas |
| bamboo | [bæmˈbu:] | bambukas |
| banana | [bəˈnɑ:nə] | bananas |
| band | [bænd] | orkestras |
| bandage | [ˈbændɪdʒ] | tvarstis |
| bang | [bæŋ] | trenksmas |
| bang | [bæŋ] | trenktis |
| ✿ banged | [bæŋd] | trenkėsi |
| bank | [bæŋk] | bankas |
| bar | [bɑ:] | baras; plytelė (*šokolado*) |
| barbecue | [ˈbɑ:bɪkju:] | kepta mėsa ant grotelių/iešmo |
| barber | [ˈbɑ:bə] | kirpėjas (*vyrų*) |
| barber's | [ˈbɑ:bəz] | vyrų kirpykla |
| bark | [bɑ:k] | loti |
| ✿ barked | [bɑ:kt] | lojo |
| baseball | [ˈbeɪsbɔ:l] | beisbolas |
| basement | [ˈbeɪsmənt] | rūsys |
| basin | [ˈbeɪsn] | dubuo |
| basket | [ˈbɑ:skɪt] | krepšys |

| | | |
|---|---|---|
| basketball | [ˈbɑːskɪtbɔ:l] | krepšinis |
| bat | [bæt] | šikšnosparnis; beisbolo lazda |
| bath | [bɑːθ] | vonia |
| bathing-suit | [ˈbəɪðɪŋ suːt] | maudymosi kostiumas |
| bathroom | [ˈbɑːθrʊm] | vonia (*kambarys*) |
| bathtub | [ˈbɑːθtʌb] | vonia *amer.* |
| battle | [ˈbætl] | mūšis |
| BC | [ˈbɜːθ sətɪfɪkət] | gimimo liudijimas |
| BC | [bɪˌfɔ: ˈkraɪst] | prieš mūsų erą |
| be | [biː] | būti |
| be ill | [ˌbiː ˈɪl] | sirgti |
| Be quiet! | [ˌbiː ˈkwaɪət] | Nurimk! |
| beach | [biːtʃ] | pliažas, paplūdimys |
| beak | [biːk] | snapas |
| bean | [biːn] | pupa |
| bear | [beə] | meška |
| beard | [bɪəd] | barzda |
| beautiful | [ˈbjuːtɪfəl] | gražus, nuostabus |
| beauty | [ˈbjuːti] | grožis |
| beaver | [ˈbiːvə] | bebras |
| because | [bɪˈkɒz] | nes, kadangi |
| become | [bɪˈkʌm] | tapti |
| ✿ became | [bɪˈkeɪm] | tapo |
| bed | [bed] | lova |
| bedroom | [ˈbedrʊm] | miegamasis |
| bee | [biː] | bitė |
| beef | [biːf] | jautiena |
| beet | [biːt] | burokas |
| beetle | [ˈbiːtl] | vabalas |
| before | [bɪˈfɔ:] | prieš, anksčiau |
| beg | [beg] | maldauti; prašyti išmaldos |
| ✿ begged | [begd] | maldavo; prašė išmaldos |
| beggar | [ˈbegə] | elgeta |
| begin | [bɪˈgɪn] | pradėti |
| ✿ began | [bɪˈgæn] | pradėjo |

| | | | |
|---|---|---|---|
| | beginning | [bɪˈgɪnɪŋ] | pradžia |
| | behind | [bɪˈhaɪnd] | už, užpakalyje |
| | belief | [bɪˈliːf] | tikėjimas |
| | believe | [bɪˈliːv] | tikėti |
| ✿ | believed | [bɪˈliːvd] | tikėjo |
| | bell | [bel] | varpelis, skambutis |
| | belong | [bɪˈlɒŋ] | priklausyti |
| ✿ | belonged | [bɪˈlɒŋd] | priklausė |
| | below | [bɪˈləʊ] | apačioje, žemiau |
| | belt | [belt] | diržas |
| | bench | [bentʃ] | suoliukas |
| | bend | [bend] | lenkti |
| ✿ | bent | [bent] | lenkė |
| | beneath | [bɪˈniːθ] | žemiau (*po*) |
| | berry | [ˈberi] | uoga |
| | beside | [bɪˈsaɪd] | šalia |
| | best | [best] | geriausias |
| | better | [ˈbetə] | geresnis, geriau |
| | between | [bɪˈtwiːn] | tarp |
| | bicycle | [ˈbaɪsɪkl] | dviratis |
| | big | [bɪg] | didelis |
| | bike | [baɪk] | dviratis *šnek.* |
| | billiard | [ˈbɪlɪəd] | biliardas |
| | billion | [ˈbɪljən] | milijardas |
| | bin | [bɪn] | šiukšlių dėžė |
| | binoculars | [bɪˈnɒkjʊləz] | žiūronai |
| | birch | [bɜːtʃ] | beržas |
| | bird | [bɜːd] | paukštis |
| | birthday | [ˈbɜːθdeɪ], [ˈbɜːθdi] | gimimo diena |
| | birthplace | [ˈbɜːθpleɪs] | gimimo vieta |
| | biscuit | [ˈbɪskɪt] | sausainis, biskvitas |
| | bite | [baɪt] | kąsti |
| ✿ | bit | [bɪt] | kando |
| | bitter | [ˈbɪtə] | kartus |
| | black | [blæk] | juodas |

A a B b C c D d E e F f G g H h I i J j K k L l M m N n O o P p Q q R r S s T t U u V v W w X x Y y Z z

| | | | |
|---|---|---|---|
| | blackboard | [ˈblækbɔ:d] | lenta (klasės) |
| | blank | [blæŋk] | tuščias, neprirašytas |
| | blanket | [ˈblæŋkɪt] | antklodė |
| | bless | [bles] | laiminti |
| ✿ | blessed | [blest] | laimino |
| | Bless you! | [ˈbles ˌju:] | Į sveikatą! (*nusičiaudėjus*) |
| | blind | [blaɪnd] | aklas |
| | block | [blɒk] | kaladėlė |
| | blond | [blɒnd] | šviesiaplaukis, -ė |
| | blood | [blʌd] | kraujas |
| | blossom | [ˈblɒsəm] | žydėjimas |
| | blouse | [blaʊz] | palaidinė |
| | blow | [bləʊ] | pūsti |
| ✿ | blew | [blu:] | pūtė |
| | blue | [blu:] | mėlynas |
| | blueberry | [ˈblu:beri] | mėlynė (*uoga*) |
| | board | [bɔ:d] | lenta |
| | boast | [bəʊst] | girtis |
| ✿ | boasted | [ˈbəʊstɪd] | gyrėsi |
| | boat | [bəʊt] | valtis |
| | body | [ˈbɒdi] | kūnas |
| | boil | [bɒɪl] | virti |
| ✿ | boiled | [bɒɪld] | virė |
| | bold | [bəʊld] | drąsus, įžūlus |
| | bone | [bəʊn] | kaulas |
| | bonfire | [ˈbɒnfaɪə] | laužas |
| | book | [bʊk] | knyga |
| | bookcase | [ˈbʊkkeɪs] | knygų spinta |
| | bookshelf | [ˈbʊkʃelf] | knygų lentyna |
| | bookshop | [ˈbʊkʃɒp] | knygynas |
| | boot | [bu:t] | aulinis batas |
| | bored | [bɔ:d] | nuobodžiaujantis |
| | boring | [ˈbɔ:rɪŋ] | nuobodus, įkyrus |
| | born | [bɔ:n] | gimęs |
| | borrow | [ˈbɒrəʊ] | pasiskolinti |
| ✿ | borrowed | [ˈbɒrəʊd] | pasiskolino |

| | | | |
|---|---|---|---|
| | botanical garden | [bəˌtænɪkl ˈgɑːdn] | botanikos sodas |
| | both | [bəʊθ] | abu, abi |
| | bottle | [ˈbɒtl] | butelis |
| | bottom | [ˈbɒtəm] | apačia, dugnas |
| ✿ | bought | | pirko (*būt. l.*) žr. b u y |
| | bow | [bəʊ] | lankas |
| | bowl | [bəʊl] | dubenėlis |
| | box | [bɒks] | dėžė |
| | boxing | [ˈbɒksɪŋ] | boksas |
| | boy | [bɒɪ] | berniukas |
| | bracelet | [ˈbreɪslət] | apyrankė |
| | braces | [ˈbreɪsɪz] | petnešos |
| | brain | [breɪn] | smegenys |
| | brake | [breɪk] | stabdys |
| | branch | [brɑːntʃ] | šaka |
| | brave | [breɪv] | drąsus |
| | Brazil | [brəˈzɪl] | Brazilija |
| | bread | [bred] | duona |
| | breadbin | [ˈbredbɪn] | duoninė |
| | break | [breɪk] | pertrauka |
| | break | [breɪk] | laužyti |
| ✿ | broke | [brəʊk] | laužė |
| | breakfast | [ˈbrekfəst] | pusryčiai |
| | breeze | [briːz] | švelnus vėjelis |
| | brick | [brɪk] | plyta |
| | bridge | [brɪdʒ] | tiltas |
| | bright | [braɪt] | šviesus |
| | brilliant | [ˈbrɪlɪənt] | puikus |
| | bring | [brɪŋ] | atnešti |
| ✿ | brought | [brɔːt] | atnešė |
| | Britain | [ˈbrɪtn] | Britanija |
| | British | [ˈbrɪtɪʃ] | britaniškas, angliškas |
| | broad | [brɔːd] | platus, erdvus |
| | broccoli | [ˈbrɒkəli] | brokolis |
| | bronze | [brɒnz] | bronzinis |
| | brooch | [brəʊtʃ] | sagė |

A a B b C c D d E e F f G g H h I i J j K k L l M m N n O o P p Q q R r S s T t U u V v W w X x Y y Z z

| | | | |
|---|---|---|---|
| | broom | [bruːm], [brʊm] | šluota |
| | brother | [ˈbrʌðə] | brolis |
| ✿ | brought | | atnešė (*būt. l.*) žr. b r i n g |
| | brown | [braʊn] | rudas |
| | brush | [brʌʃ] | šepetys, teptukas |
| | brush | [brʌʃ] | valyti šepečiu |
| ✿ | brushed | [brʌʃt] | valė šepečiu |
| | bucket | [ˈbʌkɪt] | kibiras |
| | bud | [bʌd] | pumpuras |
| | bug | [bʌg] | vabalas *amer.* |
| | bugle | [ˈbjuːgl] | trimitas |
| | build | [bɪld] | statyti |
| ✿ | built | [bɪlt] | statė |
| | builder | [ˈbɪldə] | statybininkas |
| | building | [ˈbɪldɪŋ] | pastatas |
| | bull | [bʊl] | bulius |
| | bullet | [ˈbʊlɪt] | kulka |
| | bully | [ˈbʊli] | chuliganas |
| | bun | [bʌn] | bandelė |
| | bunch | [bʌntʃ] | puokštė |
| | burn | [bɜːn] | degti |
| ✿ | burnt | [bɜːnt] | degė |
| | bury | [ˈberi] | laidoti |
| ✿ | burried | [ˈberɪd] | laidojo |
| | bus | [bʌs] | autobusas |
| | bus-driver | [ˈbʌsdraɪvə] | autobuso vairuotojas |
| | bus-stop | [ˈbʌsstɒp] | autobuso stotelė |
| | bush | [bʊʃ] | krūmas |
| | businessman | [ˈbɪznɪsmən] | verslininkas |
| | busy | [ˈbɪzi] | užsiėmęs |
| | but | [bʌt] | bet |
| | butcher | [ˈbʊtʃə] | mėsininkas |
| | butcher’s | [ˈbʊtʃəz] | mėsinė |
| | butler | [ˈbʌtlə] | liokajus, durininkas |

| | | |
|---|---|---|
| butter | [ˈbʌtə] | sviestas |
| butterfly | [ˈbʌtəflaɪ] | drugelis |
| button | [ˈbʌtn] | saga |
| buzz | [bʌz] | zvimbimas (*telefono*) *šnek.* |
| buy | [baɪ] | pirkti |
| ✿ bought | [bɔ:t] | pirko |
| by | [baɪ] | šalia |
| by bus | [baɪ ˈbʌs] | autobusu |
| by train | [baɪ ˈtreɪn] | traukiniu |
| Bye-bye! | [ˌbaɪ ˈbaɪ] | Iki! (*atsisveikinant*) |

## C c

| | | |
|---|---|---|
| cabbage | [ˈkæbɪdʒ] | kopūstas |
| cafe | [ˈkæfeɪ] | kavinė |
| cafeteria | [ˌkæfəˈtɪərɪə] | užkandinė (*savitarnos*) |
| cage | [keɪdʒ] | narvas |
| cake | [keɪk] | tortas |
| calculator | [ˈkælkjʊleɪtə] | skaičiavimo mašina |
| calendar | [ˈkælɪndə] | kalendorius |
| calf | [kɑːf] | veršiukas; blauzda |
| call | [kɔ:l] | vadinti, kviesti |
| ✿ called | [kɔ:ld] | vadino, kvietė |
| calves | [kɑːvz] | veršiukai; blauzdos |
| came | | atėjo (*būt. l.*) žr. c o m e |
| camel | [ˈkæml] | kupranugaris |
| camera | [ˈkæmərə] | fotoaparatas |
| cameraman | [ˈkæmərəmən] | fotografas |
| camomile | [ˈkæməmaɪl] | ramunėlė |
| camp | [kæmp] | stovykla |
| can | [kæn], [kən] | galėti, mokėti |
| ✿ could | [kʊd], [kəd] | galėjo, mokėjo |
| can't (cannot) | [kɑːnt] | negalėti, nemokėti |

A a B b C c D d E e F f G g H h I i J j K k L l M m N n O o P p Q q R r S s T t U u V v W w X x Y y Z z

| | | |
|---|---|---|
| ✿ couldn't (could not) | [ˈkʊdnt] | negalėjo, nemokėjo |
| can't be | [ˈkɑːnt bɪ] | negali būti |
| ✿ couldn't be | [ˈkʊdnt bɪ] | negalėjo būti |
| Canada | [ˈkænədə] | Kanada |
| canary | [kəˈneəri] | kanarėlė |
| candy | [ˈkændi] | ledinukas, saldainis *amer.* |
| candle | [ˈkændl] | žvakė |
| canoe | [kəˈnuː] | baidarė, kanoja |
| canteen | [kænˈtiːn] | valgykla |
| cap | [kæp] | kepurė |
| capital | [ˈkæpɪtl] | sostinė |
| captain | [ˈkæptɪn] | kapitonas |
| car | [kɑː] | automobilis |
| card | [kɑːd] | korta, atvirutė |
| Cardiff | [ˈkɑːdɪf] | Kardifas |
| cardigan | [ˈkɑːdɪgən] | susegamas megztinis |
| care | [keə] | rūpinimasis |
| careful | [ˈkeəfəl] | atsargus |
| careless | [ˈkeələs] | nerūpestingas |
| carnation | [kɑːˈneɪʃn] | gvazdikas *bot.* |
| carnival | [ˈkɑːnɪvl] | karnavalas |
| carol | [ˈkærəl] | Kalėdų giesmė |
| carpet | [ˈkɑːpɪt] | kilimas |
| carrot | [ˈkærət] | morka |
| carry | [ˈkæri] | nešti |
| ✿ carried | [ˈkærɪd] | nešė |
| cart | [kɑːt] | vežimas |
| cartoon | [kɑːˈtuːn] | animacinis filmas |
| case | [keɪs] | dėžutė |
| cassete | [kəˈset] | kasetė |
| cast | [kɑːst] | mesti, sviesti |
| ✿ cast | [kɑːst] | metė, sviedė |
| castle | [ˈkɑːsl] | pilis |

| | | |
|---|---|---|
| cat | [kæt] | katė |
| catch | [kætʃ] | gaudyti |
| ✿ caught | [kɔ:t] | gaudė |
| caterpillar | [ˈkætəpɪlə] | vikšras |
| cathedral | [kəˈθi:drəl] | katedra |
| cauliflower | [ˈkɒlɪflaʊə] | kalafioras, žiedinis kopūstas |
| cave | [keɪv] | urvas, ola |
| CD | [ˌsi:ˈdi:] | kompaktinis diskas |
| ceiling | [ˈsi:lɪŋ] | lubos |
| celery | [ˈseləri] | salieras |
| centimetre | [ˈsentɪmi:tə] | centimetras |
| centipede | [ˈsentɪpi:d] | šimtakojis |
| central heating | [ˌsentrəl ˈhi:tɪŋ] | centrinis šildymas |
| centre | [ˈsentə] | centras |
| ceremony | [ˈserəməni] | ceremonija |
| certifacate | [səˈtɪfɪkət] | pažymėjimas |
| chain | [tʃeɪn] | grandinė |
| chair | [tʃeə] | kėdė |
| chalk | [tʃɔ:k] | kreida |
| champion | [ˈtʃæmpɪən] | čempionas |
| change | [tʃeɪndʒ] | pasikeitimas |
| change | [tʃeɪndʒ] | keisti |
| ✿ changed | [tʃeɪndʒd] | keitė |
| channel | [ˈtʃænl] | kanalas |
| chap | [tʃæp] | vaikinas *šnek.* |
| chapter | [ˈtʃæptə] | skyrius (*knygos*) |
| charity | [ˈtʃærəti] | labdara |
| charming | [ˈtʃɑ:mɪŋ] | žavus, gražus |
| chart | [tʃɑ:t] | lentelė, schema |
| chase | [tʃeɪs] | persekioti |
| ✿ chased | [tʃeɪst] | persekiojo |
| chatterbox | [ˈtʃætəbɒks] | plepys |
| cheap | [tʃi:p] | pigus |
| check | [tʃek] | tikrinti |

Aa Bb Cc Dd Ee Ff Gg Hh Ii Jj Kk Ll Mm Nn Oo Pp Qq Rr Ss Tt Uu Vv Ww Xx Yy Zz

| | | |
|---|---|---|
| ✿ checked | [tʃekt] | tikrino |
| checked | [tʃekt] | languotas (*audinys*) |
| checkout | [ˈtʃekaʊt] | kasa |
| cheek | [tʃiːk] | skruostas |
| cheerful | [ˈtʃɪəfəl] | linksmas, malonus |
| cheese | [tʃiːz] | sūris |
| chemist | [ˈkemɪst] | vaistininkas |
| cherry | [ˈtʃeri] | vyšnia |
| chess | [tʃes] | šachmatai |
| chest | [tʃest] | krūtinė |
| chew | [tʃuː] | kramtyti |
| ✿ chewed | [tʃuːd] | kramtė |
| chewing-gum | [ˈtʃuːɪŋgʌm] | kramtomoji guma |
| chick | [tʃɪk] | viščiukas *šnek.*, paukščiukas |
| chicken | [ˈtʃɪkɪn] | viščiukas |
| chief | [tʃiːf] | vadovas, vadas |
| child | [tʃaɪld] | vaikas |
| children | [ˈtʃɪldrən] | vaikai |
| chimney | [ˈtʃɪmni] | kaminas |
| chimpanzee | [ˌtʃɪmpənˈziː] | šimpanzė |
| chin | [tʃɪn] | smakras |
| China | [ˈtʃaɪnə] | Kinija |
| chip | [tʃɪp] | šukė |
| chips | [tʃɪps] | traškučiai |
| chocolate | [ˈtʃɒklət] | šokoladas |
| choir | [ˈkwaɪə] | choras |
| choose | [tʃuːz] | pasirinkti |
| ✿ chose | [tʃəʊz] | pasirinko |
| christen | [ˈkrɪsn] | krikštyti |
| ✿ christened | [ˈkrɪsnd] | krikštijo |
| Christmas | [ˈkrɪsməs] | Kalėdos |
| Christmas tree | [ˈkrɪsməs triː] | Kalėdų eglutė |
| chrysanthemum | [krɪˈsænθəməm] | chrizantema |
| church | [tʃɜːtʃ] | bažnyčia |
| cinema | [ˈsɪnəmə] | kino teatras |

| | | |
|---|---|---|
| circle | ['sɜːkl] | ratas, apskritimas |
| circus | ['sɜːkəs] | cirkas |
| city | ['sɪti] | miestas (*didmiestis*) |
| clap | [klæp] | ploti |
| ✿ clapped | [klæpt] | plojo |
| class | [klɑːs] | klasė, skyrius (*mokyklos*); pamoka |
| classmate | ['klɑːsmeɪt] | klasiokas |
| classroom | ['klɑːsrʊm] | klasė (*patalpa*) |
| classwork | ['klɑːswɜːk] | klasės darbas |
| claw | [klɔː] | gyvulio, paukščio nagas |
| clean | [kliːn] | švarus |
| clean | [kliːn] | valyti |
| ✿ cleaned | [kliːnd] | valė |
| cleaner | ['kliːnə] | valytojas |
| clear | [klɪə] | aiškus |
| clever | ['klevə] | protingas |
| click | [klɪk] | spragtelėti |
| ✿ clicked | [klɪkt] | spragtelėjo |
| climb | [klaɪm] | lipti |
| ✿ climbed | [klaɪmd] | lipo |
| clock | [klɒk] | laikrodis |
| close | [kləʊz] | uždaryti |
| ✿ closed | [kləʊzd] | uždarė |
| cloth | [klɒθ] | medžiaga, audeklas |
| clothes | [kləʊðz] | drabužiai |
| clothes-washer | ['kləʊðzwɒʃə] | skalbimo mašina |
| cloud | [klaʊd] | debesis |
| cloudy | ['klaʊdi] | debesuotas |
| clover | ['kləʊvə] | dobilas |
| clown | [klaʊn] | klounas |
| club | [klʌb] | klubas |
| coach | [kəʊtʃ] | karieta; treneris |
| coast | [kəʊst] | pakrantė (*jūros*) |
| coat | [kəʊt] | švarkas, paltas |

A a B b **C c** D d E e F f G g H h I i J j K k L l M m N n O o P p Q q R r S s T t U u V v W w X x Y y Z z

A a B b C c D d E e F f G g H h I i J j K k L l M m N n O o P p Q q R r S s T t U u V v W w X x Y y Z z

| | | |
|---|---|---|
| coca-cola | [ˌkəʊkəˈkəʊlə] | koka kola |
| cockerel | [ˈkɒkərəl] | gaidelis |
| cocoa | [ˈkəʊkəʊ] | kakava |
| coconut | [ˈkəʊkənʌt] | kokoso riešutas |
| cobra | [ˈkəʊbrə] | kobra |
| cod | [kɒd] | menkė |
| code | [kəʊd] | kodas |
| coffee | [ˈkɒfi] | kava |
| coffee-table | [ˈkɒfiteɪbl] | kavos stalelis |
| coin | [kɒɪn] | moneta |
| coke | [kəʊk] | kola *šnek.* |
| cold | [kəʊld] | šaltas |
| collar | [ˈkɒlə] | apykaklė |
| collect | [kəˈlekt] | rinkti (*kolekcionuoti*) |
| ✿ collected | [kəˈlektɪd] | rinko (*kolekcionavo*) |
| collection | [kəˈlekʃn] | kolekcija, rinkinys |
| college | [ˈkɒlɪdʒ] | koledžas |
| colour | [ˈkʌlə] | spalva |
| colourful | [ˈkʌləfəl] | spalvingas |
| colt | [kəʊlt] | kumeliukas (*iki 4 m.*) |
| comb | [kəʊm] | šukos |
| comb | [kəʊm] | šukuotis |
| ✿ combed | [kəʊmd] | šukavosi |
| come | [kʌm] | ateiti |
| ✿ came | [keɪm] | atėjo |
| come back | [ˌkʌm ˈbæk] | sugrįžti |
| ✿ came back | [ˌkeɪm ˈbæk] | sugrįžo |
| come in | [ˌkʌm ˈɪn] | užeiti vidun |
| ✿ came in | [ˌkeɪm ˈɪn] | užėjo vidun |
| Come on! | [ˌkʌm ˈɒn] | Nagi! |
| comedy | [ˈkɒmədi] | komedija |
| comfortable | [ˈkʌmfətəbl] | patogus |
| comics | [ˈkɒmɪks] | komiksai |
| company | [ˈkʌmpəni] | kompanija; draugija |
| compass | [ˈkʌmpəs] | kompasas |

| | | |
|---|---|---|
| complete | [kəm'pliːt] | pabaigti (*iki galo*) |
| ✿ completed | [kəm'pliːtɪd] | pabaigė (*iki galo*) |
| computer | [kəm'pjuːtə] | kompiuteris |
| computer game | [kəm'pjuːtə ˌgeɪm] | kompiuterinis žaidimas |
| computer programmer | [kəm'pjuːtə ˌprəʊgræmə] | programuotojas |
| concentrate | ['kɒnsəntreɪt] | susikaupti |
| ✿ concentrated | ['kɒnsəntreɪtɪd] | susikaupė |
| concert | ['kɒnsət] | koncertas |
| condition | [kən'dɪʃn] | sąlyga; padėtis |
| cone | [kəʊn] | kūgis |
| conference | ['kɒnfərəns] | konferencija |
| congratulate | [kən'grætjʊleɪt] | sveikinti |
| ✿ congratulated | [kən'grætjʊleɪtɪd] | sveikino |
| congratulation | [kənˌgrætjʊ'leɪʃn] | sveikinimas |
| connect | [kə'nekt] | jungti |
| ✿ connected | [kə'nektɪd] | jungė |
| considerate | [kən'sɪdərɪt] | dėmesingas |
| consult | [kən'sʌlt] | konsultuoti |
| ✿ consulted | [kən'sʌltɪd] | konsultavo |
| content | [kən'tent] | patenkintas |
| contest | ['kɒntəst] | konkursas, varžybos |
| continent | ['kɒntɪnənt] | žemynas |
| continue | [kən'tɪnjuː] | tęsti |
| ✿ continued | [kən'tɪnjuːd] | tęsė |
| control | [kən'trəʊl] | priežiūra, kontrolė |
| conversation | [ˌkɒnvə'seɪʃn] | pokalbis |
| cook | [kʊk] | virėjas |
| cook | [kʊk] | virti, gaminti valgį |
| ✿ cooked | [kʊkt] | virė, gamino valgį |
| cooker | ['kʊkə] | viryklė |
| cookie | ['kʊki] | sausainis *amer.* |
| cool | [kuːl] | vėsus |
| copper | ['kɒpə] | varis |

A a B b C c D d E e F f G g H h I i J j K k L l M m N n O o P p Q q R r S s T t U u V v W w X x Y y Z z

A a
B b
C c
D d
E e
F f
G g
H h
I i
J j
K k
L l
M m
N n
O o
P p
Q q
R r
S s
T t
U u
V v
W w
X x
Y y
Z z

| | | |
|---|---|---|
| copy | [ˈkɒpi] | kopija |
| copy | [ˈkɒpi] | kopijuoti |
| ✿ coppied | [ˈkɒpɪd] | kopijavo |
| coral | [ˈkɒrəl] | koralas |
| corner | [ˈkɔ:nə] | kampas |
| cornflakes | [ˈkɔ:nfleɪks] | kukurūzų dribsniai |
| cornflower | [ˈkɔ:nflaʊə] | rugiagėlė |
| correct | [kəˈrekt] | teisingas (*be klaidų*) |
| correct | [kəˈrekt] | taisyti (*klaidas*) |
| ✿ corrected | [kəˈrektɪd] | taisė (*klaidas*) |
| correction | [kəˈrekʃn] | taisymas |
| corridor | [ˈkɒrɪdɔ:] | koridorius |
| cost | [kɒst] | kainuoti |
| ✿ cost | [kɒst] | kainavo |
| cot | [kɒt] | vaikiška lovelė |
| cottage | [ˈkɒtɪdʒ] | trobelė |
| cotton | [ˈkɒtn] | medvilnė |
| ✿ could | | galėjo (*būt. l.*) žr. c a n |
| ✿ couldn't | | negalėjo (*būt. l.*) žr. c a n't |
| count | [kaʊnt] | grafas |
| count | [kaʊnt] | skaičiuoti |
| ✿ counted | [ˈkaʊntɪd] | skaičiavo |
| counter | [ˈkaʊntə] | prekystalis |
| country | [ˈkʌntri] | šalis |
| course | [kɔ:s] | kursas, eiga |
| cousin | [ˈkʌzn] | pusbrolis, pusseserė |
| cover | [ˈkʌvə] | viršelis; dangtis |
| cover | [ˈkʌvə] | uždengti |
| ✿ covered | [ˈkʌvəd] | uždengė |
| cow | [kaʊ] | karvė |
| cowberry | [ˈkaʊberi] | bruknė |
| cowboy | [ˈkaʊbɒɪ] | kaubojus |
| crab | [kræb] | krabas |
| cracker | [ˈkrækə] | krekeris |
| cradle | [ˈkreɪdl] | lopšys |

| | | |
|---|---|---|
| craftsman | [ˈkrɑːftsmən] | amatininkas |
| crash | [kræʃ] | sudužti |
| ✿ crashed | [kræʃt] | sudužo |
| crawl | [krɔ:l] | šliaužti |
| ✿ crawled | [krɔ:ld] | šliaužė |
| craze | [kreɪz] | manija |
| crazy | [ˈkreɪzi] | beprotiškas; pamišęs |
| cream | [kriːm] | grietinėlė; kremas |
| creature | [ˈkriːtʃə] | būtybė |
| creep | [kriːp] | šliaužti |
| ✿ crept | [krept] | šliaužė |
| creeping | [ˈkriːpɪŋ] | šliaužiantis |
| creepy | [ˈkriːpi] | šiurpus |
| cricket | [ˈkrɪkɪt] | kriketas |
| crime | [kraɪm] | nusikaltimas |
| criminal | [ˈkrɪmɪnl] | nusikaltėlis |
| crocodile | [ˈkrɒkədaɪl] | krokodilas |
| cross | [krɒs] | kryžius |
| cross | [krɒs] | pereiti |
| ✿ crossed | [krɒst] | perėjo |
| crossing | [krɒsɪŋ] | perėja |
| crossword | [ˈkrɒswɜːd] | kryžiažodis |
| crow | [krəʊ] | varna |
| crowd | [kraʊd] | minia |
| cruel | [krʊəl] | žiaurus, negailestingas |
| crush | [krʌʃ] | smulkinti, grūsti |
| ✿ crushed | [krʌʃt] | smulkino, grūdo |
| cry | [kraɪ] | verkti |
| ✿ cried | [kraɪd] | verkė |
| crystal | [ˈkrɪstl] | kristalas |
| cub | [kʌb] | jaunikliis (*žvėries*) |
| cube | [kjuːb] | kubas |
| cuckoo | [ˈkʊkuː] | gegutė |
| cucumber | [ˈkjuːkəmbə] | agurkas |

A a B b C c D d E e F f G g H h I i J j K k L l M m N n O o P p Q q R r S s T t U u V v W w X x Y y Z z

A a B b C c D d E e F f G g H h I i J j K k L l M m N n O o P p Q q R r S s T t U u V v W w X x Y y Z z

| | | |
|---|---|---|
| cup | [kʌp] | puodelis |
| cupboard | [ˈkʌbəd] | indauja |
| curly | [ˈkɜ:li] | garbanotas |
| currant | [ˈkʌrənt] | serbentai |
| curse | [kɜ:s] | keiktis |
| ✿ cursed | [kɜ:st] | keikėsi |
| curtain | [ˈkɜ:tn] | užuolaida |
| cushion | [ˈkʊʃn] | pagalvėlė |
| custom | [ˈkʌstəm] | paprotys |
| customer | [ˈkʌstəmə] | pirkėjas |
| customs | [ˈkʌstəmz] | muitinė |
| cut | [kʌt] | pjauti |
| ✿ cut | [kʌt] | pjovė |

## D d

| | | |
|---|---|---|
| dad | [dæd] | tėtis *šnek.* |
| daddy | [ˈdædi] | tėvelis *šnek.* |
| daffodil | [ˈdæfədɪl] | narcizas *bot.* |
| daisy | [ˈdeɪzi] | saulutė *bot.* |
| damage | [ˈdæmɪdʒ] | nuostolis |
| damage | [ˈdæmɪdʒ] | sugadinti |
| ✿ damaged | [ˈdæmɪdʒd] | sugadino |
| dance | [dɑ:ns] | šokti |
| ✿ danced | [dɑ:nst] | šoko |
| dancer | [ˈdɑ:nsə] | šokėjas, -a |
| dandelion | [ˈdændɪlaɪən] | pienė *bot.* |
| danger | [ˈdeɪndʒə] | pavojus |
| dangerous | [ˈdeɪndʒərəs] | pavojingas |
| dare | [deə] | drįsti |
| ✿ dared | [deəd] | drįso |
| dark | [dɑ:k] | tamsus |
| date | [deɪt] | data |
| daughter | [ˈdɔ:tə] | duktė |
| day | [deɪ] | diena |

| | | |
|---|---|---|
| day off | [ˌdeɪ ˈɒf] | išeiginė diena |
| daylight | [ˈdeɪlaɪt] | dienos šviesa |
| daytime | [ˈdeɪtaɪm] | dienos metas |
| dazzling | [ˈdæzlɪŋ] | akinantis |
| dead | [ded] | miręs |
| dear | [dɪə] | brangus, mielas |
| December | [dɪˈsembə] | gruodis |
| decide | [dɪˈsaɪd] | nuspręsti |
| ✿ decided | [dɪˈsaɪdɪd] | nusprendė |
| decision | [dɪˈsɪʒn] | sprendimas, nutarimas |
| decorate | [ˈdekəreɪt] | puošti |
| ✿ decorated | [ˈdekəreɪtɪd] | puošė |
| deep | [diːp] | gilus |
| deer | [dɪə] | elnias |
| delicious | [dɪˈlɪʃəs] | skanus |
| deliver | [dɪˈlɪvə] | pristatyti |
| ✿ delivered | [dɪˈlɪvəd] | pristatė |
| demonstration | [ˌdemənˈstreɪʃn] | demonstracija |
| dentist | [ˈdentɪst] | dantistas |
| department store | [dɪˈpɑːtmənt ˌstɔː] | universalinė parduotuvė |
| describe | [dɪˈskraɪb] | apibūdinti |
| ✿ described | [dɪˈskraɪbd] | apibūdino |
| description | [dɪˈskrɪpʃn] | aprašymas |
| desert | [ˈdezət] | dykuma |
| desk | [desk] | suolas (*mokykloje*), rašomasis stalas |
| dessert | [dɪˈzɜːt] | desertas |
| destroy | [dɪˈstrɒɪ] | (su)griauti |
| ✿ destroyed | [dɪˈstrɒɪd] | (su)griovė |
| detective | [dɪˈtektɪv] | seklys |
| devote | [dɪˈvəʊt] | pašvęsti |
| ✿ devoted | [dɪˈvəʊtɪd] | pašventė |
| dew | [djuː] | rasa |
| diagonal | [daɪˈægənl] | įstrižainė |

A a
B b
C c
D d
E e
F f
G g
H h
I i
J j
K k
L l
M m
N n
O o
P p
Q q
R r
S s
T t
U u
V v
W w
X x
Y y
Z z

| | | |
|---|---|---|
| diagonally | [daɪˈægənli] | įstrižai |
| diagram | [ˈdaɪəgræm] | brėžinys, planas (*schema*) |
| dialogue | [ˈdaɪəlɒg] | pokalbis |
| diamond | [ˈdaɪəmənd] | deimantas, rombas |
| diary | [ˈdaɪəri] | dienoraštis |
| dice | [daɪs] | kauliukas (*lošimo*) |
| dictation | [dɪkˈteɪʃn] | diktantas |
| dictionary | [ˈdɪkʃənri] | žodynas (*knyga*) |
| ✿ did | | darė (*būt. l.*) žr. d o |
| die | [daɪ] | mirti |
| ✿ died | [daɪd] | mirė |
| difference | [ˈdɪfrəns] | skirtumas |
| different | [ˈdɪfrənt] | skirtingas |
| difficult | [ˈdɪfɪkəlt] | sunkus, keblus |
| dig | [dɪg] | kasti |
| ✿ dug | [dʌg] | kasė |
| dining-room | [ˈdaɪnɪŋrʊm] | valgomasis |
| dinner | [ˈdɪnə] | vakarienė |
| dinosaur | [ˈdaɪnəsɔ:] | dinozauras |
| direct | [dɪˈrekt] | tiesus, tiesioginis |
| direction | [dɪˈrekʃn] | kryptis |
| director | [dɪˈrektə] | direktorius, vadovas (*įmonės*) |
| dirty | [ˈdɜ:ti] | purvinas |
| disappear | [ˌdɪsəˈpɪə] | dingti, išnykti |
| ✿ disappeared | [ˌdɪsəˈpɪəd] | dingo, išnyko |
| discipline | [ˈdɪsɪplɪn] | drausmė |
| disco | [ˈdɪskəʊ] | diskoteka *šnek.* |
| discotheque | [ˈdɪskətek] | diskoteka |
| discuss | [dɪˈskʌs] | aptarti |
| ✿ discussed | [dɪˈskʌst] | aptarė |
| discussion | [dɪˈskʌʃn] | aptarimas |
| disgusting | [dɪsˈgʌstɪŋ] | bjaurus, šlykštus |
| dish | [dɪʃ] | indas, patiekalas |
| dishwasher | [ˈdɪʃwɒʃə] | indų plovimo mašina |

| | | |
|---|---|---|
| distance | [ˈdɪstəns] | atstumas |
| distant | [ˈdɪstənt] | tolimas |
| disturb | [dɪˈstɜːb] | trukdyti |
| ✿ disturbed | [dɪˈstɜːbd] | trukdė |
| dive | [daɪv] | nerti (*vandenyje*) |
| ✿ dived | [daɪvd] | nėrė (*vandenyje*) |
| divide | [dɪˈvaɪd] | dalyti |
| ✿ divided | [dɪˈvaɪdɪd] | dalijo |
| dizzy | [ˈdɪzi] | apsvaigęs |
| do | [duː] | daryti, (*es. l. pagalb. veiksm.*) |
| ✿ did | [dɪd] | darė, (*būt. l. pagalb. veiksm.*) |
| do sums | [ˌduː ˈsʌmz] | spręsti uždavinius |
| ✿ did sums | [ˌdɪd ˈsʌmz] | sprendė uždavinius |
| doctor | [ˈdɒktə] | daktaras |
| documentary | [ˌdɒkjuˈmentəri] | dokumentinis |
| does | [dʌz] | *es. l. 3 asm. vns. pagalb. veiksm.* |
| doesn't | [ˈdʌznt] | *es. l. 3 asm. vns. neig. pagalb. veiksm.* |
| dog | [dɒg] | šuo |
| doggy | [ˈdɒgi] | šunelis |
| doll | [dɒl] | lėlė |
| dollar | [ˈdɒlə] | doleris |
| dolphin | [ˈdɒlfɪn] | delfinas |
| domestic | [dəˈmestɪk] | naminis |
| donkey | [ˈdɒŋki] | asilas |
| don't (do not) | [dəʊnt] | ne (*neig. kreipimas*) |
| Don't be silly! | [ˌdəʊnt bɪ: ˈsɪli] | Nekvailiok! |
| Don't worry! | [ˌdəʊnt ˈwʌri] | Nesijaudink! |
| door | [dɔ:] | durys |
| doormat | [ˈdɔ:mæt] | kilimėlis (*prie durų*) |
| doorstep | [ˈdɔ:step] | slenkstis |
| dot | [dɒt] | taškas |
| down | [daʊn] | žemyn |

Aa Bb Cc **Dd** Ee Ff Gg Hh Ii Jj Kk Ll Mm Nn Oo Pp Qq Rr Ss Tt Uu Vv Ww Xx Yy Zz

| | | |
|---|---|---|
| downstairs | [ˌdaʊnˈsteəz] | žemyn laiptais; apatiniame aukšte |
| drag | [dræg] | traukti |
| ✿ dragged | [drægd] | traukė |
| dragon | [ˈdrægən] | drakonas |
| drama theatre | [ˈdrɑːmə θɪətə] | dramos teatras |
| draughts | [drɑːfts] | šaškės |
| draw | [drɔː] | piešti; braižyti |
| ✿ drew | [druː] | piešė; braižė |
| drawer | [ˈdrɔːə] | stalčius |
| drawing | [ˈdrɔːɪŋ] | piešinys; brėžinys; piešimo pamoka |
| dream | [driːm] | sapnas; svajonė |
| dream | [driːm] | sapnuoti; svajoti |
| ✿ dreamed | [driːmd] | sapnavo; svajojo |
| ✿ dreamt | [dremt] | sapnavo; svajojo |
| dress | [dres] | suknelė |
| dress | [dres] | rengtis |
| ✿ dressed | [drest] | rengėsi |
| dressing | [ˈdresɪŋ] | padažas |
| dressing-gown | [ˈdresɪŋgaʊn] | chalatas |
| drill | [drɪl] | pratybos (*įgūdžiams*) |
| drill | [drɪl] | gręžti |
| ✿ drilled | [drɪld] | gręžė |
| drink | [drɪŋk] | gėrimas |
| drink | [drɪŋk] | gerti |
| ✿ drank | [dræŋk] | gėrė |
| drive | [draɪv] | vairuoti |
| ✿ drove | [drəʊv] | vairavo |
| driver | [ˈdraɪvə] | vairuotojas |
| drop | [drɒp] | lašas |
| drop | [drɒp] | nukristi, lašėti; numesti |
| ✿ dropped | [drɒpt] | nukrito, lašėjo; numetė |
| drown | [draʊn] | skęsti |

| | | |
|---|---|---|
| ✿ drowned | [draʊnd] | skendo |
| drum | [drʌm] | būgnas |
| dry | [draɪ] | džiovinti |
| ✿ dried | [draɪd] | džiovino |
| dry | [draɪ] | sausas |
| dryer | [ˈdraɪə] | džiovintuvas |
| Dublin | [ˈdʌblɪn] | Dublinas |
| duck | [dʌk] | antis |
| duckling | [ˈdʌklɪŋ] | ančiukas |
| ✿ dug | | kasė (*būt. l.*) žr. d i g |
| dull | [dʌl] | nuobodus |
| dumb | [dʌm] | nebylus, bukas (*apie žmogų*) *šnek.* |
| dune | [djuːn] | kopa |
| during | [ˈdjʊərɪŋ] | per (*laikotarpį*) |
| during holidays | [ˌdjʊərɪŋ ˈhɒlədeɪz], [ˌdjʊərɪŋ ˈhɒlədɪz] | per atostogas |
| dust | [dʌst] | dulkės |
| dustbin | [ˈdʌstbɪn] | šiukšlių dėžė |
| duster | [ˈdʌstə] | dulkių šluostukas |
| duty | [ˈdjuːti] | pareiga |
| dwarf | [dwɔːf] | nykštukas |

## E e

| | | |
|---|---|---|
| eagle | [ˈiːgl] | erelis |
| each | [iːtʃ] | kiekvienas (*pabrėžia individualumą*) |
| ear | [ɪə] | ausis |
| earache | [ˈɪəreɪk] | ausų skausmas |
| early | [ˈɜːli] | ankstus, anksti |
| earring | [ˈɪərɪŋ] | auskaras |
| Earth | [ɜːθ] | Žemė (*planeta*) |
| earthquake | [ˈɜːθkweɪk] | žemės drebėjimas |
| easel | [ˈiːzl] | molbertas |

| | | | |
|---|---|---|---|
| A a | easy | [ˈiːzi] | lengvas |
| B b | East | [iːst] | rytai |
| C c | Easter | [ˈiːstə] | Velykos |
| D d | Easter egg | [ˈiːstər eg] | margutis |
| E e | eastern | [ˈiːstən] | rytinis |
| F f | eat | [iːt] | valgyti |
| G g | ✿ ate | [et] | valgė |
| H h | edge | [edʒ] | kraštas, pakraštys |
| I i | Edinburgh | [ˈedɪnbərə] | Edinburgas |
| J j | eel | [iːl] | ungurys |
| K k | effect | [ɪˈfekt] | efektas, poveikis |
| L l | egg | [eg] | kiaušinis |
| M m | eggplant | [ˈegplɑːnt] | baklažanas |
| N n | Egypt | [ˈiːdʒɪpt] | Egiptas |
| O o | eight | [eɪt] | aštuoni |
| P p | eighteen | [ˌeɪˈtiːn] | aštuoniolika |
| Q q | eighteenth | [ˌeɪˈtiːnθ] | aštuonioliktas |
| R r | eighth | [eɪtθ] | aštuntas |
| S s | eighty | [ˈeɪti] | aštuoniasdešimt |
| T t | eightieth | [ˈeɪtɪəθ] | aštuoniasdešimtas |
| U u | either | [ˈaɪðə] | vienas iš dviejų |
| V v | elastic | [ɪˈlæstɪk] | lankstus |
| W w | elastic tape | [ɪˈlæstɪk teɪp] | gumos juostelė |
| X x | elbow | [ˈelbəʊ] | alkūnė |
| Y y | electricity | [ɪˌlekˈtrɪsəti] | elektra |
| Z z | elephant | [ˈelɪfənt] | dramblys |
| | eleven | [ɪˈlevn] | vienuolika |
| | eleventh | [ɪˈlevnθ] | vienuoliktas |
| | elf | [elf] | elfas |
| | elk | [elk] | briedis |
| | elm | [elm] | guoba |
| | emperor | [ˈempərə] | imperatorius |
| | empire | [ˈempaɪə] | imperija |
| | empty | [ˈempti] | tuščias |
| | end | [end] | pabaiga |
| | end | [end] | baigti |

| | | |
|---|---|---|
| ✿ ended | [ˈendɪd] | baigė |
| enemy | [ˈenəmi] | priešas |
| engine | [ˈendʒɪn] | garvežys, variklis |
| engine-driver | [ˈendʒɪndraɪvə] | garvežio mašinistas |
| engineer | [ˌendʒɪˈnɪə] | inžinierius |
| England | [ˈɪŋglənd] | Anglija |
| English | [ˈɪŋglɪʃ] | anglų kalba; angliškas |
| Englishman | [ˈɪŋglɪʃmən] | anglas |
| Englishwoman | [ˈɪŋglɪʃwʊmən] | anglė |
| enjoy | [ɪnˈdʒɒɪ] | jausti (*malonumą*) |
| ✿ enjoyed | [ɪnˈdʒɒɪd] | jautė (*malonumą*) |
| enormous | [ɪˈnɔ:məs] | didžiulis, milžiniškas |
| enough | [ɪˈnʌf] | pakankamai |
| enter | [ˈentə] | įeiti |
| ✿ entered | [ˈentəd] | įėjo |
| entertainment | [ˌentəˈteɪnmənt] | pramoga |
| entrance | [ˈentrəns] | įėjimas |
| envelope | [ˈenvələʊp] | vokas |
| equal | [ˈi:kwəl] | lygus (*vienodos dalys*) |
| equivalent | [ɪkˈwɪvələnt] | lygiavertis |
| eraser | [ɪˈreɪzə] | trintukas |
| erupt | [ɪˈrʌpt] | išsiveržti |
| ✿ erupted | [ɪˈrʌptɪd] | išsiveržė |
| eruption | [ɪˈrʌpʃn] | išsiveržimas |
| escape | [ɪˈskeɪp] | pabėgimas |
| escape | [ɪˈskeɪp] | pabėgti, išvengti |
| ✿ escaped | [ɪˈskeɪpt] | pabėgo, išvengė |
| especially | [ɪˈspeʃəli] | ypač |
| Estonia | [esˈtəʊnɪə] | Estija |
| Estonian | [esˈtəʊnɪən] | estas; estų kalba; estiškas |
| Europe | [ˈjʊərəp] | Europa |
| even | [ˈi:vn] | net |
| evening | [ˈi:vnɪŋ] | vakaras |
| ever | [ˈevə] | kartais, kada nors |

| | | |
|---|---|---|
| every | [ˈevri] | kiekvienas (*bendrumas su visais*) |
| everybody | [ˈevribədi] | visi, kiekvienas (*apie žmogų*) |
| everyday | [ˈevrideɪ] | kasdienis; kasdien |
| everything | [ˈevriθɪŋ] | viskas |
| everywhere | [ˈevriweə] | visur |
| exam | [ɪgˈzæm] | egzaminas *šnek.* |
| examination | [ɪgˌzæmɪˈneɪʃn] | egzaminas |
| example | [ɪgˈzɑːmpl] | pavyzdys |
| except | [ɪkˈsept] | išskyrus |
| excepting | [ɪkˈseptɪŋ] | išskyrus |
| exciting | [ɪkˈsaɪtɪŋ] | jaudinantis |
| excursion | [ɪkˈskɜːʃn] | ekskursija |
| excuse | [ɪkˈskjuːs] | pasiteisinimas |
| Excuse me! | [ɪkˈskjuːz mɪ] | Atleiskite! |
| exercise | [ˈeksəsaɪz] | pratimas |
| exercise-book | [ˈeksəsaɪzbʊk] | sąsiuvinis |
| exhausted | [ɪgˈzɔ:stɪd] | išsekęs |
| exhibit | [ɪgˈzɪbɪt] | eksponatas |
| exhibition | [ˌeksɪˈbɪʃn] | paroda |
| exit | [ˈeksɪt], [ˈegzɪt] | išėjimas |
| expensive | [ɪkˈspensɪv] | brangus (*didelė kaina*) |
| experiment | [ɪkˈsperɪmənt] | bandymas |
| explain | [ɪkˈspleɪn] | paaiškinti |
| ✿ explained | [ɪkˈspleɪnd] | paaiškino |
| explode | [ɪkˈspləʊd] | sprogti |
| ✿ exploded | [ɪkˈspləʊdɪd] | sprogo |
| explosion | [ɪkˈspləʊʒn] | sprogimas |
| express | [ɪkˈspres] | išreikšti |
| ✿ expressed | [ɪkˈsprest] | išreiškė |
| extinct | [ɪkˈstɪŋkt] | išnykęs |
| extra | [ˈekstrə] | papildomas |
| eye | [aɪ] | akis |
| eyebrow | [ˈaɪbraʊ] | antakis |

| | | |
|---|---|---|
| eyelash | [ˈaɪlæʃ] | blakstiena |
| eyelid | [ˈaɪlɪd] | akies vokas |

## F f

| | | |
|---|---|---|
| face | [feɪs] | veidas |
| facilities | [fəˈsɪlətiz] | patogumai *dgs.* |
| facility | [fəˈsɪləti] | gebėjimas |
| factory | [ˈfæktəri] | fabrikas |
| fair | [feə] | šviesus, šviesiaplaukis |
| fairy | [ˈfeəri] | fėja |
| fairy-tale | [ˈfeəriteɪl] | pasaka |
| fall | [fɔ:l] | ruduo *amer.* |
| fall | [fɔ:l] | kristi |
| ✿ fell | [fel] | krito |
| fall down | [ˌfɔ:l ˈdaʊn] | nukristi |
| ✿ fell down | [ˌfel ˈdaʊn] | nukrito |
| fall out | [ˌfɔ:l ˈaʊt] | iškristi |
| ✿ fell out | [ˌfel ˈaʊt] | iškrito |
| false | [fɔ:ls] | klaidingas; netikras |
| family | [ˈfæməli] | šeima |
| family-tree | [ˈfæməlitri:] | genealoginis medis |
| famous | [ˈfeɪməs] | žymus |
| fan | [fæn] | vėduoklė |
| fantastic | [fænˈtæstɪk] | fantastiškas |
| far | [fɑ:] | toli |
| farewell | [feəˈwel] | atsisveikinimas |
| farm | [fɑ:m] | ūkis |
| farmer | [ˈfɑ:mə] | ūkininkas |
| fast | [fɑ:st] | greitas |
| fat | [fæt] | riebus, storas |
| father | [ˈfɑ:ðə] | tėvas |
| Father Christmas | [ˌfɑ:ðə ˈkrɪsməs] | Kalėdų Senelis |
| Father Frost | [ˌfɑ:ðə ˈfrɒst] | Senis Šaltis |
| fault | [fɔ:lt] | klaida, kaltė |

A a B b C c D d E e **F f** G g H h I i J j K k L l M m N n O o P p Q q R r S s T t U u V v W w X x Y y Z z

| | | |
|---|---|---|
| favourite | [ˈfeɪvərɪt] | mėgstamas |
| fax | [fæks] | faksas |
| fear | [fɪə] | baimė |
| feather | [ˈfeðə] | plunksna (*paukščio*) |
| February | [ˈfebrʊəri] | vasaris |
| feed | [fiːd] | maitinti |
| ✿ fed | [fed] | maitino |
| feel | [fiːl] | jausti |
| ✿ felt | [felt] | jautė |
| feeling | [ˈfiːlɪŋ] | jausmas, emocijos |
| feet | [fiːt] | pėdos |
| ✿ fell | | krito (*būt. l.*) žr. f a l l |
| female | [ˈfiːmeɪl] | moteris (*lytis*) |
| fence | [fens] | tvora |
| few | [fjuː] | mažai, nedaugelis |
| field | [fiːld] | laukas |
| fierce | [fɪəs] | žiaurus, piktas |
| fiercely | [ˈfɪəsli] | žiauriai |
| fifteen | [ˌfɪfˈtiːn] | penkiolika |
| fifteenth | [ˌfɪfˈtiːnθ] | penkioliktas |
| fifth | [fɪfθ] | penktas |
| fifty | [ˈfɪfti] | penkiasdešimt |
| fiftieth | [ˈfɪftɪəθ] | penkiasdešimtas |
| fig | [fɪg] | špyga |
| fight | [faɪt] | kova |
| fight | [faɪt] | kovoti |
| ✿ fought | [fɔːt] | kovojo |
| fill | [fɪl] | užpildyti |
| ✿ filled | [fɪld] | užpildė |
| film | [fɪlm] | filmas |
| fin | [fɪn] | pelekas |
| finally | [ˈfaɪnəli] | pagaliau |
| find | [faɪnd] | rasti |
| ✿ found | [faʊnd] | rado |
| fine | [faɪn] | puikus |
| fine looking | [ˌfaɪn ˈlʊkɪŋ] | gražiai atrodantis |

| | | |
|---|---|---|
| finger | [ˈfɪŋgə] | pirštas |
| fingernail | [ˈfɪŋgəneɪl] | nagas (*rankos*) |
| fingerprint | [ˈfɪŋgəprɪnt] | pirštų atspaudas |
| finish | [ˈfɪnɪʃ] | pabaiga |
| finish | [ˈfɪnɪʃ] | pabaigti |
| ✿ finished | [ˈfɪnɪʃt] | pabaigė |
| fir | [fɜː] | eglė |
| fire | [ˈfaɪə] | ugnis |
| fire-engine | [ˈfaɪərˌendʒɪn] | ugniagesių mašina |
| fireman | [ˈfaɪəmən] | ugniagesys |
| fireplace | [ˈfaɪəpleɪs] | židinys |
| firework | [ˈfaɪəwɜːk] | fejerverkas |
| first | [fɜːst] | pirmas |
| first floor | [ˈfɜːst flɔː] | antras aukštas |
| first name | [ˈfɜːst neɪm] | vardas |
| fir-tree | [ˈfɜːtriː] | eglė |
| fish | [fɪʃ] | žuvis |
| fish shop | [ˈfɪʃ ʃɒp] | žuvies parduotuvė |
| fisherman | [ˈfɪʃəmən] | žvejys |
| fishing | [ˈfɪʃɪŋ] | žvejyba |
| fishing-net | [ˈfɪʃɪŋnet] | žvejybos tinklas |
| fit | [fɪt] | tikti |
| ✿ fitted | [ˈfɪtɪd] | tiko |
| five | [faɪv] | penki |
| fix | [fɪks] | (su)taisyti, remontuoti |
| ✿ fixed | [fɪkst] | (su)taisė, remontavo |
| flag | [flæg] | vėliava |
| flame | [fleɪm] | liepsna |
| flap | [flæp] | plazdenti |
| ✿ flapped | [flæpt] | plazdeno |
| flat | [flæt] | butas |
| flea | [fliː] | blusa |
| ✿ flew | | skrido (*būt. l.*) žr. f l y |
| float | [fləʊt] | plūduriuoti |
| ✿ floated | [ˈfləʊtɪd] | plūduriavo |
| flood | [flʌd] | potvynis |

A a B b C c D d E e F f G g H h I i J j K k L l M m N n O o P p Q q R r S s T t U u V v W w X x Y y Z z

| | | | |
|---|---|---|---|
| | floor | [flɔ:] | grindys |
| | florist | [ˈflɒrɪst] | gėlininkas |
| | flour | [ˈflaʊə] | miltai |
| | flow | [fləʊ] | tekėti |
| ✿ | flowed | [fləʊd] | tekėjo |
| | flower | [ˈflaʊə] | gėlė |
| | flowered | [ˈflaʊəd] | gėlėtas |
| | flowerpot | [ˈflaʊəpɒt] | gėlių vazonas |
| | flute | [flu:t] | fleita |
| | fly | [flaɪ] | musė |
| | fly | [flaɪ] | skristi |
| ✿ | flew | [flu:] | skrido |
| | foal | [fəʊl] | kumeliukas (*iki metų*) |
| | fog | [fɒg] | rūkas |
| | foggy | [ˈfɒgi] | ūkanotas |
| | fold | [fəʊld] | lankstyti |
| ✿ | folded | [ˈfəʊldɪd] | lankstė |
| | follow | [ˈfɒləʊ] | sekti |
| ✿ | followed | [ˈfɒləʊd] | sekė |
| | fond | [fɒnd] | mėgstantis, mylintis |
| | food | [fu:d] | maistas |
| | fool | [fu:l] | kvailys |
| | foolish | [ˈfu:lɪʃ] | kvailas, neprotingas |
| | foot | [fʊt] | pėda |
| | football | [ˈfʊtbɔ:l] | futbolas |
| | for | [fɔ:], [fə] | dėl; *verčiamas naudininko linksniu* |
| | forever | [fəˈrevə] | amžinai |
| | forehead | [ˈfɒrɪd] | kakta |
| | forest | [ˈfɒrɪst] | miškas |
| | forget | [fəˈget] | pamiršti |
| ✿ | forgot | [fəˈgɒt] | pamiršo |
| | forget-me-not | [fəˈgetmɪnɒt] | neužmirštuolė *bot.* |
| | forgive | [fəˈgɪv] | atleisti |
| ✿ | forgave | [fəˈgeɪv] | atleido |
| | fork | [fɔ:k] | šakutė (*valgymo*) |

| | | | |
|---|---|---|---|
| | form | [fɔ:m] | forma; klasė (*mokyklos*) |
| | forty | [ˈfɔ:ti] | keturiasdešimt |
| | fortieth | [ˈfɔ:tɪəθ] | keturiasdešimtas |
| | fortune | [ˈfɔ:tʃu:n] | sėkmė |
| | fortune-teller | [ˈfɔ:tʃu:ntelə] | pranašautoja |
| | forwards | [ˈfɔ:wədz] | pirmyn |
| | fossil | [ˈfɒsɪl] | iškasena |
| ✿ | fought | | kovojo (*būt. l.*) žr. f i g h t |
| ✿ | found | | rado (*būt. l.*) žr. f i n d |
| | fountain | [ˈfaʊntɪn] | fontanas |
| | four | [fɔ:] | keturi |
| | fourteen | [ˌfɔ:ˈti:n] | keturiolika |
| | fourteenth | [ˌfɔ:ˈti:nθ] | keturioliktas |
| | fourth | [fɔ:θ] | ketvirtas |
| | fox | [fɒks] | lapė |
| | France | [frɑ:ns] | Prancūzija |
| | freckle | [ˈfrekl] | strazdana |
| | free | [fri:] | laisvas |
| | freeze | [fri:z] | šalti |
| ✿ | froze | [frəʊz] | šalo |
| | freezer | [ˈfri:zə] | šaldiklis |
| | French | [frentʃ] | prancūzų kalba; prancūziškas |
| | Frenchman | [ˈfrentʃmən] | prancūzas |
| | Frenchwoman | [ˈfrentʃˌwʊmən] | prancūzė |
| | fresh | [freʃ] | šviežias |
| | freshwater | [ˈfreʃwɔ:tə] | gėlas vanduo |
| | Friday | [ˈfraɪdeɪ], [ˈfraɪdi] | penktadienis |
| | fridge | [frɪdʒ] | šaldytuvas |
| | friend | [frend] | draugas |
| | frighten | [ˈfraɪtn] | gąsdinti |
| ✿ | frightened | [ˈfraɪtnd] | gąsdino |
| | frightened | [ˈfraɪtnd] | išgąsdintas |
| | frog | [frɒg] | varlė |
| | from | [frɒm], [frəm] | iš, nuo |
| | front | [frʌnt] | priekis |

A a
B b
C c
D d
E e
F f
G g
H h
I i
J j
K k
L l
M m
N n
O o
P p
Q q
R r
S s
T t
U u
V v
W w
X x
Y y
Z z

| | | |
|---|---|---|
| frost | [frɒst] | šaltis; šerkšnas |
| frostbite | [ˈfrɒstbaɪt] | nušalimas |
| ✿ froze | | šalo (*būt. l.*) žr. f r e e z e |
| fruit | [fruːt] | vaisiai |
| fruitseller | [ˈfruːtselə] | vaisių pardavėjas |
| fry | [fraɪ] | kepti (*riebaluose*) |
| ✿ fried | [fraɪd] | kepė (*riebaluose*) |
| full | [fʊl] | pilnas |
| full name | [ˈfʊl neɪm] | vardas ir pavardė |
| fume | [fjuːm] | dūmai, garai |
| fun | [fʌn] | džiaugsmas, malonumas |
| funfair | [ˈfʌnfeə] | mugė |
| funny | [ˈfʌni] | juokingas |
| fur | [fɜː] | kailis |
| furious | [ˈfjʊərɪəs] | įniršęs |
| furniture | [ˈfɜːnɪtʃə] | baldai |
| future | [ˈfjuːtʃə] | ateitis |

## G g

| | | |
|---|---|---|
| gaily | [ˈgeɪli] | linksmai |
| galaxy | [ˈgæləksi] | galaktika |
| game | [geɪm] | žaidimas |
| garage | [ˈgærɑːʒ] | garažas |
| garden | [ˈgɑːdn] | sodas, daržas |
| gardener | [ˈgɑːdnə] | sodininkas |
| gas | [gæs] | dujos |
| gate | [geɪt] | vartai |
| gather | [ˈgæðə] | rinkti |
| ✿ gathered | [ˈgæðəd] | rinko |
| ✿ gave | | davė (*būt. l.*) žr. g i v e |
| gay | [geɪ] | linksmas, nerūpestingas |
| geese | [giːs] | žąsys |
| generous | [ˈdʒenərəs] | dosnus |
| gently | [ˈdʒentli] | švelniai |

| | | |
|---|---|---|
| geography | [dʒɪˈɒgrəfi] | geografija |
| germ | [dʒɜːm] | mikrobas |
| German | [ˈdʒɜːmən] | vokiečių kalba; vokietis; vokiškas |
| Germany | [ˈdʒɜːməni] | Vokietija |
| get | [get] | gauti |
| ✿ got | [gɒt] | gavo |
| get into | [ˌget ˈɪntə] | įlįsti |
| ✿ got into | [ˌgɒt ˈɪntə] | įlindo |
| get out of | [ˌget ˈaʊt əv] | išlįsti |
| ✿ got out of | [ˌgɒt ˈaʊt əv] | išlindo |
| get up | [ˌget ˈʌp] | keltis |
| ✿ got up | [ˌgɒt ˈʌp] | kėlėsi |
| ghost | [gəʊst] | vaiduoklis |
| giant | [ˈdʒaɪənt] | milžinas |
| gift | [gɪft] | dovana |
| gigantic | [dʒaɪˈgæntɪk] | milžiniškas, gigantiškas |
| giraffe | [dʒiˈrɑːf] | žirafa |
| girl | [gɜːl] | mergaitė |
| ✿ give | [gɪv] | duoti |
| gave | [geɪv] | davė |
| glad | [glæd] | patenkintas |
| glance | [glɑːns] | žvilgterėti |
| ✿ glanced | [glɑːnst] | žvilgterėjo |
| glass | [glɑːs] | stiklas, stiklinė |
| glasses | [ˈglɑːsɪz] | akiniai |
| glider | [ˈglaɪdə] | sklandytuvas |
| gliding | [ˈglaɪdɪŋ] | sklandymas |
| globe | [gləʊb] | gaublys |
| glove | [glʌv] | pirštinė |
| glue | [gluː] | klijai |
| gnat | [næt] | uodas |
| go | [gəʊ] | eiti |
| ✿ went | [went] | ėjo |
| go for a walk | [ˌgəʊ fər əˈwɔːk] | eiti pasivaikščioti |

A a B b C c D d E e F f G g H h I i J j K k L l M m N n O o P p Q q R r S s T t U u V v W w X x Y y Z z

| | | |
|---|---|---|
| ✿ went for a walk | [ˌwent fər əˈwɔ:k] | ėjo pasivaikščioti |
| go through | [ˌgəʊ ˈθruː] | praeiti pro |
| ✿ went through | [ˌwent ˈθruː] | praėjo pro |
| goal | [gəʊl] | tikslas |
| goat | [gəʊt] | ožys, ožka |
| God | [gɒd] | Dievas |
| going to | [ˈgəʊɪŋ tə] | ketinti |
| gold | [gəʊld] | auksas |
| golden | [ˈgəʊldən] | auksinis |
| goldfish | [ˈgəʊldfɪʃ] | auksinė žuvelė |
| golf | [gɒlf] | golfas |
| good | [gʊd] | geras |
| good afternoon | [ˌgʊd ɑːftəˈnuːn] | laba diena |
| good evening | [ˌgʊd ˈiːvnɪŋ] | labas vakaras |
| Good Friday | [ˌgʊd ˈfraɪdi] | Didysis penktadienis |
| good morning | [ˌgʊd ˈmɔ:nɪŋ] | labas rytas |
| Goodbye! | [gʊdˈbaɪ] | Sudie! |
| goodnight | [gʊdˈnaɪt] | labanaktis |
| goodness | [ˈgʊdnɪs] | gerumas |
| good-tempered | [ˌgʊdˈtempəd] | gero būdo |
| goose | [guːs] | žąsis |
| gooseberry | [ˈgʊzberi] | agrastas |
| gorilla | [gəˈrɪlə] | gorila |
| ✿ got | | gavo (*būt. l.*) žr. g e t |
| gown | [gaʊn] | proginė suknelė |
| grain | [greɪn] | grūdai |
| gramme | [græm] | gramas |
| grand | [grænd] | milžiniškas, didingas |
| granddad | [ˈgrændæd] | senelis *šnek.* |
| granddaughter | [ˈgrændɔ:tə] | vaikaitė |
| grandfather | [ˈgrænfɑːðə] | senelis |
| grandma | [ˈgrænmɑː] | senelė *šnek.* |
| grandmother | [ˈgrænmʌðə] | senelė |
| grandpa | [ˈgrænpɑː] | senelis *šnek.* |
| grandparents | [ˈgrænpeərənts] | seneliai |
| grandson | [ˈgrænsʌn] | vaikaitis |

| | | |
|---|---|---|
| granny | ['græni] | močiutė *šnek.* |
| grape | [greɪp] | vynuogė |
| grapefruit | ['greɪpfruːt] | greipfrutas |
| graph | [græf], [grɑːf] | skiltis, grafa |
| grass | [grɑːs] | žolė |
| grasshopper | ['grɑːshɒpə] | žiogas |
| grateful | ['greɪtfəl] | dėkingas |
| gravity | ['grævɪti] | žemės trauka |
| graze | [greɪz] | ganytis |
| ✿ grazed | [greɪzd] | ganėsi |
| great | [greɪt] | didis; puikus |
| Great Bear | [ˌgreɪt 'beə] | Didieji Grįžulo Ratai |
| Great Britain | [ˌgreɪt 'brɪtn] | Didžioji Britanija |
| Greece | [griːs] | Graikija |
| greedy | ['griːdi] | godus |
| Greek | [griːk] | graikas; graikų kalba; graikiškas |
| green | [griːn] | žalias |
| greengrocer's | [ˌgriːn'grəʊsəz] | daržovių ir vaisių parduotuvė |
| greet | [griːt] | sveikinti |
| ✿ greeted | ['griːtɪd] | sveikino |
| greeting | ['griːtɪŋ] | sveikinimas |
| grey | [greɪ] | pilkas |
| grill | [grɪl] | kepti (*ant iešmo*) |
| ✿ grilled | [grɪld] | kepė (*ant iešmo*) |
| grinder | ['graɪndə] | malimo mašina |
| grizzly | ['grɪzli] | pilkasis lokys |
| grocer's | ['grəʊsəz] | bakalėja |
| ground | [graʊnd] | žemė (*pagrindas*) |
| ground floor | [ˌgraʊnd 'flɔː] | pirmas aukštas |
| group | [gruːp] | grupė |
| grow | [grəʊ] | augti |
| ✿ grew | [gruː] | augo |
| grown-up | ['grəʊnʌp] | suaugęs žmogus |
| grumble | ['grʌmbl] | niurnėti |
| ✿ grumbled | ['grʌmbld] | niurnėjo |

A a B b C c D d E e F f G g H h I i J j K k L l M m N n O o P p Q q R r S s T t U u V v W w X x Y y Z z

| | | |
|---|---|---|
| guess | [ges] | spėti |
| ✿ guessed | [gest] | spėjo |
| guest | [gest] | svečias |
| guitar | [gɪˈtɑː] | gitara |
| guitarist | [gɪˈtɑːrɪst] | gitaristas |
| gun | [gʌn] | šautuvas |
| guy | [gaɪ] | vaikinas *amer.* |
| gym | [dʒɪm] | sporto salė *šnek.* |
| gymnasium | [dʒɪmˈneɪzɪəm] | gimnastikos salė |
| gymnast | [dʒɪmˈnæst] | gimnastas |
| gymnastics | [dʒɪmˈnæstɪks] | gimnastika |

## H h

| | | |
|---|---|---|
| Ha! Ha! | [ˌhɑːˈhɑː] | Cha! Cha! |
| ✿ had | turėjo (*būt. l.*) žr. h a v e/h a s | |
| ✿ had got | turėjo (*būt. l.*) žr. have got/has got | |
| ✿ had to | privalėjo (*būt. l.*) žr. h a v e t o | |
| hair | [heə] | plaukai |
| hairbrush | [ˈheəbrʌʃ] | plaukų šepetys |
| haircut | [ˈheəkʌt] | šukuosena |
| hairdresser | [ˈheədresə] | kirpėjas (*moterų*) |
| hairdresser's | [ˈheədresəz] | kirpykla (*moterų*) |
| hairy | [ˈheəri] | plaukuotas |
| half | [hɑːf] | pusė |
| half full | [ˈhɑːf fʊl] | pusiau pilnas |
| hall | [hɔ:l] | salė, prieškambaris |
| halves | [hɑːvz] | pusės |
| ham | [hæm] | kumpis |
| hamburger | [ˈhæmbɜːgə] | mėsainis |
| hammer | [ˈhæmə] | plaktukas |
| hamster | [ˈhæmstə] | žiurkėnas |
| hand | [hænd] | ranka (*plaštaka*) |
| handicraft | [ˈhændɪkrɑːft] | rankdarbiai |
| handkerchief | [ˈhæŋkətʃɪf] | nosinė |
| handle | [ˈhændl] | rankena |

| | | |
|---|---|---|
| handsome | [ˈhænsəm] | gražus (*apie vyrą*) |
| hang | [hæŋ] | kabėti |
| ✿ hung | [hʌŋ] | kabėjo |
| happen | [ˈhæpn] | atsitikti |
| ✿ happened | [ˈhæpnd] | atsitiko |
| happy | [ˈhæpi] | laimingas, linksmas |
| Happy Birthday! | [ˌhæpi ˈbɜːθdeɪ] | Su gimimo diena! |
| harbour | [ˈhɑːbə] | prieplauka |
| hard | [hɑːd] | sunkus, kietas |
| hard-working | [ˌhɑːdˈwɜːkɪŋ] | stropus |
| hare | [heə] | kiškis |
| harvest | [ˈhɑːvɪst] | derlius |
| has | [hæz], [həz] | (jis, ji) turi |
| ✿ had | [hæd], [həd] | (jis, ji) turėjo |
| has got | [həz ˈgɒt] | (jis, ji) turi |
| ✿ had got | [həd ˈgɒt] | (jis, ji) turėjo |
| hasn't | [ˈhæznt] | (jis, ji) neturi |
| ✿ hadn't | [ˈhædnˈt] | (jis, ji) neturėjo |
| hat | [hæt] | skrybėlė |
| hatch | [hætʃ] | perėti |
| ✿ hatched | [hætʃt] | perėjo |
| hate | [heɪt] | nekęsti |
| ✿ hated | [ˈheɪtɪd] | nekentė |
| haunt | [hɔ:nt] | vaidentis |
| ✿ haunted | [ˈhɔ:ntɪd] | vaidenosi |
| have | [hæv], [həv] | (aš, tu, mes, jūs, jie) turėjo |
| ✿ had | [hæd], [həd] | (aš, tu, mes, jūs, jie) turėjo |
| have a bath | [ˌhæv ə ˈbɑːθ] | maudytis vonioje |
| ✿ had a bath | [ˌhæd ə ˈbɑːθ] | maudėsi vonioje |
| have a cold | [ˌhæv ə ˈkəʊld] | būti peršalusiam |
| ✿ had a cold | [ˌhæd ə ˈkəʊld] | buvo peršalęs |
| have a cough | [ˌhæv ə ˈkɒf] | kosėti |
| ✿ had a cough | [ˌhæd ə ˈkɒf] | kosėjo |
| have a game | [ˌhæv ə ˈgeɪm] | žaisti |
| had a game | [ˌhæd ə ˈgeɪm] | žaidė |

| | | | |
|---|---|---|---|
| | have a good time | [ˌhæv ə gʊd ˈtaɪm] | maloniai leisti laiką |
| ✿ | had a good time | [ˌhæd ə gʊd ˈtaɪm] | maloniai leido laiką |
| | have a headache | [ˌhæv ə ˈhedeɪk] | skaudėti galvą |
| ✿ | had a headache | [ˌhæd ə ˈhedeɪk] | skaudėjo galvą |
| | have a lot of fun | [ˌhæv ə lɒt əv ˈfʌn] | smagiai leisti laiką |
| ✿ | had a lot of fun | [ˌhæd ə lɒt əv ˈfʌn] | smagiai leido laiką |
| | have a meal | [ˌhæv ə ˈmiːl] | valgyti |
| ✿ | had a meal | [ˌhæd ə ˈmiːl] | valgė |
| | have a party | [ˌhæv ə ˈpɑːti] | rengti vakarėlį |
| ✿ | had a party | [ˌhæd ə ˈpɑːti] | rengė vakarėlį |
| | have a rest | [ˌhæv ə ˈrest] | ilsėtis |
| ✿ | had a rest | [ˌhæd ə ˈrest] | ilsėjosi |
| | have a ride | [ˌhæv ə ˈraɪd] | važinėtis |
| ✿ | had a ride | [ˌhæd ə ˈraɪd] | važinėjo |
| | have a shower | [ˌhæv ə ˈʃaʊə] | praustis po dušu |
| ✿ | had a shower | [ˌhæd ə ˈʃaʊə] | prausėsi po dušu |
| | have a sore throat | [ˌhæv ə ˈsɔː ˈθrəʊt] | skaudėti gerklę |
| ✿ | had a sore throat | [ˌhæd ə ˈsɔː ˈθrəʊt] | skaudėjo gerklę |
| | have a swim | [ˌhæv ə ˈswɪm] | plaukioti |
| ✿ | had a swim | [ˌhæd ə ˈswɪm] | plaukiojo |
| | have a walk | [ˌhæv ə ˈwɔːk] | vaikščioti |
| ✿ | had a walk | [ˌhæd ə ˈwɔːk] | vaikščiojo |
| | have breakfast | [ˌhæv ˈbrekfəst] | pusryčiauti |
| ✿ | had breakfast | [ˌhæd ˈbrekfəst] | pusryčiavo |
| | have dinner | [ˌhæv ˈdɪnə] | vakarieniauti |
| ✿ | had dinner | [ˌhæd ˈdɪnə] | vakarieniavo |
| | have got | [həv ˈgɒt] | (aš, tu, mes, jūs, jie) turi |
| ✿ | had got | [həd ˈgɒt] | (aš, tu, mes, jūs, jie) turėjo |
| | have lunch | [ˌhæv ˈlʌntʃ] | pietauti |
| ✿ | had lunch | [ˌhæd ˈlʌntʃ] | pietavo |
| | have on | [ˌhæv ˈɒn] | būti apsirengusiam |
| ✿ | had on | [ˌhæd ˈɒn] | buvo apsirengęs |
| | have supper | [ˌhæv ˈsʌpə] | užkąsti prieš einant gulti |
| ✿ | had supper | [ˌhæd ˈsʌpə] | užkando prieš einant gulti |

| | | | |
|---|---|---|---|
| | have to | [ˈhæv tə] | privalėti (*aplinkybės*) |
| ✿ | had to | [ˈhæd tə] | privalėjo (*aplinkybės*) |
| | haven’t | [ˈhævnt] | neturi |
| ✿ | hadn’t | [ˈhædnt] | neturėjo |
| | hawk | [hɔ:k] | vanagas |
| | hay | [heɪ] | šienas |
| | haystack | [ˈheɪstæk] | šieno kūgis |
| | hazel | [ˈheɪzl] | lazdynas |
| | he | [hi:], [hɪ] | jis |
| | head | [hed] | galva |
| | headache | [ˈhedeɪk] | galvos skausmas |
| | heading | [ˈhedɪŋ] | antraštė |
| | headmaster | [ˈhedmɑ:stə] | direktorius |
| | headmistress | [ˈhedmɪstrɪs] | direktorė |
| | headphones | [ˈhedfəʊnz] | ausinės |
| | health | [helθ] | sveikata |
| | healthy | [ˈhelθi] | sveikas |
| | heap | [hi:p] | krūva |
| | hear | [hɪə] | girdėti |
| ✿ | heard | [hɜ:d] | girdėjo |
| | heart | [hɑ:t] | širdis |
| | heat | [hi:t] | karštis |
| | heater | [ˈhi:tə] | šildytuvas |
| | heaven | [ˈhevn] | dangus |
| | heavily | [ˈhevɪli] | sunkiai |
| | heavy | [ˈhevi] | sunkus (*apie daiktą*) |
| | hedge | [hedʒ] | gyvatvorė |
| | hedgehog | [ˈhedʒhɒg] | ežys |
| | heel | [hi:l] | kulnas |
| | height | [haɪt] | aukštis |
| ✿ | held | | laikė (*būt. l.*) žr. h o l d |
| | helicopter | [ˈhelɪkɒptə] | malūnsparnis |
| | Hello! | [həˈləʊ] | Sveikas! |
| | helmet | [ˈhelmɪt] | šalmas |
| | help | [help] | pagalba |
| | help | [help] | padėti |

Aa Bb Cc Dd Ee Ff Gg Hh Ii Jj Kk Ll Mm Nn Oo Pp Qq Rr Ss Tt Uu Vv Ww Xx Yy Zz

| | | |
|---|---|---|
| ✿ helped | [helpt] | padėjo |
| Help youself! | [ˌhelp jəˈself] | Pasivaišinkite! |
| helpful | [ˈhelpfəl] | paslaugus, naudingas |
| hen | [hen] | višta |
| her | [hɜː], [hə] | jos (*su daiktav.*) |
| herd | [hɜːd] | banda (*gyvulių*) |
| here | [hɪə] | čia |
| Here you are! | [ˈhɪə jʊ ˈɑː] | Prašom! (*paduodant*) |
| herring | [ˈherɪŋ] | silkė |
| hers | [hɜːz] | jos (*be daiktav.*) |
| herself | [hɜːˈself], [həˈself] | ji pati (*viena*) |
| hexagon | [ˈheksəgən] | šešiakampis |
| Hi! | [haɪ] | Labas! *amer.* |
| hide | [haɪd] | slėptis |
| ✿ hid | [hɪd] | slėpėsi |
| hide-and-seek | [ˌhaɪdəndˈsiːk] | slėpynės |
| high | [haɪ] | aukštas |
| highland | [ˈhaɪlənd] | kalnuotas kraštas |
| highway | [ˈhaɪweɪ] | greitkelis |
| hike | [haɪk] | žygis pėsčiomis |
| hill | [hɪl] | kalva |
| him | [hɪm] | jam |
| himself | [hɪmˈself] | jis pats (*vienas*) |
| hind | [haɪnd] | elnė, stirna |
| hip | [hɪp] | klubas (*kūno dalis*) |
| hippo | [ˈhɪpəʊ] | begemotas *šnek.* |
| hippopotamus | [ˌhɪpəˈpɒtəməs] | begemotas |
| his | [hɪz] | jo |
| history | [ˈhɪstəri] | istorija |
| hit | [hɪt] | suduoti |
| ✿ hit | [hɪt] | sudavė |
| hive | [haɪv] | avilys |
| hoarse | [hɔ:s] | užkimęs |
| hobby | [ˈhɒbi] | laisvalaikio pomėgis |
| hockey | [ˈhɒki] | ledo ritulys |

| | | |
|---|---|---|
| hold | [həʊld] | laikyti (*sugriebti*) |
| ✿ held | [held] | laikė (*sugriebė*) |
| hole | [həʊl] | skylė |
| holiday | [ˈhɒlədeɪ], [ˈhɒlədi] | šventė, atostogos |
| holly | [ˈhɒli] | bugienis |
| home | [həʊm] | namai |
| homework | [ˈhəʊmwɜːk] | namų darbai |
| honey | [ˈhʌni] | medus |
| hood | [hʊd] | gobtuvas |
| Hooray! | [hʊˈreɪ] | Valio! |
| hop | [hɒp] | šokuoti |
| ✿ hopped | [hɒpt] | šokavo |
| hope | [həʊp] | viltis |
| hope | [həʊp] | tikėtis |
| ✿ hoped | [həʊpt] | tikėjosi |
| hopscotch | [ˈhɒpskɒtʃ] | „klasės“ (*žaidimas*) |
| horn | [hɔ:n] | ragas |
| horrible | [ˈhɒrəbl] | bjaurus, baisus |
| horror | [ˈhɒrə] | siaubas |
| horse | [hɔ:s] | arklys |
| horse-chestnut | [ˌhɔ:sˈtʃesnʌt] | kaštonas |
| horseman | [ˈhɔ:smən] | raitelis |
| horse-riding | [ˈhɔ:sraɪdɪŋ] | jojimas |
| hospital | [ˈhɒspɪtl] | ligoninė |
| hot | [hɒt] | karštas |
| hot dog | [ˈhɒt dɒg] | dešrainis *amer.* |
| hotel | [həʊˈtel] | viešbutis |
| hour | [ˈaʊə] | valanda (*60 min.*) |
| house | [haʊs] | namas |
| housekeeper | [ˈhaʊskiːpə] | ūkvedys (*ne savininkas*) |
| housemaid | [ˈhaʊsmeɪd] | kambarinė |
| housewife | [ˈhaʊswaɪf] | namų šeimininkė |
| how | [haʊ] | kaip; kiek |
| How do you do! | [ˌhaʊ də jʊ ˈduː] | Malonu susipažinti! |

| | | |
|---|---|---|
| how many | [ˌhaʊ ˈmeni] | kiek daug (*su skaič. daiktav.*) |
| how much | [ˌhaʊ ˈmʌtʃ] | kiek daug (*su neskaič. daiktav.*) |
| how old | [ˌhaʊ ˈəʊld] | kiek metų |
| huge | [hjuːdʒ] | didžiulis |
| human being | [ˌhjuːmən ˈbiːɪŋ] | žmogus |
| humming-bird | [ˈhʌmɪŋbɜːd] | kolibris |
| hump | [hʌmp] | kupra |
| hundred | [ˈhʌndrəd] | šimtas |
| hundredth | [ˈhʌndrədθ] | šimtasis |
| ✿ hung | | kabėjo (*būt. l.*) žr. h a n g |
| hungry | [ˈhʌŋgri] | alkanas |
| hunt | [hʌnt] | medžioti |
| ✿ hunted | [ˈhʌntɪd] | medžiojo |
| hunter | [ˈhʌntə] | medžiotojas |
| Hurrah! | [hʊˈrɑː] | Valio! |
| hurricane | [ˈhʌrɪkən] | uraganas |
| hurry | [ˈhʌri] | skubėti |
| ✿ hurried | [ˈhʌrɪd] | skubėjo |
| hurt | [hɜːt] | sužeisti |
| ✿ hurt | [hɜːt] | sužeidė |
| husband | [ˈhʌzbənd] | vyras (*sutuoktinis*) |
| Hush! | [hʌʃ] | Ša! Tylėk! |

## I i

| | | |
|---|---|---|
| I | [aɪ] | aš |
| I am | [ˈaɪ əm] | aš esu |
| I'm fine! | [ˌaɪm ˈfaɪn] | Viskas gerai! |
| I'm sorry! | [ˌaɪm ˈsɒri] | Atsiprašau! |
| I've got | [aɪv ˈgɒt] | aš turiu |
| ✿ I'd got | [aɪd ˈgɒt] | aš turėjau |
| ice | [aɪs] | ledas |
| ice-cream | [aɪsˈkriːm] | ledai (*valgomieji*) |

| | | |
|---|---|---|
| ice-hockey | [ˈaɪshɒki] | ledo ritulys |
| idea | [aɪˈdɪə] | mintis, idėja |
| if | [ɪf] | jeigu |
| ill | [ɪl] | sergantis |
| important | [ɪmˈpɔ:tnt] | svarbus |
| in | [ɪn] | į; *verčiamas vietininko linksniu* |
| in front of | [ɪn ˈfrʌnt əv] | priekyje |
| in pairs | [ɪn ˈpeəz] | poromis |
| in the middle of | [ɪn ðə ˈmɪdl əv] | viduryje |
| in time | [ɪn ˈtaɪm] | laiku |
| inch | [ɪntʃ] | colis (*2,5 cm*) |
| inconsiderate | [ˌɪnkənˈsɪdərət] | neatidus kitiems |
| India | [ˈɪndɪə] | Indija |
| Indian | [ˈɪndɪən] | indėnas; indėnų kalba |
| injection | [ɪnˈdʒekʃn] | injekcija |
| ink | [ɪŋk] | rašalas |
| insect | [ˈɪnsəkt] | vabzdys |
| inside | [ɪnˈsaɪd] | vidinis |
| instruction | [ɪnˈstrʌkʃn] | instrukcija |
| instrument | [ˈɪnstrəmənt] | instrumentas |
| intelligent | [ɪnˈtelɪdʒənt] | protingas |
| interesting | [ˈɪntrɪstɪŋ] | įdomus |
| interview | [ˈɪntəvju:] | interviu |
| into | [ˈɪntə] | į (*kryptis į vidų*) |
| invade | [ɪnˈveɪd] | užgrobti, įsiveržti |
| ✿ invaded | [ɪnˈveɪdɪd] | užgrobė, įsiveržė |
| invader | [ɪnˈveɪdə] | grobikas, įsiveržėlis |
| invent | [ɪnˈvent] | išrasti |
| ✿ invented | [ɪnˈventɪd] | išrado |
| invention | [ɪnˈvenʃn] | išradimas |
| investigate | [ɪnˈvestɪgeɪt] | tirti |
| ✿ investigated | [ɪnˈvestɪgeɪtɪd] | tyrė |
| invitation | [ˌɪnvɪˈteɪʃn] | pakvietimas |
| invite | [ɪnˈvaɪt] | pakviesti |
| ✿ invited | [ɪnˈvaɪtɪd] | pakvietė |

| | | |
|---|---|---|
| Ireland | [ˈaɪələnd] | Airija |
| Irish Sea | [ˌaɪrɪʃ ˈsiː] | Airijos jūra |
| iron | [ˈaɪən] | geležis |
| is | [ɪz] | (jis, ji) yra |
| ✿ was | [wɒz], [wəz] | (jis, ji) buvo |
| is not (isn't) | [ɪzˈnɒt] | (jos, jo) nėra |
| ✿ was not (wasn't) | [wəzˈnɒt] | (jos, jo) nebuvo |
| island | [ˈaɪlənd] | sala |
| it | [ɪt] | jis, ji (*apie daiktą ir gyvūną*); tai |
| Italian | [ɪˈtæliən] | italas; itališkas; italų kalba |
| Italy | [ˈɪtəli] | Italija |
| its | [ɪts] | jos, jo (*apie daiktą ir gyvūną*) |

## J j

| | | |
|---|---|---|
| jacket | [ˈdʒækɪt] | striukė, švarkas |
| jack-o-lantern | [ˌdʒækəˈlæntən] | žibintas iš moliūgo |
| jaguar | [ˈdʒægjʊə] | jaguaras |
| jam | [dʒæm] | uogienė |
| January | [ˈdʒænjʊəri] | sausis |
| Japan | [dʒəˈpæn] | Japonija |
| Japanese | [ˌdʒæpəˈniːz] | japonas, japoniškas; japonų kalba |
| jar | [dʒɑː] | stiklainis |
| jaw | [dʒɔː] | žandikaulis |
| jeans | [dʒiːnz] | džinsai |
| jelly | [ˈdʒeli] | želė (*drebučiai*) |
| jellyfish | [ˈdʒelifɪʃ] | medūza |
| jet | [dʒet] | reaktyvinis lėktuvas |
| jewellery | [ˈdʒuːəlri] | brangenybės |
| job | [dʒɒb] | darbas, tarnyba |
| join | [dʒɒɪn] | jungti |

| | | |
|---|---|---|
| ✿ joined | [dʒɒɪnd] | jungė |
| joke | [dʒəʊk] | pokštas |
| journey | [ˈdʒɜːni] | kelionė |
| joy | [dʒɒɪ] | džiaugsmas |
| judge | [dʒʌdʒ] | teisėjas |
| judge | [dʒʌdʒ] | teisti |
| ✿ judged | [dʒʌdʒd] | teisė |
| judo | [ˈdʒuːdəʊ] | dziudo |
| jug | [dʒʌg] | ąsotis |
| juggler | [ˈdʒʌglə] | žonglierius |
| juice | [dʒuːs] | sultys |
| July | [dʒuːˈlaɪ] | liepa |
| jump | [dʒʌmp] | šokinėti |
| ✿ jumped | [dʒʌmpt] | šokinėjo |
| jumper | [ˈdʒʌmpə] | megztinis, džemperis |
| June | [dʒuːn] | birželis |
| jungle | [ˈdʒʌŋgl] | džiunglės |
| Jupiter | [ˈdʒuːpɪtə] | Jupiteris |
| just | [dʒʌst] | ką tik; tiesiog |

## K k

| | | |
|---|---|---|
| kangaroo | [ˌkæŋgəˈruː] | kengūra |
| keep | [kiːp] | laikyti, prižiūrėti, turėti |
| ✿ kept | [kept] | laikė, prižiūrėjo, turėjo |
| ketchup | [ˈketʃəp] | pomidorų padažas |
| kettle | [ˈketl] | virdulys |
| key | [kiː] | raktas; klavišas |
| keyboard | [ˈkiːbɔːd] | klaviatūra |
| kick | [kɪk] | spirti |
| ✿ kicked | [kɪkt] | spyrė |
| kid | [kɪd] | vaikas *šnek.*; ožiukas |

A a B b C c D d E e F f G g H h I i J j K k L l M m N n O o P p Q q R r S s T t U u V v W w X x Y y Z z

| | | |
|---|---|---|
| kill | [kɪl] | nužudyti |
| ✿ killed | [kɪld] | nužudė |
| kilo | [ˈkiːləʊ] | kilogramas, kilometras *šnek.* |
| kilogram | [ˈkɪləgræm] | kilogramas |
| kilometre | [ˈkɪləmiːtə] | kilometras |
| kind | [kaɪnd] | malonus, meilus; rūšis (*veislė*) |
| king | [kɪŋ] | karalius |
| kingdom | [ˈkɪŋdəm] | karalystė |
| kiss | [kɪs] | bučiuoti(s) |
| ✿ kissed | [kɪst] | bučiavo(si) |
| kitchen | [ˈkɪtʃɪn] | virtuvė |
| kite | [kaɪt] | aitvaras |
| kitten | [ˈkɪtn] | kačiukas |
| knee | [niː] | kelis |
| kneel | [niːl] | klūpoti |
| ✿ knelt | [nelt] | klūpojo |
| knife | [naɪf] | peilis |
| knight | [naɪt] | riteris |
| knives | [naɪvz] | peiliai |
| knock | [nɒk] | belsti |
| ✿ knocked | [nɒkt] | beldė |
| know | [nəʊ] | žinoti |
| ✿ knew | [njuː] | žinojo |
| knuckle | [ˈnʌkl] | krumplys |

## L l

| | | |
|---|---|---|
| label | [ˈleɪbl] | žymeklis; etiketė |
| laboratory | [ləˈbɒrətri] | laboratorija |
| labour | [ˈleɪbə] | darbas, triūsas |
| ladder | [ˈlædə] | kopėčios |
| lady | [ˈleɪdi] | ledi, ponia |
| ladybird | [ˈleɪdibɜːd] | boružė |

| | | | |
|---|---|---|---|
| | lake | [leɪk] | ežeras |
| | lamb | [læm] | ėriukas |
| | lamp | [læmp] | lempa |
| | land | [lænd] | žemė, sausuma |
| | land | [lænd] | nusileisti |
| ✿ | landed | [ˈlændɪd] | nusileido |
| | lane | [leɪn] | takelis (*siauras*) |
| | language | [ˈlæŋgwɪdʒ] | kalba |
| | large | [lɑːdʒ] | didelis, stambus |
| | last | [lɑːst] | paskutinis |
| | last | [lɑːst] | tęstis, trukti |
| ✿ | lasted | [ˈlɑːstɪd] | tęsėsi, truko |
| | late | [leɪt] | vėlus |
| | lately | [ˈleɪtli] | neseniai |
| | Latin | [ˈlætɪn] | lotynų kalba |
| | Latvia | [ˈlætvɪə] | Latvija |
| | Latvian | [ˈlætvɪən] | latvis; latviškas; latvių kalba |
| | laugh | [lɑːf] | juoktis |
| ✿ | laughted | [lɑːft] | juokėsi |
| | launch | [lɔ:ntʃ] | paleisti raketą |
| ✿ | launched | [lɔ:ntʃt] | paleido raketą |
| | lava | [ˈlɑːvə] | lava |
| | law | [lɔ:] | įstatymas |
| | lawn | [lɔ:n] | pievelė (*dekoratyvinė*) |
| | lay | [leɪ] | patiesti; paguldyti |
| ✿ | laid | [leɪd] | patiesė; paguldė |
| | lay the table | [ˌleɪ ðə ˈteɪbl] | padengti stalą |
| ✿ | laid the table | [ˌleɪd ðə ˈteɪbl] | padengė stalą |
| | layer | [ˈleɪə] | sluoksnis |
| | lazy | [ˈleɪzi] | tingus |
| | lead | [liːd] | vadovauti, vesti |
| ✿ | led | [led] | vadovavo, vedė |
| | leader | [ˈliːdə] | vadovas, vedlys |
| | leaf | [liːf] | lapas |

A a B b C c D d E e F f G g H h I i J j K k **L l** M m N n O o P p Q q R r S s T t U u V v W w X x Y y Z z

A a B b C c D d E e F f G g H h I i J j K k **L l** M m N n O o P p Q q R r S s T t U u V v W w X x Y y Z z

| | | |
|---|---|---|
| lean | [liːn] | liesas |
| leap-year | [ˈliːpjɪə] | keliamieji metai |
| learn | [lɜːn] | mokytis |
| ✿ learnt | [lɜːnt] | mokėsi |
| least | [liːst] | mažiausias |
| leather | [ˈleðə] | oda (*išdirbta*) |
| leave | [liːv] | palikti |
| ✿ left | [left] | paliko |
| leaves | [liːvz] | lapai |
| ✿ led | | vadovavo (*būt. l.*) žr. l e a d |
| left | [left] | kairė |
| leg | [leg] | koja (*iki pėdos*) |
| lego | [ˈlegəʊ] | lego (*žaislas*) |
| lemon | [ˈlemən] | citrina |
| lemonade | [ˌleməˈneɪd] | limonadas |
| lend | [lend] | paskolinti |
| ✿ lent | [lent] | paskolino |
| length | [leŋθ] | ilgis |
| leopard | [ˈlepəd] | leopardas |
| less | [less] | mažiau, mažesnis |
| lesson | [ˈlesn] | pamoka |
| let | [let] | leisti (*sutikti*) |
| ✿ let | [let] | leido (*sutiko*) |
| let's go | [lets ˈgəʊ] | eime (*kviesti ką nors daryti*) |
| letter | [ˈletə] | raidė, laiškas |
| letterbox | [ˈletəbɒks] | pašto dėžutė |
| lettuce | [ˈletɪs] | salotos (*lapai*) |
| library | [ˈlaɪbrəri] | biblioteka |
| lick | [lɪk] | laižyti |
| ✿ licked | [lɪkt] | laižė |
| lid | [lɪd] | dangtis |
| lie | [laɪ] | melas, apgavystė |
| lie | [laɪ] | gulėti |
| ✿ lay | [leɪ] | gulėjo |
| life | [laɪf] | gyvenimas |

| | | |
|---|---|---|
| lifeboat | [ˈlaɪfbəʊt] | gelbėjimo valtis |
| lift | [lɪft] | liftas |
| lift | [lɪft] | pakelti |
| ✿ lifted | [ˈlɪftɪd] | pakėlė |
| light | [laɪt] | šviesa |
| light-bulb | [ˈlaɪtbʌlb] | elektros lemputė |
| lighthouse | [ˈlaɪthaʊs] | švyturys |
| lightning | [ˈlaɪtnɪŋ] | žaibas |
| like | [laɪk] | kaip (*palyginant*) |
| like | [laɪk] | mėgti, patikti |
| ✿ liked | [laɪkt] | mėgo, patiko |
| lily | [ˈlɪli] | lelija |
| lily-of-the-valley | [ˌlɪlɪəvðəvæli] | pakalnutė |
| lime-tree | [ˈlaɪmtriː] | liepa |
| limp | [lɪmp] | šlubas |
| line | [laɪn] | linija, brūkšnys |
| line | [laɪn] | išsirikiuoti |
| ✿ lined | [laɪnd] | išsirikiavo |
| liner | [ˈlaɪnə] | keleivinis garlaivis ar lėktuvas |
| lining | [ˈlaɪnɪŋ] | pamušalas |
| lion | [ˈlaɪən] | liūtas |
| lip | [lɪp] | lūpa |
| list | [lɪst] | sąrašas |
| listen | [ˈlɪsn] | klausyti(s) |
| ✿ listened | [ˈlɪsnd] | klausė(si) |
| litas | [ˈlɪtəs] | litas |
| literary | [ˈlɪtərəri] | literatūrinis |
| literature | [ˈlɪtrətʃə] | literatūra |
| Lithuania | [ˌlɪθjuːˈeɪnɪə] | Lietuva |
| Lithuanian | [ˌlɪθjuːˈeɪnɪən] | lietuvis; lietuvių kalba, lietuviškas |
| litre | [ˈliːtə] | litras |
| little | [ˈlɪtl] | mažas, smulkus |
| live | [lɪv] | gyventi |
| ✿ lived | [lɪvd] | gyveno |

A a B b C c D d E e F f G g H h I i J j K k **L l** M m N n O o P p Q q R r S s T t U u V v W w X x Y y Z z

| | | |
|---|---|---|
| living-room | [ˈlɪvɪŋrʊm] | svetainė |
| lizard | [ˈlɪzəd] | driežas |
| llama | [ˈlɑːmə] | lama |
| load | [ləʊd] | krovinys |
| load | [ləʊd] | krauti |
| ✿ loaded | [ˈləʊdɪd] | krovė |
| loaf | [ləʊf] | kepalas |
| loaves | [ləʊvz] | kepalai |
| lobster | [ˈlɒbstə] | omaras |
| lock | [lɒk] | spyna |
| lock | [lɒk] | užrakinti |
| ✿ locked | [lɒkt] | užrakino |
| log | [lɒg] | rąstas |
| London | [ˈlʌndn] | Londonas |
| lonely | [ˈləʊnli] | vienišas |
| long | [lɒŋ] | ilgas |
| look | [lʊk] | žiūrėti |
| ✿ looked | [lʊkt] | žiūrėjo |
| look after | [ˌlʊk ˈɑːftə] | prižiūrėti |
| ✿ looked after | [ˌlʊkt ˈɑːftə] | prižiūrėjo |
| look for | [ˌlʊk ˈfɔː] | ieškoti |
| ✿ looked for | [ˌlʊkt ˈfɔː] | ieškojo |
| lorry | [ˈlɒri] | sunkvežimis |
| lose | [luːz] | pamesti |
| ✿ lost | [lɒst] | pametė |
| lot of | [ˈlɒt əv] | daugybė |
| lottery | [ˈlɒtəri] | loterija |
| loud | [laʊd] | garsus |
| love | [lʌv] | meilė |
| love | [lʌv] | mylėti |
| ✿ loved | [lʌvd] | mylėjo |
| lovely | [ˈlʌvli] | mielas, gražus |
| low | [ləʊ] | žemas |
| luck | [lʌk] | laimė, sėkmė |
| lucky | [ˈlʌki] | laimingas (*dėl sėkmės*) |

| | | |
|---|---|---|
| luggage | [ˈlʌgɪdʒ] | bagažas |
| lunch | [lʌntʃ] | pietūs, priešpiečiai |
| lung | [lʌŋ] | plautis (*kūno organas*) |

## M m

| | | |
|---|---|---|
| machine | [məˈʃiːn] | mašina |
| made of | [ˈmeɪd əv] | pagamintas iš |
| magazine | [ˌmægəˈziːn] | žurnalas (*periodinis*) |
| magic | [ˈmædʒɪk] | stebuklas, burtai |
| magic trick | [ˌmædʒɪk ˈtrɪk] | fokusas |
| magician | [məˈdʒɪʃn] | burtininkas, fokusininkas |
| magpie | [ˈmægpaɪ] | šarka |
| ✿ might | [maɪt] | galėjo (*abejojant*) |
| mail | [meɪl] | paštas (*korespondencija*) |
| make | [meɪk] | gaminti |
| ✿ made | [meɪd] | gamino |
| make a mistake | [ˌmeɪk ə mɪˈsteɪk] | padaryti klaidą |
| ✿ made a mistake | [ˌmeɪd ə mɪˈsteɪk] | padarė klaidą |
| male | [meɪl] | vyras (*lytis*); patinas |
| mammal | [ˈmæml] | žinduolis |
| man | [mæn] | vyras, žmogus |
| many | [ˈmeni] | daug (*su skaič. daiktav.*) |
| map | [mæp] | žemėlapis |
| maple | [ˈmeɪpl] | klevas |
| marathon | [ˈmærəθən] | maratonas |
| marbles | [ˈmɑːblz] | vaikų žaidimas rutuliukais |
| march | [mɑːtʃ] | žygiuoti |
| ✿ marched | [mɑːtʃt] | žygiavo |

| | | |
|---|---|---|
| March | [mɑːtʃ] | kovas (*mėnuo*) |
| mark | [mɑːk] | pažymys; žymė |
| mark | [mɑːk] | žymėti |
| ✿ marked | [mɑːkt] | žymėjo |
| marker | [ˈmɑːkə] | žymeklis |
| market | [ˈmɑːkɪt] | turgus |
| marriage | [ˈmærɪdʒ] | santuoka |
| marry | [ˈmæri] | vesti, ištekėti |
| ✿ married | [ˈmærɪd] | vedė, ištekėjo |
| Mars | [mɑːz] | Marsas |
| mask | [mɑːsk] | kaukė |
| mat | [mæt] | kilimėlis |
| match | [mætʃ] | degtukas; rungtynės |
| match | [mætʃ] | suderinti |
| ✿ matched | [mætʃt] | suderino |
| mathematics | [ˌmæθəˈmætɪks] | matematika |
| maths | [mæθs] | matematika *šnek.* |
| mattress | [ˈmætrɪs] | čiužinys |
| may | [meɪ] | galėti (*prašant*) |
| ✿ might | [maɪt] | galėjo (*abejojant*) |
| May | [meɪ] | gegužė |
| me | [miː], [mɪ] | man, mane |
| meadow | [ˈmedəʊ] | pieva |
| meal | [miːl] | valgis |
| mean | [miːn] | reikšti |
| ✿ meant | [ment] | reiškė |
| meaning | [ˈmiːnɪŋ] | reikšmė |
| meanwhile | [ˈmiːnwaɪl] | tuo tarpu |
| measure | [ˈmeʒə] | matuoti |
| ✿ measured | [ˈmeʒəd] | matavo |
| meat | [miːt] | mėsa |
| medal | [ˈmedl] | medalis |
| medicine | [ˈmedsn] | vaistai |
| medium | [ˈmiːdɪəm] | vidutinis |
| meet | [miːt] | sutikti |

| | | |
|---|---|---|
| ✿ met | [met] | sutiko |
| mellow | [ˈmeləʊ] | prinokęs |
| melon | [ˈmelən] | melionas |
| melt | [melt] | tirpti |
| ✿ melted | [ˈmeltɪd] | tirpo |
| member | [ˈmembə] | narys |
| men | [men] | vyrai, žmonės |
| mend | [mend] | adyti, lopyti |
| ✿ mended | [ˈmendɪd] | adė, lopė |
| menu | [ˈmenjuː] | valgiaraštis |
| merchant | [ˈmɜːtʃənt] | pirklys |
| Mercury | [ˈmɜːkjʊri] | Merkurijus |
| mermaid | [ˈmɜːmeɪd] | undinėlė |
| merrily | [ˈmerɪli] | linksmai |
| merry | [ˈmeri] | linksmas, džiugus |
| merry-go-round | [ˈmerigəʊraʊnd] | karuselė |
| mess | [mes] | netvarka |
| message | [ˈmesɪdʒ] | pranešimas, žinutė |
| metal | [ˈmetl] | metalas |
| metre | [ˈmiːtə] | metras |
| Mexican | [ˈmeksɪkən] | meksikietis; meksikietiškas |
| Mexico | [ˈmeksɪkəʊ] | Meksika |
| mice | [maɪs] | pelės |
| microphone | [ˈmaɪkrəfəʊn] | mikrofonas |
| microwave oven | [ˈmaɪkrəweɪv ʌvn] | mikrobangų krosnelė |
| midday | [ˌmɪdˈdeɪ] | vidurdienis |
| middle | [ˈmɪdl] | vidurys |
| midnight | [ˈmɪdnaɪt] | vidurnaktis |
| ✿ might | | galėjo (*būt. l.*) žr. m a y |
| mike | [maɪk] | mikrofonas *šnek.* |
| mild | [maɪld] | švelnus (*klimatas*) |
| mile | [maɪl] | mylia |

| | | |
|---|---|---|
| milk | [mɪlk] | pienas |
| milkshake | [ˈmɪlkʃeɪk] | pieno kokteilis |
| Milky Way | [ˌmɪlki ˈweɪ] | Paukščių Takas |
| million | [ˈmɪljən] | milijonas |
| millionaire | [ˌmɪljəˈneə] | milijonierius |
| mine | [maɪn] | mano (*be daiktav.*) |
| miniskirt | [ˈmɪniskɜːt] | mini sijonas |
| minus | [ˈmaɪnəs] | minusas |
| minute | [ˈmɪnɪt] | minutė |
| mirror | [ˈmɪrə] | veidrodis |
| miserable | [ˈmɪzərəbl] | nelaimingas, pasigailėtinas |
| Miss | [mɪs] | panelė |
| miss | [mɪs] | praleisti |
| ✿ missed | [mɪst] | praleido |
| mistake | [mɪˈsteɪk] | klaida |
| mitten | [ˈmɪtn] | kumštinė pirštinė |
| mix | [mɪks] | maišyti |
| ✿ mixed | [mɪkst] | maišė |
| mobile phone | [ˌməʊbaɪl ˈfəʊn] | mobilus telefonas |
| model | [ˈmɒdl] | modelis |
| modern | [ˈmɒdən] | modernus, šiuolaikiškas |
| mole | [məʊl] | kurmis |
| Monday | [ˈmʌndeɪ] [ˈmʌndi] | pirmadienis |
| money | [ˈmʌni] | pinigai |
| monkey | [ˈmʌŋki] | beždžionė |
| monster | [ˈmɒnstə] | pabaisa |
| month | [mʌnθ] | mėnuo |
| moon | [muːn] | mėnulis |
| mop | [mɒp] | plaušinė |
| more | [mɔː] | daugiau |
| morning | [ˈmɔːnɪŋ] | rytas |
| moss | [mɒs] | samanos |

| | | |
|---|---|---|
| most | [məʊst] | daugiausia |
| mother | [ˈmʌðə] | motina |
| mother-tongue | [ˈmʌðətʌŋ] | gimtoji kalba |
| motorbike | [ˈməʊtəbaɪk] | motociklas |
| motorway | [ˈməʊtəweɪ] | autostrada |
| mount | [maʊnt] | kopti |
| ✿ mounted | [ˈmaʊntɪd] | kopė |
| mountain | [ˈmaʊntɪn] | kalnas |
| mountain ash | [ˈmaʊntɪn æʃ] | šermukšnis |
| mouse | [maʊs] | pelė |
| moustache | [məˈstɑːʃ] | ūsai |
| mouth | [maʊθ] | burna |
| move | [muːv] | judėti |
| ✿ moved | [muːvd] | judėjo |
| Mr | [ˈmɪstə] | ponas |
| Mrs | [ˈmɪsɪz] | ponia |
| Ms | [mɪz] | ponia arba panelė |
| much | [mʌtʃ] | daug (*su neskaič. daiktav.*) |
| muffin | [ˈmʌfɪn] | sviestinė bandelė |
| mug | [mʌg] | puodelis arbatai |
| multiply | [ˈmʌltɪplaɪ] | dauginti mat. |
| ✿ multiplied | [ˈmʌltɪplaɪd] | daugino mat. |
| mum | [mʌm] | mama *šnek.* |
| mummy | [ˈmʌmi] | mamytė |
| murder | [ˈmɜːdə] | žmogžudystė |
| murder | [ˈmɜːdə] | žudyti |
| ✿ murdered | [ˈmɜːdəd] | žudė |
| museum | [mjuːˈzɪəm] | muziejus |
| mushroom | [ˈmʌʃrʊm] | grybas |
| music | [ˈmjuːzɪk] | muzika, muzikos pamoka |
| musical | [ˈmjuːzɪkl] | melodingas |
| musical theatre | [ˈmjuːzɪkl θɪətə] | muzikinis teatras |
| must | [mʌst], [məst] | privalėti (*būtinumas*) |
| mustn't (must not) | [ˈmʌsnt] | negalima (*draudimas*) |

A a B b C c D d E e F f G g H h I i J j K k L l M m N n O o P p Q q R r S s T t U u V v W w X x Y y Z z

| | | |
|---|---|---|
| mustard | [ˈmʌstəd] | garstyčios |
| mute | [mjuːt] | nebylus |
| my | [maɪ] | mano (*su daiktav.*) |
| myself | [maɪˈself] | aš pats (*vienas*), aš pati (*viena*) |
| mystery | [ˈmɪstəri] | paslaptis |

## N n

| | | |
|---|---|---|
| nail | [neɪl] | nagas; vinis |
| name | [neɪm] | vardas |
| nanny | [ˈnæni] | auklė |
| nap | [næp] | pogulis |
| narrow | [ˈnærəʊ] | siauras |
| nasty | [ˈnɑːsti] | bjaurus |
| National day | [ˌnæʃnəl ˈdeɪ] | tautos šventė |
| nature | [ˈneɪtʃə] | gamta; gamtos pamoka |
| naughty | [ˈnɔːti] | išdykęs |
| near | [nɪə] | arti |
| nearly | [ˈnɪəli] | beveik |
| neat | [niːt] | švarus, tvarkingas |
| neck | [nek] | kaklas |
| necklace | [ˈneklɪs] | vėrinys, karoliai |
| need | [niːd] | reikėti |
| ✿ needed | [ˈniːdɪd] | reikėjo |
| needle | [ˈniːdl] | adata |
| needn't | [ˈniːdnt] | nereikia (*neprivaloma*) |
| neighbour | [ˈneɪbə] | kaimynas |
| neither | [ˈnaɪðə] | nei vienas (*iš dviejų*) |
| nephew | [ˈnevjuː] | sūnėnas |
| nest | [nest] | lizdas |
| net | [net] | tinklas |

| | | |
|---|---|---|
| never | [ˈnevə] | niekada |
| new | [njuː] | naujas |
| New Year | [ˌnjuː ˈjɪə] | Naujieji metai |
| New York | [ˌnjuː ˈjɔːk] | Niujorkas |
| news | [njuːz] | naujienos |
| newsagent | [ˈnjuːzeɪdʒənt] | spaudos pardavėjas |
| newspaper | [ˈnjuːspeɪpə] | laikraštis |
| newsstand | [ˈnjuːzstænd] | laikraščių kioskas |
| next | [nekst] | kitas (*ateinantis*) |
| next to | [ˈnekst tə] | šalia, greta |
| nice | [naɪs] | gražus, geras, malonus |
| nickname | [ˈnɪkneɪm] | pravardė |
| niece | [niːs] | dukterėčia |
| night | [naɪt] | naktis |
| nightingale | [ˈnaɪtɪŋgeɪl] | lakštingala |
| nine | [naɪn] | devyni |
| nineteen | [ˌnaɪnˈtiːn] | devyniolika |
| nineteenth | [ˌnaɪnˈtiːnθ] | devynioliktas |
| ninetieth | [ˈnaɪntɪəθ] | devyniasdešimtas |
| ninety | [ˈnaɪnti] | devyniasdešimt |
| ninth | [naɪnθ] | devintas |
| no | [nəʊ] | ne |
| nobody | [ˈnəʊbədi] | niekas (*apie žmogų*) |
| nod | [nɒd] | linktelėti |
| ✿ nodded | [ˈnɒdɪd] | linktelėjo |
| noise | [nɒɪz] | triukšmas |
| noisily | [ˈnɒɪzɪli] | triukšmingai |
| none | [nʌn] | nė vienas (*niekas*) |
| noodles | [ˈnuːdlz] | makaronai |
| noon | [nuːn] | vidurdienis, pusiaudienis |
| north | [nɔːθ] | šiaurė |
| northern | [ˈnɔːðən] | šiaurinis |
| nose | [nəʊz] | nosis |
| nostrils | [ˈnɒstrəlz] | šnervės |

A a B b C c D d E e F f G g H h I i J j K k L l M m N n O o P p Q q R r S s T t U u V v W w X x Y y Z z

| | | |
|---|---|---|
| not | [nɒt] | ne (*neiginys prie veiksm.*) |
| note | [nəʊt] | raštelis, pastaba |
| nothing | [ˈnʌθɪŋ] | niekas (*apie daiktą*) |
| notice | [ˈnəʊtɪs] | skelbimas |
| notice | [ˈnəʊtɪs] | pastebėti |
| ✿ noticed | [ˈnəʊtɪst] | pastebėjo |
| noticeboard | [ˈnəʊtɪsbɔ:d] | skelbimų lenta |
| nought | [nɔ:t] | nulis, niekas |
| noun | [naʊn] | daiktavardis |
| November | [nəʊˈvembə] | lapkritis |
| now | [naʊ] | dabar |
| number | [ˈnʌmbə] | skaičius |
| nurse | [nɜ:s] | seselė (*medicinos*); auklė |
| nut | [nʌt] | riešutas |
| nutcracker | [ˈnʌtkrækə] | riešutų spaustukai |

## O o

| | | |
|---|---|---|
| oak | [əʊk] | ąžuolas |
| oar | [ɔ:] | irklas |
| object | [ˈɒbdʒɪkt] | dalykas |
| observatory | [əbˈzɜ:vətri] | observatorija |
| ocean | [ˈəʊʃn] | vandenynas |
| o'clock | [əˈklɒk] | valanda (*pagal laikrodį*) |
| October | [ɒkˈtəʊbə] | spalis |
| octopus | [ˈɒktəpəs] | aštuonkojis |
| of | [əv] | prielinksnis (*žymi priklausomumą*) |
| of course | [əv ˈkɔ:s] | aišku, žinoma |
| off | [ɒf] | prielinksnis (*žymi nutolimą*) |
| office | [ˈɒfɪs] | įstaiga |

| | | |
|---|---|---|
| officer | [ˈɒfɪsə] | pareigūnas |
| office-worker | [ˈɒfɪswɜːkə] | tarnautojas |
| often | [ˈɒfn] | dažnai |
| oil | [ɒɪl] | aliejus; nafta |
| OK! | [ˌəʊ ˈkeɪ] | Gerai! |
| old | [əʊld] | senas |
| olive | [ˈɒlɪv] | alyva (*vaisius*) |
| olympic | [ɒˈlɪmpɪk] | olimpinis |
| Olympic Games | [ɒˈlɪmpɪk ˌgeɪmz] | olimpinės žaidynės |
| on | [ɒn] | ant |
| on duty | [ɒn ˈdjuːti] | budintis |
| on foot | [ɒn ˈfʊt] | pėsčiomis |
| on holiday | [ɒn ˈhɒlədeɪ] [ɒn ˈhɒlədi] | atostogauti |
| once | [wʌns] | vieną kartą |
| one | [wʌn] | vienas |
| onion | [ˈʌnjən] | svogūnas |
| only | [ˈəʊnli] | tik |
| onto | [ˈɒntə] | ant (*žymint kryptį*) |
| Oops! | [uːps] | Oi! |
| open | [ˈəʊpn] | atidaryti |
| ✿ opened | [ˈəʊpnd] | atidarė |
| opera and ballet theatre | [ˈɒpərə ənd ˈbæleɪ θɪətə] | operos ir baleto teatras |
| opera house | [ˈɒpərə haʊs] | operos teatras |
| opposite | [ˈɒpəzɪt] | priešais |
| or | [ɔː] | arba |
| orange | [ˈɒrɪndʒ] | apelsinas |
| orbit | [ˈɔːbɪt] | orbita |
| ordinary | [ˈɔːdnri] | įprastas |
| original | [ɒˈrɪdʒənl] | originalus |
| originated | [ɒˈrɪdʒɪneɪtɪd] | kilęs |
| ostrich | [ˈɒstrɪtʃ] | strutis |
| other | [ˈʌðə] | kitas (*anas*) |
| ounce | [aʊns] | lūšis |
| our | [ˈaʊə] | mūsų (*su daiktav.*) |

A a
B b
C c
D d
E e
F f
G g
H h
I i
J j
K k
L l
M m
N n
O o
P p
Q q
R r
S s
T t
U u
V v
W w
X x
Y y
Z z

| | | |
|---|---|---|
| ours | [ˈaʊəz] | mūsų (*be daiktav.*) |
| ourselves | [aʊəˈselvz] | mes patys (*vieni*) |
| out | [aʊt] | išorėje; iš (*žymint veiksmo kryptį*) |
| out-of-doors | [ˌaʊtəvˈdɔ:z] | lauke (*išorinė pusė*) |
| outside | [ˌaʊtˈsaɪd] | lauke |
| oval | [ˈəʊvəl] | ovalus |
| oven | [ˈʌvn] | orkaitė |
| over | [ˈəʊvə] | virš |
| over there | [ˌəʊvə ˈðeə] | štai ten |
| overalls | [ˈəʊvərɔ:lz] | kombinezonas |
| overcoat | [ˈəʊvəkəʊt] | paltas |
| owl | [aʊl] | pelėda |
| own | [əʊn] | nuosavas |
| ox | [ɒks] | jautis |
| oxen | [ˈɒksn] | jaučiai |

## P p

| | | |
|---|---|---|
| p.m. | [ˌpəʊst məˈrɪdɪəm] | popiet *lot.* |
| pa | [pɑ:] | tėtis, tėvelis *šnek.* |
| packet | [ˈpækɪt] | paketas |
| paddle | [ˈpædl] | irklas (*baidarės*) |
| page | [peɪdʒ] | puslapis |
| ✿ paid | | mokėjo (*būt. l.*) p a y |
| pain | [peɪn] | skausmas |
| paintbrush | [ˈpeɪntbrʌʃ] | teptukas |
| paint | [peɪnt] | dažai |
| paint | [peɪnt] | dažyti |
| ✿ painted | [ˈpeɪntɪd] | dažė |
| painting | [ˈpeɪntɪŋ] | paveikslas |
| pair | [peə] | pora |
| palace | [ˈpælɪs] | pilis, rūmai |
| pale | [peɪl] | išblyškęs, blyškus |

| | | |
|---|---|---|
| palm | [pɑːm] | delnas |
| palm tree | [ˈpɑːm triː] | palmė |
| pan | [pæn] | keptuvė |
| pancake | [ˈpænkeɪk] | blynas |
| panda | [ˈpændə] | panda |
| pansy | [ˈpænzi] | našlaitė *bot.* |
| pants | [pænts] | kelnės *amer.* |
| paper | [ˈpeɪpə] | popierius |
| paperclip | [ˈpeɪpəklɪp] | sąvaržėlė |
| parachute | [ˈpærəʃuːt] | parašiutas |
| parcel | [ˈpɑːsl] | siuntinys |
| Pardon! | [ˈpɑːdn] | Atsiprašau! |
| parents | [ˈpeərənts] | tėvai |
| park | [pɑːk] | parkas |
| parking | [ˈpɑːkɪŋ] | automobilių stovėjimo vieta |
| parrot | [ˈpærət] | papūga |
| parsnip | [ˈpɑːsnɪp] | pastarnokas |
| part | [pɑːt] | dalis |
| partner | [ˈpɑːtnə] | partneris |
| party | [ˈpɑːti] | vakarėlis (*pasilinksminimas*) |
| pass | [pɑːs] | praeiti |
| ✿ passed | [pɑːst] | praėjo |
| passenger | [ˈpæsɪndʒə] | keleivis |
| passerby | [ˌpɑːsəˈbaɪ] | praeivis |
| passport | [ˈpɑːspɔːt] | pasas |
| past | [pɑːst] | po; praeitis |
| paste | [peɪst] | tešla; pasta |
| path | [pɑːθ] | takas |
| patient | [ˈpeɪʃnt] | kantrus |
| pavement | [ˈpeɪvmənt] | šaligatvis |
| paw | [pɔː] | letena |
| pay | [peɪ] | (už)mokėti |
| ✿ paid | [peɪd] | (už)mokėjo |
| pea | [piː] | žirnis |

A a B b C c D d E e F f G g H h I i J j K k L l M m N n O o P p Q q R r S s T t U u V v W w X x Y y Z z

| | | |
|---|---|---|
| peace | [pi:s] | taika |
| peach | [pi:tʃ] | persikas |
| peacock | [ˈpi:kɒk] | povas |
| pear | [peə] | kriaušė |
| peel | [pi:l] | lupti |
| ✿ peeled | [pi:ld] | lupo |
| pelican | [ˈpelɪkən] | pelikanas |
| pen | [pen] | parkeris |
| pence | [pens] | pensas |
| pencil | [ˈpensl] | pieštukas |
| pencil-case | [ˈpenslkeɪs] | penalas |
| pencil-box | [ˈpenslbɒks] | pieštukų dėžė, penalas |
| pen-friend | [ˈpenfrend] | susirašinėjimo draugas |
| pencil-sharpener | [ˈpenslʃɑ:pənə] | drožtukas |
| penguin | [ˈpeŋgwɪn] | pingvinas |
| penknife | [ˈpennaɪf] | kišeninis peiliukas |
| people | [ˈpi:pl] | žmonės |
| pepper | [ˈpepə] | pipirai |
| per hour | [pər ˈaʊə] | per valandą |
| per second | [pə ˈsekənd] | per sekundę |
| per cent | [pə ˈsent] | procentas |
| perch | [pɜ:tʃ] | ešerys |
| performance | [pəˈfɔ:məns] | pasirodymas (*spektaklis*) |
| perhaps | [pəˈhæps] | galbūt |
| person | [ˈpɜ:sn] | asmuo; žmogaus |
| pet | [pet] | augintinis (*gyvūnėlis*) |
| pet shop | [ˈpet ʃɒp] | gyvūnėlių parduotuvė |
| petal | [ˈpetl] | vainiklapis, žiedlapis |
| petrol | [ˈpetrəl] | benzinas |
| petrol station | [ˈpetrəl steɪʃn] | degalinė |
| petticoat | [ˈpetɪkəʊt] | apatinis sijonas |
| Pharaoh | [ˈfeərəʊ] | faraonas |
| physical education | [ˌfɪzɪkl ˌedʒʊˈkeɪʃn] | kūno kultūra |

| | | |
|---|---|---|
| physical training | [ˌfɪzɪkl ˈtreɪnɪŋ] | fizinis lavinimas |
| phone | [fəʊn] | skambinti (*telefonu*) |
| ✿ phoned | [fəʊnd] | skambino |
| phonetic | [fəˈnetɪk] | fonetinis |
| photo | [ˈfəʊtəʊ] | nuotrauka *šnek.* |
| photograph | [ˈfəʊtəgrɑːf] | nuotrauka |
| photographer | [fəˈtɒgrəfə] | fotografas |
| photography | [fəˈtɒgrəfi] | fotografavimas |
| piano | [pɪˈænəʊ] | pianinas |
| pick | [pɪk] | rinkti |
| ✿ picked | [pɪkt] | rinko |
| picnic | [ˈpɪknɪk] | iškyla |
| picture | [ˈpɪktʃə] | nuotrauka *amer.*; paveikslas |
| pie | [paɪ] | pyragas |
| piece | [piːs] | gabalėlis |
| pig | [pɪg] | kiaulė |
| pigeon | [ˈpɪdʒɪn] | balandis (*paukštis*) |
| piglet | [ˈpɪglɪt] | paršiukas |
| pike | [paɪk] | lydeka |
| pill | [pɪl] | piliulė |
| pillow | [ˈpɪləʊ] | pagalvė |
| pilot | [ˈpaɪlət] | pilotas |
| pin | [pɪn] | smeigtukas |
| pine | [paɪn] | pušis |
| pineapple | [ˈpaɪnæpl] | ananasas |
| ping-pong | [ˈpɪŋpɒŋ] | stalo teniso kamuoliukas |
| pink | [pɪŋk] | rožinis |
| pirate | [ˈpaɪərət] | piratas |
| pizza | [ˈpiːtsə] | pica |
| place | [pleɪs] | vieta |
| plain | [pleɪn] | paprastas |
| plait | [plæt] | kasa (*plaukų*) |
| plan | [plæn] | planas |
| plane | [pleɪn] | lėktuvas |

A a B b C c D d E e F f G g H h I i J j K k L l M m N n O o P p Q q R r S s T t U u V v W w X x Y y Z z

| | | |
|---|---|---|
| planet | [ˈplænɪt] | planeta |
| plant | [plɑːnt] | augalas |
| plant | [plɑːnt] | sodinti |
| ✿ planted | [ˈplɑːntɪd] | sodino |
| plastic | [ˈplæstɪk] | plastikas |
| plasticine | [ˈplæstɪsiːn] | plastilinas |
| plate | [pleɪt] | lėkštė |
| play | [pleɪ] | žaisti |
| ✿ played | [pleɪd] | žaidė |
| player | [ˈpleɪə] | žaidėjas |
| playground | [ˈpleɪgraʊnd] | žaidimų aikštė |
| playroom | [ˈpleɪrʊm] | žaidimų kambarys |
| pleasant | [ˈpleznt] | malonus, smagus |
| Please! | [pliːz] | prašant, skatinant, leidžiant (*daryti*) |
| please | [pliːz] | teikti malonumo |
| ✿ pleased | [pliːzd] | teikė malonumo |
| pleased | [pliːzd] | patenkintas |
| pliers | [ˈplaɪəz] | replės |
| plum | [plʌm] | slyva |
| plump | [plʌmp] | apkūni (*apie moterį*) |
| plus | [plʌs] | pliusas |
| Pluto | [ˈpluːtəʊ] | Plutonas |
| pocket | [ˈpɒkɪt] | kišenė |
| pocket-money | [ˈpɒkɪtmʌni] | kišenpinigiai |
| poem | [ˈpəʊɪm] | eilėraštis (*poema*) |
| point | [pɒɪnt] | rodyti (*į*) |
| ✿ pointed | [ˈpɒɪntɪd] | rodė |
| poison | [ˈpɒɪzn] | nuodai |
| Poland | [ˈpəʊlənd] | Lenkija |
| Pole | [pəʊl] | lenkas |
| pole | [pəʊl] | stiebas |
| police | [pəˈliːs] | policija |
| police station | [pəˈliːs ˌsteɪʃn] | policijos nuovada |
| policeman | [pəˈliːsmən] | policininkas |
| polish | [ˈpɒlɪʃ] | lakas |

| | | |
|---|---|---|
| polish | [ˈpɒlɪʃ] | lakuoti, blizginti |
| ✿ polished | [ˈpɒlɪʃt] | lakavo, blizgino |
| polite | [pəˈlaɪt] | mandagus |
| politely | [pəˈlaɪtli] | mandagiai |
| pond | [pɒnd] | tvenkinys |
| pony | [ˈpəʊni] | ponis |
| ponytail | [ˈpəʊniteɪl] | surišti į uodegą plaukai |
| pool | [puːl] | baseinas |
| poor | [pʊə] | varganas |
| pop | [pɒp] | pokšėti |
| ✿ popped | [pɒpt] | pokšėjo |
| popcorn | [ˈpɒpkɔ:n] | kukurūzų spragėsiai |
| poppy | [ˈpɒpi] | aguona |
| popular | [ˈpɒpjʊlə] | populiarus |
| porch | [pɔ:tʃ] | veranda *amer.* |
| Portugal | [ˈpɔ:tʃʊgl] | Portugalija |
| Portuguese | [ˌpɔ:tʃʊˈgiːz] | portugalas; portugališkas; portugalų k. |
| possible | [ˈpɒsəbl] | galimas |
| post | [pəʊst] | siųsti paštu |
| ✿ posted | [ˈpəʊstɪd] | siuntė paštu |
| post-office | [ˈpəʊstɒfɪs] | paštas (*skyrius*) |
| postbox | [ˈpəʊstbɒks] | pašto dėžutė |
| postcard | [ˈpəʊstkɑːd] | atvirukas |
| poster | [ˈpəʊstə] | plakatas |
| postman | [ˈpəʊstmən] | laiškanešys |
| pot | [pɒt] | puodas |
| potato | [pəˈteɪtəʊ] | bulvė |
| pound | [paʊnd] | svaras |
| pour | [pɔ:] | pilti |
| ✿ poured | [pɔ:d] | pylė |
| powerful | [ˈpaʊəfəl] | galingas |
| practice | [ˈpræktɪs] | pratybos, treniruotė |
| pray | [preɪ] | melstis |
| ✿ prayed | [preɪd] | meldėsi |
| prefer | [prɪˈfɜː] | teikti pirmenybę |

A a B b C c D d E e F f G g H h I i J j K k L l M m N n O o **P p** Q q R r S s T t U u V v W w X x Y y Z z

| | | |
|---|---|---|
| ✿ preferred | [prɪˈfɜːd] | teikė pirmenybę |
| preposition | [ˌprepəˈzɪʃn] | prielinksnis |
| present | [ˈpreznt] | dovana; dabartinis |
| press | [pres] | spausti |
| ✿ pressed | [prest] | spaudė |
| pretend | [prɪˈtend] | apsimesti, pretenduoti |
| ✿ pretended | [prɪˈtendɪd] | apsimetė, pretendavo |
| pretty | [ˈprɪti] | graži (*apie moterį*) |
| price | [praɪs] | kaina |
| prick | [prɪk] | dūris |
| prick | [prɪk] | įsidurti |
| ✿ pricked | [prɪkt] | įsidūrė |
| prickle | [ˈprɪkl] | spyglys, dyglys |
| prickly | [ˈprɪkli] | dygliuotas |
| primary | [ˈpraɪməri] | pradinis |
| prince | [prɪns] | princas |
| princess | [ˌprɪnˈses] | princesė |
| principal | [ˈprɪnsəpl] | direktorius (*mokyklos*) |
| print | [prɪnt] | spausdinti |
| ✿ printed | [ˈprɪntɪd] | spausdino |
| printer | [ˈprɪntə] | spausdintuvas |
| prison | [ˈprɪzn] | kalėjimas |
| prisoner | [ˈprɪznə] | kalinys |
| prize | [praɪz] | prizas |
| professor | [prəˈfesə] | profesorius |
| programme | [ˈprəʊgræm] | programa |
| project | [ˈprɒdʒekt] | projektas |
| promise | [ˈprɒmɪs] | pažadas |
| promise | [ˈprɒmɪs] | žadėti |
| ✿ promised | [ˈprɒmɪst] | žadėjo |
| pronoun | [ˈprəʊnaʊn] | įvardis |
| proud | [praʊd] | išdidus |
| proverb | [ˈprɒvɜːb] | patarlė |
| pudding | [ˈpʊdɪŋ] | pudingas |
| puddle | [ˈpʌdl] | bala |
| pull | [pʊl] | traukti |
| ✿ pulled | [pʊld] | traukė |

| | | |
|---|---|---|
| pullover | ['pʊləʊvə] | megztinis (*velkamas per galvą*) |
| puma | ['pjuːmə] | puma |
| pump | [pʌmp] | pompa |
| pump | [pʌmp] | pumpuoti |
| ✿ pumped | [pʌmpt] | pumpavo |
| pumpkin | ['pʌmpkɪn] | moliūgas |
| punch | [pʌntʃ] | kumščiuotis |
| ✿ punched | [pʌntʃt] | kumščiavosi |
| punish | ['pʌnɪʃ] | bausti |
| ✿ punished | ['pʌnɪʃt] | baudė |
| pupil | ['pjuːpl] | mokinys |
| puppet | ['pʌpɪt] | lėlė (*apie teatrą*) |
| puppet theatre | ['pʌpɪt θɪətə] | lėlių teatras |
| purple | ['pɜːpl] | purpurinis, raudonas |
| purr | [pɜː] | murkti |
| ✿ purred | [pɜːd] | murkė |
| purse | [pɜːs] | piniginė |
| push | [pʊʃ] | stumti |
| ✿ pushed | [pʊʃt] | stūmė |
| pussy | ['pʊsi] | katytė |
| put | [pʊt] | dėti |
| ✿ put | [pʊt] | dėjo |
| put off | [ˌpʊt'ɒf] | atidėti |
| ✿ put off | [ˌpʊt'ɒf] | atidėjo |
| put on | [ˌpʊt'ɒn] | apsirengti |
| ✿ put on | [ˌpʊt'ɒn] | apsirengė |
| put out | [ˌpʊt 'aʊt] | išvaryti |
| ✿ put out | [ˌpʊt 'aʊt] | išvarė |
| puzzle | ['pʌzl] | galvosūkis |
| pyjamas | [pə'dʒɑːməz] | pižama |
| pyramid | ['pɪrəmɪd] | piramidė |

## Q q

| | | |
|---|---|---|
| quail | [kweɪl] | kurapka |

| | | |
|---|---|---|
| quarrel | [ˈkwɒrəl] | ginčas |
| quarrel | [ˈkwɒrəl] | ginčytis |
| ✿ quarrelled | [ˈkwɒrəld] | ginčijosi |
| quarter | [ˈkwɔ:tə] | ketvirtis |
| queen | [kwi:n] | karalienė |
| question | [ˈkwestʃən] | klausimas |
| queue | [kju:] | eilė |
| quick | [kwɪk] | vikrus, greitas |
| quickly | [ˈkwɪkli] | vikriai, greitai |
| quiet | [ˈkwaɪət] | ramus |
| quietly | [ˈkwaɪətli] | ramiai |
| quiz | [kwɪz] | viktorina |

## R r

| | | |
|---|---|---|
| rabbit | [ˈræbɪt] | triušis |
| race | [reɪs] | lenktyniauti |
| ✿ raced | [reɪst] | lenktyniavo |
| racing | [ˈreɪsɪŋ] | lenktyniavimas |
| racket | [ˈrækɪt] | raketė |
| radio | [ˈreɪdɪəʊ] | radijas |
| radish | [ˈrædɪʃ] | ridikas |
| raft | [rɑ:ft] | plaustas |
| railway | [ˈreɪlweɪ] | geležinkelis |
| railway station | [ˌreɪlweɪ ˈsteɪʃn] | geležinkelio stotis |
| rain | [reɪn] | lietus |
| rain | [reɪn] | lyti |
| ✿ rained | [reɪnd] | lijo |
| rainbow | [ˈreɪnbəʊ] | vaivorykštė |
| raincoat | [ˈreɪnkəʊt] | lietpaltis |
| raindrop | [ˈreɪndrɒp] | lietaus lašelis |
| rainy | [ˈreɪni] | lietingas |
| raise | [reɪz] | iškelti |
| ✿ raised | [reɪzd] | iškėlė |
| raisin | [ˈreɪzn] | razina |

| | | |
|---|---|---|
| rake | [reɪk] | grėblys |
| ✿ ran | | bėgo (*būt. l.*) žr. r u n |
| ✿ rang | | skambėjo (*būt. l.*) žr. r i n g |
| raspberry | [ˈrɑːzberi] | avietė |
| rat | [ræt] | žiurkė |
| ray | [reɪ] | spindulys |
| reach | [riːtʃ] | pasiekti |
| ✿ reached | [riːtʃt] | pasiekė |
| read | [riːd] | skaityti |
| ✿ read | [red] | skaitė |
| reading | [ˈriːdɪŋ] | skaitymas |
| ready | [ˈredi] | pasiruošęs |
| real | [riːəl], [rɪəl] | tikras |
| really | [ˈriːəli], [ˈrɪəli] | tikrai |
| receiver | [rɪˈsiːvə] | telefono ragelis |
| receptionist | [rɪˈsepʃənɪst] | registratorius |
| recite | [rɪˈsaɪt] | deklamuoti |
| ✿ recited | [rɪˈsaɪtɪd] | deklamavo |
| record | [ˈrekəd] | plokštelė |
| record-player | [ˈrekədpleɪə] | patefonas |
| rectangle | [ˈrektæŋgl] | stačiakampis |
| red | [red] | raudona |
| reed | [riːd] | nendrė |
| refrigerator | [rɪˈfrɪdʒəreɪtə] | šaldytuvas |
| register | [ˈredʒɪstə] | žurnalas (*įrašams*) |
| rehearsal | [rɪˈhɜːsl] | repeticija |
| religion | [rɪˈlɪdʒən] | tikyba |
| remember | [rɪˈmembə] | prisiminti |
| ✿ remembered | [rɪˈmembəd] | prisiminė |
| repeat | [rɪˈpiːt] | kartoti |
| ✿ repeated | [rɪˈpiːtɪd] | kartojo |
| reply | [rɪˈplaɪ] | atsakyti |
| ✿ replied | [rɪˈplaɪd] | atsakė |
| reporter | [rɪˈpɔːtə] | reporteris |
| reptile | [ˈreptaɪl] | roplys |
| request | [rɪˈkwest] | prašymas |

A a B b C c D d E e F f G g H h I i J j K k L l M m N n O o P p Q q **R r** S s T t U u V v W w X x Y y Z z

A a B b C c D d E e F f G g H h I i J j K k L l M m N n O o P p Q q **R r** S s T t U u V v W w X x Y y Z z

| | | |
|---|---|---|
| rescue | [ˈreskjuː] | gelbėti |
| ✿ rescued | [ˈreskjuːd] | gelbėjo |
| resin | [ˈrezɪn] | sakai |
| rest | [rest] | poilsis |
| rest | [rest] | ilsėtis |
| ✿ rested | [ˈrestɪd] | ilsėjosi |
| restaurant | [ˈrestrɒnt] | restoranas |
| revise | [rɪˈvaɪz] | taisyti, tikslinti |
| ✿ revised | [rɪˈvaɪzd] | taisė, tikslino |
| revision | [rɪˈvɪʒn] | pataisymas |
| reward | [rɪˈwɔːd] | apdovanojimas |
| reward | [rɪˈwɔːd] | apdovanoti |
| ✿ rewarded | [rɪˈwɔːdɪd] | apdovanojo |
| rhino | [ˈraɪnəʊ] | raganosis *šnek.* |
| rhinoceros | [raɪˈnɒsərəs] | raganosis |
| rhyme | [raɪm] | eilėraštis (*trumpas*) |
| ribbon | [ˈrɪbən] | kaspinas |
| rice | [raɪs] | ryžiai |
| rich | [rɪtʃ] | turtingas |
| riddle | [ˈrɪdl] | mįslė |
| ride | [raɪd] | joti; važiuoti (*dviračiu, motociklu*) |
| ✿ rode | [rəʊd] | jojo; važiavo (*dviračiu, motociklu*) |
| riding | [ˈraɪdɪŋ] | jojimas; važinėjimas |
| right | [raɪt] | dešinė; teisingas |
| right now | [ˌraɪt ˈnaʊ] | tuoj pat |
| ring | [rɪŋ] | žiedas (*ant piršto*) |
| ring | [rɪŋ] | skambėti (*telefonas, varpelis*) |
| ✿ rang | [ræŋ] | skambėjo (*telefonas, varpelis*) |
| ripe | [raɪp] | prinokęs |
| rise | [raɪz] | kilti |
| ✿ rose | [rəʊz] | kilo |
| river | [ˈrɪvə] | upė |
| road | [rəʊd] | kelias, plentas |

| | | |
|---|---|---|
| roar | [rɔ:] | riaumoti |
| ✿ roared | [rɔ:d] | riaumojo |
| rob | [rɒb] | plėšikauti |
| ✿ robbed | [rɒbd] | plėšikavo |
| robber | ['rɒbə] | plėšikas |
| robot | ['rəʊbɒt] | robotas |
| rock | [rɒk] | uola |
| rocket | ['rɒkɪt] | raketa |
| ✿ rode | | jojo, važinėjo (*būt. l.*) žr. r i d e |
| roe | [rəʊ] | stirna |
| roll | [rəʊl] | bandelė |
| roller blades | ['rəʊlə bleɪdz] | riedučiai |
| roller skates | ['rəʊlə skeɪts] | ratukinės pačiūžos |
| Roman | ['rəʊmən] | romėnas, romėniškas |
| romantic | [rəʊ'mæntɪk] | romantiškas |
| roof | [ru:f] | stogas |
| room | [ru:m] | kambarys |
| root | [ru:t] | šaknis |
| rope | [rəʊp] | virvė |
| rose | | kilo (*būt. l.*) žr. r i s e |
| ✿ rose | [rəʊz] | rožė *bot.* |
| rough | [rʌf] | šiurkštus |
| round | [raʊnd] | apvalus |
| route | [ru:t] | maršrutas |
| row | [rəʊ] | eilė |
| row | [rəʊ] | irkluoti |
| ✿ rowed | [rəʊd] | irklavo |
| rowboat | ['rəʊbəʊt] | irklinė valtis *amer.* |
| rub | [rʌb] | trinti |
| ✿ rubbed | [rʌbd] | trynė |
| rubber | ['rʌbə] | trintukas *amer.* |
| rubber-tree | ['rʌbətri:] | kaučiukmedis |
| rubbish | ['rʌbɪʃ] | šiukšlės |
| rucksack | ['rʌksæk] | turisto kuprinė |
| rug | [rʌg] | kilimas (*nedidelis*) |
| rugby | ['rʌgbi] | regbis |
| ruin | [ru:ɪn] | sugriauti |

| | | |
|---|---|---|
| ✿ ruined | [ruːɪnd] | sugriovė |
| rule | [ruːl] | taisyklė |
| rule | [ruːl] | valdyti |
| ✿ ruled | [ruːld] | valdė |
| ruler | [ˈruːlə] | liniuotė; valdovas |
| run | [rʌn] | bėgti |
| ✿ ran | [ræn] | bėgo |
| run away | [ˌrʌn əˈweɪ] | pabėgti |
| ✿ ran away | [ˌræn əˈweɪ] | pabėgo |
| runner | [ˈrʌnə] | bėgikas |
| running | [ˈrʌnɪŋ] | bėgimas |
| running shoes | [ˈrʌnɪŋ ʃuːz] | sportiniai batai |
| running water | [ˈrʌnɪŋ wɔːtə] | vandentiekis |
| rush | [rʌʃ] | skubėti, skubotai veikti |
| ✿ rushed | [rʌʃt] | skubėjo, skubotai veikė |
| Russia | [ˈrʌʃə] | Rusija |
| Russian | [ˈrʌʃn] | rusas; rusiškas; rusų kalba |

## S s

| | | |
|---|---|---|
| sack | [sæk] | maišas |
| sad | [sæd] | liūdnas |
| safari | [səˈfɑːri] | safari |
| safe | [seɪf] | saugus |
| ✿ said | | sakė (*būt. l.*) s a y |
| sail | [seɪl] | plaukti (*laivu*) |
| ✿ sailed | [seɪld] | plaukė (*laivu*) |
| sailboat | [ˈseɪlbəʊt] | burinis laivas |
| sailor | [ˈseɪlə] | jūreivis |
| saint | [seɪnt] | šventas |
| salad | [ˈsæləd] | salotos (*patiekalas*) |
| salt | [sɔːlt] | druska |
| salty | [ˈsɔːlti] | sūrus |
| same | [seɪm] | tas pats |
| sand | [sænd] | smėlis |

| | | |
|---|---|---|
| sandal | [ˈsændl] | sandalas |
| sandwich | [ˈsænwɪdʒ] | sumuštinis |
| ✿ sang | | dainavo (*būt. l.*) žr. s i n g |
| ✿ sank | | skendo (*būt. l.*) žr. s i n k |
| Santa Claus | [ˈsæntə klɔ:z] | Kalėdų Senelis |
| ✿ sat | | sėdėjo (*būt. l.*) žr. s i t |
| satellite | [ˈsætəlaɪt] | palydovas |
| Saturday | [ˈsætədeɪ], [ˈsætədi] | šeštadienis |
| Saturn | [ˈsætən] | Saturnas |
| saucepan | [ˈsɔ:spən] | prikaistuvis |
| saucer | [ˈsɔ:sə] | lėkštelė |
| sausage | [ˈsɒsɪdʒ] | dešra |
| save | [seɪv] | gelbėti; taupyti |
| ✿ saved | [seɪvd] | gelbėjo; taupė |
| ✿ saw | | matė (*būt. l.*) žr. s e e |
| say | [seɪ] | sakyti |
| ✿ said | [sed] | sakė |
| saying | [ˈseɪɪŋ] | posakis |
| scales | [skeɪlz] | svarstyklės |
| scar | [skɑ:] | randas |
| scared | [skeəd] | išsigandęs |
| scarf | [skɑ:f] | šalikas |
| scary | [ˈskeəri] | bailus |
| scarves | [skɑ:vz] | šalikai |
| school | [sku:l] | mokykla |
| school set | [ˈsku:l set] | mokykliniai reikmenys |
| schoolbag | [ˈsku:lbæg] | kuprinė (*mokyklinė*) |
| schoolboy | [ˈsku:lbɒɪ] | mokinys |
| schoolbook | [ˈsku:lbʊk] | vadovėlis |
| schoolchildren | [ˈsku:ltʃɪldrən] | mokiniai |
| schoolgirl | [ˈsku:lgɜ:l] | mokinė |
| science | [ˈsaɪəns] | mokslas |
| scientist | [ˈsaɪəntɪst] | mokslininkas |
| scissors | [ˈsɪzəz] | žirklės |

A a B b C c D d E e F f G g H h I i J j K k L l M m N n O o P p Q q R r S s T t U u V v W w X x Y y Z z

| | | | |
|---|---|---|---|
| | score | [skɔ:] | rezultatas |
| | Scotish | [ˈskɒtɪʃ] | škotiškas; škotų kalba |
| | Scotland | [ˈskɒtlənd] | Škotija |
| | Scotsman | [ˈskɒtsmən] | škotas |
| | scratch | [skrætʃ] | kasyti; įdrėksti |
| ✿ | scratched | [skrætʃt] | kasė; įdrėskė |
| | screen | [skri:n] | ekranas |
| | screw | [skru:] | varžtas |
| | screw | [skru:] | veržti |
| ✿ | screwed | [skru:d] | veržė |
| | screwdriver | [ˈskru:draɪvə] | suktuvas |
| | scrub | [skrʌb] | šveisti |
| ✿ | scrubbed | [skrʌbd] | šveitė |
| | sculpture | [ˈskʌlptʃə] | skulptūra |
| | sea | [si:] | jūra |
| | seagull | [ˈsi:gʌl] | žuvėdra |
| | seahorse | [ˈsi:hɔ:s] | jūros arkliukas |
| | seal | [si:l] | ruonis |
| | seaplane | [ˈsi:pleɪn] | hidroplanas |
| | seaside | [ˈsi:saɪd] | pajūris |
| | season | [ˈsi:zn] | metų laikas |
| | seat | [si:t] | vieta sėdėti |
| | second | [ˈsekənd] | antras; sekundė |
| | secondary | [ˈsekəndəri] | vidurinis (*mokslas*) |
| | secret | [ˈsi:krɪt] | paslaptis; slaptas |
| | secretary | [ˈsekrətri] | sekretorius, -ė |
| | section | [ˈsekʃn] | dalis, skyrius |
| | see | [si:] | matyti |
| ✿ | saw | [sɔ:] | matė |
| | See you! | [ˈsi: ˌju:], [ˈsi: jə] | Iki! (*atsisveikinant*) |
| | seed | [si:d] | sėkla |
| | selfish | [ˈselfɪʃ] | savanaudis |
| | sell | [sel] | parduoti |
| ✿ | sold | [səʊld] | pardavė |
| | send | [send] | siųsti |
| ✿ | sent | [sent] | siuntė |

| | | |
|---|---|---|
| sense | [sens] | jausmas, pojūtis |
| sentence | [ˈsentəns] | sakinys |
| September | [sepˈtembə] | rugsėjis |
| series | [ˈsɪəriːz] | serija, serialas |
| servant | [ˈsɜːvənt] | tarnas |
| set | [set] | komplektas, rinkinys |
| seven | [ˈsevn] | septyni |
| seventeen | [ˌsevnˈtiːn] | septyniolika |
| seventeenth | [ˌsevnˈtiːnθ] | septynioliktas |
| seventh | [ˈsevnθ] | septintas |
| seventy | [ˈsevnti] | septyniasdešimt |
| seventieth | [ˈsevntɪəθ] | septyniasdešimtas |
| sew | [səʊ] | siūti |
| ✿ sewed | [səʊd] | siuvo |
| shadow | [ˈʃædəʊ] | šešėlis |
| shake | [ʃeɪk] | kratyti, drebėti |
| ✿ shook | [ʃʊk] | kratė, drebėjo |
| shall | [ʃæl], [ʃəl] | *būs. l. pagalb. veiksm. vns. ir dgs. I asmeniui* |
| shampoo | [ʃæmˈpuː] | šampūnas |
| shape | [ʃeɪp] | forma |
| share | [ʃeə] | dalytis |
| ✿ shared | [ʃeəd] | dalijosi |
| shark | [ʃɑːk] | ryklys |
| sharp | [ʃɑːp] | aštrus |
| she | [ʃiː], [ʃɪ] | ji |
| shed | [ʃed] | mesti (*lapus*), šertis |
| ✿ shed | [ʃed] | metė (*lapus*), šėrėsi |
| sheep | [ʃiːp] | avis; avys |
| shelf | [ʃelf] | lentyna |
| shell | [ʃel] | kriauklė, kiautas |
| shelves | [ʃelvz] | lentynos |
| sherrif | [ˈʃerɪf] | šerifas |
| shine | [ʃaɪn] | šviesti |
| ✿ shone | [ʃɒn] | švietė |
| ship | [ʃɪp] | laivas |

| | | |
|---|---|---|
| shirt | [ʃɜːt] | marškiniai |
| shock | [ʃɒk] | sukrėtimas |
| shocking | [ˈʃɒkɪŋ] | sukrečiantis |
| shoe | [ʃuː] | batas |
| shoe shop | [ˈʃuː ʃɒp] | batų parduotuvė |
| shoelace | [ˈʃuːleɪs] | batų raištelis |
| ✿ shone | | švietė (*būt. l.*) žr. s h i ne |
| ✿ shook | | kratė (*būt. l.*) žr. s h a k e |
| shop | [ʃɒp] | parduotuvė |
| shop-assistant | [ˈʃɒpəsɪstənt] | pardavėjas, -a |
| shopkeeper | [ˈʃɒpkiːpə] | krautuvininkas |
| shopping | [ˈʃɒpɪŋ] | vaikščiojimas po krautuves (*apsipirkti*) |
| shopping list | [ˈʃɒpɪŋ lɪst] | prekių sąrašas |
| shore | [ʃɔː] | krantas |
| shorts | [ʃɔːts] | šortai |
| should | [ʃʊd], [ʃəd] | *vartojamas patarimui, privalėjimui reikšti* |
| shoulder | [ˈʃəʊldə] | petys |
| shout | [ʃaʊt] | rėkti |
| ✿ shouted | [ˈʃaʊtɪd] | rėkė |
| show | [ʃəʊ] | rodyti |
| ✿ showed | [ʃəʊd] | rodė |
| shower | [ˈʃaʊə] | dušas |
| shrink | [ʃrɪŋk] | susitraukti |
| ✿ shrank | [ʃræŋk] | susitraukė |
| shut | [ʃʌt] | uždaryti, uždengti, užverti |
| ✿ shut | [ʃʌt] | uždarė, uždengė, užvėrė |
| Shut up! | [ʃʌt ˈʌp] | Užsičiaupk! |
| shy | [ʃaɪ] | drovus, bailus |
| Sicilian | [sɪˈsɪlɪən] | siciliškas; sicilietis |
| sick | [sɪk] | sergantis |
| side | [saɪd] | šonas |
| sidewalk | [ˈsaɪdwɔːk] | šaligatvis *amer.* |

| | | |
|---|---|---|
| sight | [saɪt] | regėjimas |
| sightseeing | [ˈsaɪtsiːɪŋ] | įdomių vietų apžiūrėjimas |
| sign | [saɪn] | ženklas |
| silence | [ˈsaɪləns] | tyla |
| silk | [sɪlk] | šilkas |
| silly | [ˈsɪli] | kvailas, paikas |
| silver | [ˈsɪlvə] | sidabras |
| silvery | [ˈsɪlvəri] | sidabrinis |
| sincerely | [sɪnˈsɪəli] | nuoširdžiai |
| sing | [sɪŋ] | dainuoti |
| ✿ sang | [sæŋ] | dainavo |
| singer | [ˈsɪŋgə] | dainininkas |
| sink | [sɪŋk] | plautuvė |
| sink | [sɪŋk] | skęsti, grimzti |
| ✿ sank | [sæŋk] | skendo, grimzdo |
| sip | [sɪp] | gurkšnelis |
| sir | [sɜː] | seras (*kreipinys*) |
| sister | [ˈsɪstə] | sesuo |
| sit | [sɪt] | sėdėti |
| ✿ sat | [sæt] | sėdėjo |
| sit down | [ˌsɪt ˈdaʊn] | atsisėsti |
| ✿ sat down | [ˌsæt ˈdaʊn] | atsisėdo |
| sitting-room | [ˈsɪtɪŋrʊm] | svetainė, svečių kambarys |
| six | [sɪks] | šeši |
| sixteen | [ˌsɪksˈtiːn] | šešiolika |
| sixteenth | [ˌsɪksˈtiːnθ] | šešioliktas |
| sixth | [sɪksθ] | šeštas |
| sixty | [ˈsɪksti] | šešiasdešimt |
| sixtieth | [ˈsɪkstɪəθ] | šešiasdešimtas |
| skate | [skeɪt] | pačiūža |
| skate | [skeɪt] | čiuožti |
| ✿ skated | [ˈskeɪtɪd] | čiuožė |
| skateboard | [ˈskeɪtbɔːd] | riedlentė |
| skateboarding | [ˈskeɪtbɔːdɪŋ] | važinėjimas riedlente |

A a B b C c D d E e F f G g H h I i J j K k L l M m N n O o P p Q q R r S s T t U u V v W w X x Y y Z z

| | | | |
|---|---|---|---|
| | skater | ['skeɪtə] | čiuožėjas |
| | skating | ['skeɪtɪŋ] | čiuožimas |
| | skating-rink | ['skeɪtɪŋrɪŋk] | čiuožykla |
| | skeleton | ['skelɪtn] | griaučiai |
| | ski | [skiː] | slidė |
| | ski | [skiː] | slidinėti |
| ✿ | skied | [skiːd] | slidinėjo |
| | skier | ['skiːə] | slidininkas |
| | skiing | ['skiːɪŋ] | slidinėjimas |
| | skin | [skɪn] | oda (*žmogaus, gyvulio*); kailis |
| | skip | [skɪp] | šokinėti (*per šokdynę*) *amer.* |
| ✿ | skipped | [skɪpt] | šokinėjo (*per šokdynę*) *amer.* |
| | skipping-rope | ['skɪpɪŋrəʊp] | šokdynė |
| | skirt | [skɜːt] | sijonas |
| | sky | [skaɪ] | dangus |
| | skylark | ['skaɪlɑːk] | vyturys |
| | slap | [slæp] | pliaukštelėti |
| ✿ | slapped | [slæpt] | pliaukštelėjo |
| | slave | [sleɪv] | vergas |
| | sledge | [sledʒ] | rogės |
| | sledge | [sledʒ] | važiuoti rogėmis |
| ✿ | sledged | [sledʒd] | važiavo rogėmis |
| | sledging | ['sledʒɪŋ] | rogių sportas |
| | sleep | [sliːp] | miegoti |
| ✿ | slept | [slept] | miegojo |
| | sleeping-bag | ['sliːpɪŋbæg] | miegmaišis |
| | sleepy | ['sliːpi] | mieguistas |
| | sleeve | [sliːv] | rankovė |
| | slice | [slaɪs] | riekė |
| | slide | [slaɪd] | slysti |
| ✿ | slid | [slɪd] | slydo |
| | slim | [slɪm] | lieknas |
| | slip | [slɪp] | paslysti; praleisti |

| | | |
|---|---|---|
| ✿ slipped | [slɪpt] | paslydo; praleido |
| slipper | [ˈslɪpə] | šlepetė |
| slope | [sləʊp] | šlaitas |
| slow | [sləʊ] | lėtas |
| slowly | [ˈsləʊli] | lėtai |
| small | [smɔ:l] | mažas |
| smart | [smɑ:t] | gudrus, šaunus |
| smash | [smæʃ] | sudaužyti |
| ✿ smashed | [smæʃt] | sudaužė |
| smell | [smel] | kvepėti; uostyti |
| ✿ smelt | [smelt] | kvepėjo; uostė |
| smile | [smaɪl] | šypsena |
| smile | [smaɪl] | šypsotis |
| ✿ smiled | [smaɪld] | šypsojosi |
| smoke | [sməʊk] | dūmai, suodžiai |
| smoke | [sməʊk] | rūkyti; rūkti |
| ✿ smoked | [sməʊkt] | rūkė; rūko |
| smooth | [smu:ð] | lygus, glotnus |
| snack | [snæk] | užkandis |
| snack-bar | [ˈsnækbɑ:] | užkandinė, bufetas |
| snail | [sneɪl] | sraigė |
| snake | [sneɪk] | gyvatė |
| snap | [snæp] | spragtelėti (*pirštais*) |
| ✿ snapped | [snæpt] | spragtelėjo (*pirštais*) |
| snore | [snɔ:] | knarkimas |
| snow | [snəʊ] | sniegas |
| snow | [snəʊ] | snigti |
| ✿ snowed | [snəʊd] | snigo |
| snowball | [ˈsnvʊbɔ:l] | sniego gniūžtė |
| snowdrop | [ˈsnəʊdrɒp] | snieguolė *bot.* |
| snowflake | [ˈsnəʊfleɪk] | snaigė |
| snowy | [ˈsnəʊi] | snieguotas |
| so | [səʊ] | todėl; taigi; toks |
| soap | [səʊp] | muilas |
| sock | [s ɒk] | puskojinė |
| sofa | [ˈsəʊfə] | sofa |

Aa Bb Cc Dd Ee Ff Gg Hh Ii Jj Kk Ll Mm Nn Oo Pp Qq Rr Ss Tt Uu Vv Ww Xx Yy Zz

| | | | |
|---|---|---|---|
| | soft | [sɒft] | minkštas; švelnus; tylus |
| | soft toy | [ˌsɒftˈtɒɪ] | minkštas žaislas |
| | softly | [ˈsɒftli] | švelniai; tyliai |
| ✿ | sold | | pardavė (*būt. l.*) žr. s e l l |
| | soldier | [ˈsəʊldʒə] | kareivis |
| | solution | [səˈluːʃn] | sprendimas, išaiškinimas |
| | some | [sʌm] | keletas, šiek tiek (*teig. sak.*) |
| | somebody | [ˈsʌmbədi] | kažkas (*apie žmogų*) |
| | someone | [ˈsʌmwʌn] | kažkas (*apie žmogų*) |
| | something | [ˈsʌmθɪŋ] | kažkas (*apie daiktą*) |
| | sometimes | [ˈsʌmtaɪmz] | kartais |
| | somewhere | [ˈsʌmweə] | kažkur, kur nors |
| | son | [sʌn] | sūnus |
| | song | [sɒŋ] | daina |
| | soon | [suːn] | greitai |
| | Sorry! | [ˈsɒri] | Atsiprašau! *šnek.* |
| | sort | [sɔ:t] | rūšis, klasė |
| | sound | [saʊnd] | garsas |
| | sound | [saʊnd] | skambėti |
| ✿ | sounded | [ˈsaʊndɪd] | skambėjo |
| | soup | [suːp] | sriuba |
| | sour | [ˈsaʊə] | rūgštus |
| | south | [saʊθ] | pietų kryptis |
| | southern | [ˈsʌðən] | pietinis |
| | space | [speɪs] | erdvė |
| | spacecraft | [ˈspeɪskrɑːft] | erdvėlaivis |
| | spacesuit | [ˈspeɪssuːt] | skafandras |
| | spade | [speɪd] | kastuvas |
| | spaghetti | [spəˈgeti] | spagečiai |
| | Spain | [speɪn] | Ispanija |
| | Spanish | [ˈspænɪʃ] | ispaniškas; ispanas; ispanų kalba |
| | sparrow | [ˈspærəʊ] | žvirblis |
| | speak | [spiːk] | kalbėti |
| ✿ | spoke | [spəʊk] | kalbėjo |
| | special | [ˈspeʃl] | specialus |

| | | | |
|---|---|---|---|
| | speciality | [ˌspeʃɪ'æləti] | specialybė |
| | specs | [speks] | akiniai *šnek.* |
| | spell | [spel] | pasakyti/parašyti paraidžiui |
| ✿ | spelt | [spelt] | pasakė/parašė paraidžiui |
| | spelling | ['spelɪŋ] | rašyba |
| | spend | [spend] | leisti, eikvoti |
| ✿ | spent | [spent] | leido, eikvojo |
| | spider | ['spaɪdə] | voras |
| | spin | [spɪn] | verpti |
| ✿ | spun | [spʌn] | verpė |
| | spinning top | ['spɪnɪŋ tɒp] | vilkelis (*žaislas*) |
| | spinning-wheel | ['spɪnɪŋwiːl] | verpstė |
| ✿ | spoke | | kalbėjo (*būt. l.*) žr. s p e a k |
| | sponge | [spʌndʒ] | kempinė |
| | spoon | [spuːn] | šaukštas |
| | sport | [spɔːt] | sportas |
| | sports center | ['spɔːts ˌsentə] | sporto prekių parduotuvė |
| | sportsman | ['spɔːtsmən] | sportininkas |
| | spot | [spɒt] | dėmė |
| | spotted | ['spɒtɪd] | taškuotas |
| | spring | [sprɪŋ] | pavasaris |
| | spy | [spaɪ] | šnipas |
| | spy | [spaɪ] | šnipinėti |
| ✿ | spied | [spaɪd] | šnipinėjo |
| | square | [skweə] | aikštė; kvadratas |
| | squirrel | ['skwɪrəl] | voverė |
| | St. Valentine's day | [snt 'væləntaɪnz ˌdeɪ] | šv. Valentino diena |
| | stable | ['steɪbl] | arklidė |
| | stadium | ['steɪdɪəm] | stadionas |
| | staff room | ['stɑːf rʊm] | mokytojų kambarys |
| | stairs | [steəz] | laiptai |
| | stalk | [stɔːk] | stiebas, kotas (*augalo*) |

A a B b C c D d E e F f G g H h I i J j K k L l M m N n O o P p Q q R r S s T t U u V v W w X x Y y Z z

| | | |
|---|---|---|
| stamp | [stæmp] | pašto ženklas |
| stand | [stænd] | stovėti |
| ✿ stood | [stʊd] | stovėjo |
| stand up | [ˌstænd ˈʌp] | atsistoti |
| ✿ stood up | [ˌstʊd ˈʌp] | atsistojo |
| star | [stɑː] | žvaigždė |
| stare | [steə] | smalsiai žiūrėti |
| ✿ stared | [steəd] | smalsiai žiūrėjo |
| starfish | [ˈstɑːfɪʃ] | jūros žvaigždė |
| starling | [ˈstɑːlɪŋ] | varnėnas |
| start | [stɑːt] | pradžia, paleidimas |
| start | [stɑːt] | pradėti; užvesti |
| ✿ started | [ˈstɑːtɪd] | pradėjo; užvedė |
| starter | [ˈstɑːtə] | starteris |
| starve | [stɑːv] | badauti |
| ✿ starved | [stɑːvd] | badavo |
| station | [ˈsteɪʃn] | stotis |
| statue | [ˈstætʃuː] | statula |
| stay | [steɪ] | pasilikti |
| ✿ stayed | [steɪd] | pasiliko |
| steak | [steɪk] | bifšteksas |
| steal | [stiːl] | vogti |
| ✿ stole | [stəʊl] | vogė |
| steam | [stiːm] | garai |
| step | [step] | žingsnis |
| stick | [stɪk] | klijuoti; prilipti |
| ✿ stuck | [stʌk] | klijavo; prilipo |
| stick | [stɪk] | lazda |
| sticker | [ˈstɪkə] | lipdukas |
| sticky | [ˈstɪki] | lipnus |
| sticky tape | [ˌstɪki ˈteɪp] | lipni juosta |
| still | [stɪl] | vis dar |
| sting | [stɪŋ] | gelti |
| ✿ stung | [stʌŋ] | gẽlė |
| stir | [stɜː] | maišyti |
| ✿ stirred | [stɜːd] | maišė |

| | | |
|---|---|---|
| stocking | [ˈstɒkɪŋ] | kojinė |
| ✿ stole | | vogė (*būt. l.*) žr. s t e a l |
| stomach | [ˈstʌmək] | pilvas |
| stomachache | [ˈstʌməkeɪk] | pilvo skausmas |
| stone | [stəʊn] | akmuo |
| ✿ stood | | stovėjo (*būt. l.*) žr. s t a n d |
| stop | [stɒp] | stotelė |
| stop | [stɒp] | sustoti |
| ✿ stopped | [stɒpt] | sustojo |
| store | [stɔ:] | parduotuvė *amer.*; sandėlis |
| stork | [stɔ:k] | gandras |
| storm | [stɔ:m] | audra |
| story | [ˈstɔ:ri] | pasakojimas |
| stove | [stəʊv] | viryklė, krosnis |
| straight | [streɪt] | tiesus; tiesiai |
| strange | [streɪndʒ] | keistas |
| straw | [strɔ:] | šiaudas |
| strawberry | [ˈstrɔ:bəri] | braškė, žemuogė |
| stream | [stri:m] | srovė |
| street | [stri:t] | gatvė |
| stretch | [stretʃ] | išsitiesti |
| ✿ stretched | [stretʃt] | išsitiesė |
| string | [strɪŋ] | styga, virvė (*plona*) |
| stripe | [straɪp] | juosta, dryžis |
| striped | [straɪpt] | dryžuotas |
| strong | [strɒŋ] | stiprus |
| ✿ stuck | | prilipo, klijavo (*būt. l.*) žr. s t i c k |
| student | [ˈstju:dənt] | mokinys, studentas |
| studies | [ˈstʌdɪz] | mokslas, studijos |
| studio | [ˈstju:dɪəʊ] | studija |
| study | [ˈstʌdi] | mokytis, studijuoti |
| ✿ studied | [ˈstʌdɪd] | mokėsi, studijavo |
| ✿ stung | | gẽlė (*būt. l.*) žr. s t i n g |
| stupid | [ˈstju:pɪd] | kvailas, bukas (*apie žmogų*) |

| | | |
|---|---|---|
| subject | [ˈsʌbʒɪkt] | mokomasis dalykas |
| submarine | [ˌsʌbməˈriːn] | povandeninis laivas |
| subtract | [səbˈtrækt] | atimti *mat.* |
| ✿ subtracted | [səbˈtræktɪd] | atėmė *mat.* |
| such | [sʌtʃ] | toks |
| suddenly | [ˈsʌdnli] | staiga |
| sugar | [ˈʃʊgə] | cukrus |
| suggest | [səˈdʒest] | siūlyti |
| ✿ suggested | [səˈdʒestɪd] | siūlė |
| suggestion | [səˈdʒestʃn] | pasiūlymas |
| suit | [suːt] | kostiumas |
| suitcase | [ˈsjuːtkeɪs] | lagaminas |
| sum | [sʌm] | suma |
| summer | [ˈsʌmə] | vasara |
| summer holidays | [ˌsʌmə ˈhɒlədeɪz] [ˌsʌmə ˈhɒlədɪz] | vasaros atostogos |
| sun | [sʌn] | saulė |
| sunbathe | [ˈsʌnbeɪð] | kaitintis saulėje |
| ✿ sunbathed | [ˈsʌnbeɪðd] | kaitinosi saulėje |
| Sunday | [ˈsʌndeɪ], [ˈsʌndi] | sekmadienis |
| sunflower | [ˈsʌnflaʊə] | saulėgrąža |
| sunglasses | [ˈsʌnglɑːsɪz] | akiniai nuo saulės |
| sunny | [ˈsʌni] | saulėtas |
| sunshine | [ˈsʌnʃaɪn] | saulės šviesa |
| supermarket | [ˈsuːpəmɑːkɪt] | universalinė parduotuvė |
| supper | [ˈsʌpə] | vakarienė (*kukli*) |
| surf | [sɜːf] | bangų mūša |
| surface | [ˈsɜːfɪs] | paviršius |
| surfboard | [ˈsɜːfbɔ:d] | banglentė |
| surprise | [səˈpraɪz] | siurprizas |
| surprise | [səˈpraɪz] | stebinti |
| ✿ surprised | [səˈpraɪzd] | stebino |
| surprised | [səˈpraɪzd] | nustebęs |
| suspicious | [səˈspɪʃəs] | įtartinas, įtarus |
| swallow | [ˈswɒləʊ] | gurkšnis |

| | | |
|---|---|---|
| swallow | [ˈswɒləʊ] | ryti |
| ✿ swallowed | [ˈswɒləʊd] | rijo |
| ✿ swam | | plaukė (*būt. l.*) žr. s w i m |
| swan | [swɒn] | gulbė |
| sweater | [ˈswetə] | megztinis (*nertinis*) |
| sweatshirt | [ˈswetʃɜːt] | medvilninis sportinis nertinis |
| sweep | [swiːp] | šluoti |
| ✿ swept | [swept] | šlavė |
| sweet | [swiːt] | saldus; saldainis |
| sweet shop | [ˈswiːt ʃɒp] | saldumynų parduotuvė |
| swim | [swɪm] | plaukti, maudytis |
| ✿ swam | [swæm] | plaukė, maudėsi |
| swimmer | [ˈswɪmə] | plaukikas |
| swimming | [ˈswɪmɪŋ] | plaukimas |
| swimming-pool | [ˈswɪmɪŋpuːl] | baseinas |
| swimsuit | [ˈswɪmsuːt] | maudymosi kostiumėlis |
| swing | [swɪŋ] | suptis |
| ✿ swung | [swʌŋ] | suposi |
| Swiss | [swɪs] | šveicaras, šveicariškas |
| switch off | [ˌswɪtʃ ˈɒf] | išjungti |
| ✿ switched off | [ˌswɪtʃt ˈɒf] | išjungė |
| switch on | [ˌswɪtʃ ˈɒn] | įjungti |
| ✿ switched on | [ˌswɪtʃt ˈɒn] | įjungė |
| Switzerland | [ˈswɪtsələnd] | Šveicarija |
| swop (swap) | [swɒp] | mainytis |
| ✿ swopped | [swɒpt] | mainėsi |
| sword | [sɔːd] | kardas |

## T t

| | | |
|---|---|---|
| table | [ˈteɪbl] | stalas |
| tablecloth | [ˈteɪblklɒθ] | staltiesė |
| table-tennis | [ˈteɪbl tenɪs] | stalo tenisas |
| tag | [tæg] | etiketė (*kabanti*) |

A a B b C c D d E e F f G g H h I i J j K k L l M m N n O o P p Q q R r **S s** **T t** U u V v W w X x Y y Z z

A a B b C c D d E e F f G g H h I i J j K k L l M m N n O o P p Q q R r S s T t U u V v W w X x Y y Z z

| | | |
|---|---|---|
| tail | [teɪl] | uodega |
| take | [teɪk] | imti |
| ✿ took | [tʊk] | ėmė |
| take a nap | [ˌteɪk ə ˈnæp] | nusnūsti |
| ✿ took a nap | [ˌtʊk ə ˈnæp] | nusnūdo |
| take a photo | [ˌteɪk ə ˈfəʊtəʊ] | fotografuoti |
| ✿ took a photo | [ˌtʊk ə ˈfəʊtəʊ] | fotografavo |
| Take a seat! | [ˌteɪk ə ˈsiːt] | Sėskit! |
| take off | [ˌteɪk ˈɒf] | nusivilkti |
| ✿ took off | [ˌtʊk ˈɒf] | nusivilko |
| take temperature | [ˌteɪk ˈtemprətʃə] | matuoti temperatūrą |
| ✿ took temperature | [ˌtʊk ˈtemprətʃə] | matavo temperatūrą |
| talent | [ˈtælənt] | talentas |
| talk | [tɔ:k] | kalbėti |
| ✿ talked | [tɔ:kt] | kalbėjo |
| tall | [tɔ:l] | aukštas (*apie žmogų, medį*) |
| tame | [teɪm] | prijaukinti |
| ✿ tamed | [teɪmd] | prijaukino |
| tap | [tæp] | tapšnoti |
| ✿ tapped | [tæpt] | tapšnojo |
| tape | [teɪp] | juosta (*magnetofono*) |
| tape-recorder | [ˈteɪprɪkɔ:də] | magnetofonas |
| taste | [teɪst] | skonis |
| taste | [teɪst] | ragauti |
| ✿ tasted | [ˈteɪstɪd] | ragavo |
| tasty | [ˈteɪsti] | skanus |
| taxi | [ˈtæksɪ] | taksi |
| tea | [tiː] | arbata |
| teach | [tiːtʃ] | mokyti |
| ✿ taught | [tɔ:t] | mokė |
| teacher | [ˈtiːtʃə] | mokytojas |
| team | [tiːm] | komanda |
| teapot | [ˈtiːpɒt] | arbatinukas |
| tear | [tɪə] | ašara |
| tear | [teə] | draskyti |

| | | |
|---|---|---|
| ✿ tore | [tɔ:] | draskė |
| teaspoon | [ˈti:spu:n] | arbatinis šaukštelis |
| teddy bear | [ˈtedi beə] | pliušinis meškutis |
| teeth | [ti:θ] | dantys |
| telephone | [ˈtelɪfəʊn] | telefonas |
| telephone booth | [ˈtelɪfəʊn bu:θ] | telefono būdelė |
| telephone box | [ˈtelɪfəʊn bɒks] | telefono būdelė |
| telephone number | [ˈtelɪfəʊn nʌmbə] | telefono numeris |
| telescope | [ˈtelɪskəʊp] | teleskopas |
| television | [ˌtelɪˈvɪʒən] | televizija |
| tell | [tel] | pasakoti |
| ✿ told | [təʊld] | pasakojo |
| temperature | [ˈtemprətʃə] | temperatūra |
| ten | [ten] | dešimt |
| tennis | [ˈtenɪs] | tenisas |
| tennis-court | [ˈtenɪskɔ:t] | teniso aikštelė |
| tent | [tent] | palapinė |
| tenth | [tenθ] | dešimtas |
| term | [tɜ:m] | trimestras |
| terrible | [ˈterəbl] | baisus, siaubingas |
| test | [test] | kontrolinis darbas |
| textbook | [ˈtekstbʊk] | vadovėlis |
| than | [ðən] | negu |
| thank | [θæŋk] | dėkoti |
| ✿ thanked | [θæŋkt] | dėkojo |
| Thank you! | [ˈθæŋk ˌju:] | Ačiū! |
| that | [ðæt] | tas, ta |
| That's right! | [ˌðæts ˈraɪt] | Teisingai! |
| the | [ðə] | žymimasis artikelis |
| theatre | [ˈθɪətə] | teatras |
| their | [ðeə] | jų (*su daiktav.*) |
| theirs | [ðeəz] | jų (*be daiktav.*) |
| them | [ðem], [ðəm] | juos, jas, jiems, joms |
| themselves | [ðəmˈselvz] | jie, jos patys (*vieni*) |
| then | [ðen] | tada |
| there | [ðeə] | ten |

| | | | |
|---|---|---|---|
| | thermometer | [θəˈmɒmɪtə] | termometras |
| | these | [ðiːz] | šitie, šitos |
| | they | [ðeɪ] | jie, jos |
| | thick | [θɪk] | storas; tirštas |
| | thief | [θiːf] | vagis |
| | thieves | [θiːvz] | vagys |
| | thin | [θɪn] | plonas |
| | thing | [θɪŋ] | daiktas |
| | think | [θɪŋk] | galvoti |
| ✿ | thought | [θɔ:t] | galvojo |
| | third | [θɜːd] | trečias |
| | thirsty | [ˈθɜːsti] | ištroškęs |
| | thirteen | [ˌθɜːˈtiːn] | trylika |
| | thirteenth | [ˌθɜːˈtiːnθ] | tryliktas |
| | thirtieth | [ˈθɜːtɪəθ] | trisdešimtas |
| | thirty | [ˈθɜːti] | trisdešimt |
| | this | [ðɪs] | šis, ši |
| | those | [ðəʊz] | tie, tos |
| | thousand | [ˈθaʊzənd] | tūkstantis |
| | thread | [θred] | siūlas |
| | three | [θriː] | trys |
| | thriller | [ˈθrɪlə] | trileris |
| | throat | [θrəʊt] | gerklė |
| | throne | [θrəʊn] | sostas |
| | through | [θruː] | pro, per, kiaurai |
| | throw | [θrəʊ] | mesti |
| ✿ | threw | [θruː] | metė |
| | thumb | [θʌm] | nykštys |
| | thunder | [ˈθʌndə] | griaustinis |
| | thunderstorm | [ˈθʌndəstɔ:m] | audra (*su griaustiniu*) |
| | Thursday | [ˈθɜːzdeɪ], [ˈθɜːzdi] | ketvirtadienis |
| | tick | [tɪk] | varnelė (*ženklas*) |
| | ticket | [ˈtɪkɪt] | bilietas |
| | ticket office | [ˈtɪkɪt ɒfɪs] | bilietų kasa |
| | tickle | [ˈtɪkl] | kutenti |
| ✿ | tickled | [ˈtɪkld] | kuteno |

| | | | |
|---|---|---|---|
| | tidy | [ˈtaɪdi] | tvarkingas |
| | tidy | [ˈtaɪdi] | tvarkyti |
| ✿ | tidied | [ˈtaɪdɪd] | tvarkė |
| | tie | [taɪ] | kaklaraištis |
| | tie | [taɪ] | rišti |
| ✿ | tied | [taɪd] | rišo |
| | tiger | [ˈtaɪgə] | tigras |
| | tight | [taɪt] | ankštas |
| | tights | [taɪts] | triko (*drabužis*) |
| | till | [tɪl] | iki, ligi (*kol*) |
| | time | [taɪm] | laikas |
| | timetable | [ˈtaɪmteɪbl] | tvarkaraštis |
| | tin | [tɪn] | skardinė |
| | tingle | [ˈtɪŋgl] | žnaibyti |
| ✿ | tingled | [ˈtɪŋgld] | žnaibė |
| | tiny | [ˈtaɪni] | smulkus |
| | tired | [ˈtaɪəd] | pavargęs |
| | title | [ˈtaɪtl] | pavadinimas |
| | titmouse | [ˈtɪtmaʊs] | zylė |
| | to | [tə] | į, pas, prie (*žymint kryptį*) |
| | toad | [təʊd] | rupūžė |
| | toadstool | [ˈtəʊdstu:l] | šungrybis |
| | toast | [təʊst] | skrebutis |
| | toast | [təʊst] | skrudinti |
| ✿ | toasted | [təʊstɪd] | skrudino |
| | toboggan | [təˈbɒgən] | leistis rogutėm |
| ✿ | tobogganed | [təˈbɒgənd] | leidosi rogutėm |
| | today | [təˈdeɪ] | šiandien |
| | toe | [təʊ] | kojos pirštas |
| | together | [təˈgeðə] | kartu |
| | toilet | [ˈtɒɪlɪt] | tualetas |
| ✿ | told | | pasakojo (*būt. l.*) žr. t e l l |
| | tomato | [təˈmɑ:təʊ] | pomidoras |
| | tomorrow | [təˈmɒrəʊ] | rytoj |
| | tongue | [tʌŋ] | liežuvis |
| | tonight | [təˈnaɪt] | šįvakar |

| | | | |
|---|---|---|---|
| | too | [tu:] | taip pat (*sakinio gale*) |
| ✿ | took | | ėmė (*būt. l.*) žr. t a k e |
| | tooth | [tu:θ] | dantis |
| | toothache | [ˈtu:θeɪk] | dantų skausmas |
| | toothbrush | [ˈtu:θbrʌʃ] | dantų šepetėlis |
| | toothpaste | [ˈtu:θpeɪst] | dantų pasta |
| | top | [tɒp] | viršus |
| | torch | [tɔ:tʃ] | žibintuvėlis |
| ✿ | tore | | draskė (*būt. l.*) žr. t e a r |
| | tortoise | [ˈtɔ:təs] | vėžlys |
| | total | [ˈtəʊtl] | iš viso; suma |
| | touch | [tʌtʃ] | liesti |
| ✿ | touched | [tʌtʃt] | lietė |
| | tourist | [ˈtʊərɪst] | turistas |
| | towards | [təˈwɔ:dz] | link, į (*žymint laiką, vietą*) |
| | towel | [ˈtaʊəl] | rankšluostis |
| | tower | [ˈtaʊə] | bokštas |
| | town | [taʊn] | miestas (*mažas*) |
| | toy | [tɒɪ] | žaislas |
| | toy shop | [ˈtɒɪ ʃɒp] | žaislų parduotuvė |
| | trace | [treɪs] | sekti |
| ✿ | traced | [treɪst] | sekė |
| | tracksuit | [ˈtræksu:t] | sportinis kostiumas |
| | tractor | [ˈtræktə] | traktorius |
| | traditional | [trəˈdɪʃnəl] | įprastas |
| | traffic | [ˈtræfɪk] | eismas |
| | traffic-lights | [ˈtræfɪklaɪts] | šviesoforas |
| | traffic rules | [ˈtræfɪk ru:lz] | eismo taisyklės |
| | train | [treɪn] | traukinys |
| | trainers | [ˈtreɪnəz] | sportiniai batai |
| | tram | [træm] | tramvajus |
| | translate | [trænzˈleɪt] | versti į kitą kalbą |
| ✿ | translated | [trænzˈleɪtɪd] | vertė į kitą kalbą |
| | translation | [trænzˈleɪʃn] | vertimas į kitą kalbą |
| | transportation | [ˌtrænspɔ:ˈteɪʃn] | pervežimas |

| | | | |
|---|---|---|---|
| | transport | [ˈtrænspɔ:t] | transportas |
| | travel | [ˈtrævl] | keliauti |
| ✿ | travelled | [ˈtrævld] | keliavo |
| | traveller | [ˈtrævələ] | keliautojas |
| | tray | [trei] | padėklas |
| | treasure | [ˈtreʒə] | lobis |
| | treat | [tri:t] | elgtis; vaišinti |
| ✿ | treated | [ˈtri:tɪd] | elgėsi; vaišino |
| | tree | [tri:] | medis |
| | triangle | [ˈtraɪæŋgl] | trikampis |
| | tribe | [traɪb] | gentis |
| | trick | [trɪk] | pokštas |
| | trifle | [ˈtraɪfl] | mažmožis, smulkmena |
| | trip | [trɪp] | išvyka |
| | triplets | [ˈtrɪpləts] | trynukai |
| | trombone | [trɒmˈbəʊn] | trombonas |
| | trousers | [ˈtraʊzəz] | kelnės |
| | truck | [trʌk] | sunkvežimis *amer.* |
| | true | [tru:] | teisingas |
| | trumpet | [ˈtrʌmpɪt] | trimitas |
| | trunk | [trʌŋk] | straublys, kamienas |
| | trunks | [trʌŋks] | glaudės |
| | try | [traɪ] | bandyti |
| ✿ | tried | [traɪd] | bandė |
| | T-shirt | [ˈti:ʃɜ:t] | marškinėliai (*teniso*) |
| | tube | [tju:b] | vamzdis |
| | Tuesday | [ˈtju:zdeɪ], [ˈtju:zdi] | antradienis |
| | tulip | [ˈtju:lɪp] | tulpė |
| | tune | [tju:n] | melodija |
| | tunnel | [ˈtʌnl] | tunelis |
| | Turk | [tɜ:k] | turkas |
| | turkey | [ˈtɜ:ki] | kalakutas |
| | Turkey | [ˈtɜ:ki] | Turkija |
| | Turkish | [ˈtɜ:kɪʃ] | turkiškas; turkų kalba |
| | turn | [tɜ:n] | pasukti |
| ✿ | turned | [tɜ:nd] | pasuko |

A a
B b
C c
D d
E e
F f
G g
H h
I i
J j
K k
L l
M m
N n
O o
P p
Q q
R r
S s
T t
U u
V v
W w
X x
Y y
Z z

| | | |
|---|---|---|
| turn off | [ˌtɜːn ˈɒf] | išjungti, užsukti |
| ✿ turned off | [ˌtɜːnd ˈɒf] | išjungė, užsuko |
| turn on | [ˌtɜːn ˈɒn] | įjungti, atsukti |
| ✿ turned on | [ˌtɜːnd ˈɒn] | įjungė, atsuko |
| turn over | [ˌtɜːn ˈəʊvə] | apversti |
| ✿ turned over | [ˌtɜːnd ˈəʊvə] | apvertė |
| turn round | [ˌtɜːn ˈraʊnd] | apsukti |
| ✿ turned round | [ˌtɜːnd ˈraʊnd] | apsuko |
| tusk | [tʌsk] | iltis |
| TV set | [tiːˈviː ˌset] | televizorius |
| twelfth | [twelfθ] | dvyliktas |
| twelve | [twelv] | dvylika |
| twenty | [ˈtwenti] | dvidešimt |
| twentieth | [ˈtwentɪəθ] | dvidešimtas |
| twice | [twaɪs] | dukart |
| twig | [twɪg] | šakelė |
| twin | [twɪn] | dvynys |
| twinkle | [ˈtwɪŋkl] | žibsėti |
| ✿ twinkled | [ˈtwɪŋkld] | žibsėjo |
| two | [tuː] | du |
| type | [taɪp] | rūšis, tipas |
| type | [taɪp] | spausdinti mašinėle, rinkti kompiuteriu |
| ✿ typed | [taɪpt] | spausdino mašinėle, rinko kompiuteriu |
| tyre | [ˈtaɪə] | padanga |

## U u

| | | |
|---|---|---|
| UK | [ˌjuːˈkeɪ] | Jungtinė Karalystė |
| UFO | [ˈjuːfəʊ] | NSO |
| Ugh! | [ɜːh] | Fui! |
| ugly | [ˈʌgli] | bjaurus, negražus |
| umbrella | [ʌmˈbrelə] | lietsargis |
| uncle | [ˈʌŋkl] | dėdė |
| under | [ˈʌndə] | po |

| | | |
|---|---|---|
| underground | [ˈʌndəgraʊnd] | metro |
| underpants | [ˈʌndəpænts] | apatinės kelnės *amer.* |
| undershirt | [ˈʌndəʃɜ:t] | apatiniai baltiniai |
| understand | [ˌʌndəˈstænd] | suprasti |
| ✿ understood | [ˌʌndəˈstʊd] | suprato |
| underwear | [ˈʌndəweə] | apatiniai drabužiai |
| unhappy | [ʌnˈhæpi] | nelaimingas |
| unhealthy | [ʌnˈhelθi] | nesveikas |
| uniform | [ˈju:nɪfɔ:m] | uniforma |
| United Kingdom | [ju:ˌnaitid ˈkɪŋdəm] | Jungtinė Karalystė |
| United States of America | [ju:ˌnaɪtɪd steɪts əv əˈmerɪkə] | Jungtinės Amerikos Valstijos |
| universe | [ˈju:nɪvɜ:s] | visata |
| until | [ənˈtɪl] | iki |
| unusual | [ʌnˈju:ʒʊəl] | neįprastas |
| up | [ʌp] | aukštyn |
| upon | [əˈpɒn] | ant |
| upset | [ʌpˈset] | nuliūdęs |
| upside-down | [ˌʌpsaɪdˈdaʊn] | aukštyn kojom |
| upstairs | [ʌpˈsteəz] | viršutiniame aukšte; viršun (*laiptais*) |
| Uranus | [jʊˈreɪnəs] | Uranas |
| us | [ʌs], [əs] | mus |
| USA | [ˌju:esˈeɪ] | JAV |
| use | [ju:z] | naudoti |
| ✿ used | [ju:zd] | naudojo |
| useful | [ˈju:sfəl] | naudingas |
| usually | [ˈju:ʒʊəli] | paprastai |

## V v

| | | |
|---|---|---|
| vacation | [vəˈkeɪʃn] | atostogos *amer.* |
| vacuum-cleaner | [ˈvækjʊəmkli:nə] | dulkių siurblys |
| valentine | [ˈvæləntaɪn] | meilės laiškelis |
| valley | [ˈvæli] | slėnis |
| valour | [ˈvælə] | drąsa, narsa |

A a B b C c D d E e F f G g H h I i J j K k L l M m N n O o P p Q q R r S s T t U u V v W w X x Y y Z z

| | | |
|---|---|---|
| vampire | [ˈvæmpaɪə] | vampyras |
| van | [væn] | furgonas |
| vase | [vɑːz] | vaza |
| vegetable | [ˈvedʒɪtəbl] | daržovė |
| vehicle | [ˈviːɪkl] | transporto priemonė |
| Venus | [ˈviːnəs] | Venera |
| verb | [vɜːb] | veiksmažodis |
| vertebra | [ˈvɜːtɪbrə] | slankstelis (*stuburo*) |
| very | [ˈveri] | labai |
| very well | [ˈveri wel] | labai gerai |
| vest | [vest] | liemenė *amer.* |
| vibration | [vaɪˈbreɪʃn] | virpėjimas |
| vice-principal | [ˌvaɪsˈprɪnsəpl] | direktoriaus pavaduotojas |
| video recorder | [ˈvɪdɪəʊ rɪkɔːdə] | vaizdo magnetofonas |
| village | [ˈvɪlɪdʒ] | kaimas |
| violet | [ˈvaɪələt] | žibutė *bot.*; violetinė spalva |
| violin | [ˌvaɪəˈlɪn] | smuikas |
| visit | [ˈvɪzɪt] | apsilankymas |
| visit | [ˈvɪzɪt] | lankyti |
| ✿ visited | [ˈvɪzɪtɪd] | lankė |
| vocabulary | [vəˈkæbjʊləri] | žodynėlis (*sąsiuvinis*) |
| voice | [vɒɪs] | balsas |
| volcano | [vɒlˈkeɪnəʊ] | vulkanas |
| volleyball | [ˈvɒlɪbɔːl] | tinklinis |

## W w

| | | |
|---|---|---|
| waist | [weɪst] | liemuo |
| wait | [weɪt] | laukti |
| ✿ waited | [ˈweɪtɪd] | laukė |
| waiter | [ˈweɪtə] | padavėjas |
| waitress | [ˈweɪtrɪs] | padavėja |
| wake | [weɪk] | pabusti, pažadinti |
| ✿ woke | [wəʊk] | pabudo, pažadino |

| | | |
|---|---|---|
| Wales | [weɪlz] | Velsas |
| walk | [wɔ:k] | vaikščioti |
| ✿ walked | [wɔ:kt] | vaikščiojo |
| walking | [ˈwɔ:kɪŋ] | vaikščiojimas |
| walkman | [ˈwɔ:kmən] | magnetofonas (*ausinukai*) |
| wall | [wɔ:l] | siena |
| wand | [wɒnd] | burtų lazdelė |
| wander | [ˈwɒndə] | klajoti |
| ✿ wandered | [ˈwɒndəd] | klajojo |
| want | [wɒnt] | norėti, trokšti |
| ✿ wanted | [ˈwɒntɪd] | norėjo, troško |
| wardrobe | [ˈwɔ:drəʊb] | drabužių spinta |
| warm | [wɔ:m] | šiltas |
| warmth | [wɔ:mθ] | šiluma |
| warrior | [ˈwɒrɪə] | karys |
| ✿ was | | buvau, buvo (*būt. l.*) žr. am, is |
| wash | [wɒʃ] | prausti, skalbti |
| ✿ washed | [wɒʃt] | prausė, skalbė |
| washer | [ˈwɒʃə] | skalbimo mašina |
| washing | [ˈwɒʃɪŋ] | skalbimas |
| ✿ wasn't | | nebuvau, nebuvo (*būt. l.*) žr. isn't |
| wasp | [wɒsp] | vapsva |
| waste-paper basket | [ˈweɪstpeɪpə ˌbɑ:skɪt] | šiukšlių dėžė *amer.* |
| ✿ were | | buvo (*būt. l.*) žr. a r e |
| watch | [wɒtʃ] | rankinis laikrodis |
| watch | [wɒtʃ] | stebėti, žiūrėti (TV) |
| ✿ watched | [wɒtʃt] | stebėjo, žiūrėjo (TV) |
| water | [ˈwɔ:tə] | vanduo |
| waterfall | [ˈwɔ:təfɔ:l] | krioklys |
| watermelon | [ˈwɔ:təmelən] | arbūzas |
| wave | [weɪv] | banga |
| way | [weɪ] | kelias (*būdas*) |
| we | [wi:] | mes |
| weak | [wi:k] | silpnas |
| wealth | [welθ] | turtas |

A a B b C c D d E e F f G g H h I i J j K k L l M m N n O o P p Q q R r S s T t U u V v **W w** X x Y y Z z

| | | | |
|---|---|---|---|
| | wealthy | [ˈwelθi] | turtingas |
| | wear | [weə] | dėvėti |
| ✿ | wore | [wɔ:] | dėvėjo |
| | weather | [ˈweðə] | oras (*klimatas*) |
| | weather-forecast | [ˈweðə ˌfɔ:kɑ:st] | orų prognozė |
| | web | [web] | voratinklis |
| | Wednesday | [ˈwenzdeɪ], [ˈwenzdi] | trečiadienis |
| | weed | [wi:d] | piktžolė |
| | week | [wi:k] | savaitė |
| | weekday | [ˈwi:kdeɪ] | šiokiadienis |
| | weekend | [ˌwi:kˈend] | savaitgalis |
| | weigh | [weɪ] | sverti |
| ✿ | weighed | [weɪd] | svėrė |
| | weight | [weɪt] | svoris |
| | Welcome! | [ˈwelkəm] | Sveiki atvykę! |
| | well | [wel] | gerai |
| ✿ | went | | ėjo (*būt. l.*) žr. g o |
| ✿ | were | | buvo, buvote, buvote (*būt. l.*) žr. a r e |
| ✿ | weren't | | nebuvo, nebuvote, nebuvote (*būt. l.*) žr. aren't |
| | west | [west] | vakarai |
| | western | [ˈwestən] | vakarų |
| | wet | [wet] | šlapias |
| | whale | [weɪl] | banginis |
| | what | [wɒt] | ką; kas; koks |
| | What's the matter? | [ˌwɒts ðə ˈmætə] | Kas atsitiko? |
| | wheel | [wi:l] | ratas (*automobilio*) |
| | when | [wen] | kada |
| | where | [weə] | kur |
| | wherever | [wɛərˈevə] | bet kur, kur tik |
| | which | [wɪtʃ] | kuris, kuri |
| | while | [waɪl] | kol |
| | whisper | [ˈwɪspə] | šnibždėti |
| ✿ | whispered | [ˈwɪspəd] | šnibždėjo |
| | whistle | [ˈwɪsl] | švilpukas |
| | whistle | [ˈwɪsl] | švilpti |
| ✿ | whistled | [ˈwɪsld] | švilpė |

| | | |
|---|---|---|
| white | [waɪt] | baltas |
| whizz-kid | [ˈwɪzkɪd] | žiniukas *šnek.* |
| who | [hu:] | kas (*apie žmogų*) |
| whose | [hu:z] | kieno |
| why | [waɪ] | kodėl |
| wide | [waɪd] | platus |
| wife | [waɪf] | žmona |
| wiggle | [ˈwɪgl] | judinti |
| ✿ wiggled | [ˈwɪgld] | judino |
| wild | [waɪld] | laukinis |
| wild boar | [ˈwaɪld bɔ:] | šernas |
| will | [wɪl] | *būs. l. pagalbininkas* |
| willow | [ˈwɪləʊ] | gluosnis |
| win | [wɪn] | laimėti |
| ✿ won | [wʌn] | laimėjo |
| wind | [wɪnd] | vėjas |
| window | [ˈwɪndəʊ] | langas |
| windowsill | [ˈwɪndəʊsɪl] | palangė |
| windsurf | [ˈwɪndsɜ:f] | banglenčių sportas |
| windy | [ˈwɪndi] | vėjuotas |
| wine | [waɪn] | vynas |
| wing | [wɪŋ] | sparnas |
| wink | [wɪŋk] | mirksėti |
| ✿ winked | [wɪŋkt] | mirksėjo |
| winner | [ˈwɪnə] | nugalėtojas |
| winter | [ˈwɪntə] | žiema |
| wise | [waɪz] | išmintingas |
| wish | [wɪʃ] | noras |
| wish | [wɪʃ] | norėti, linkėti |
| ✿ wished | [wɪʃt] | norėjo, linkėjo |
| witch | [wɪtʃ] | ragana |
| with | [wɪð] | su |
| without | [wɪˈðaʊt] | be |
| wizard | [ˈwɪzəd] | burtininkas |
| ✿ woke | | pabudo (*būt. l.*) žr. w a k e |
| wolf | [wʊlf] | vilkas |
| wolves | [wʊlvz] | vilkai |

| | | | |
|---|---|---|---|
| | woman | [ˈwʊmən] | moteris |
| | women | [ˈwɪmɪn] | moterys |
| | wonder | [ˈwʌndə] | nuostaba |
| | wonder | [ˈwʌndə] | stebėtis |
| ✿ | wondered | [ˈwʌndəd] | stebėjosi |
| | wonderful | [ˈwʌndəfəl] | nuostabus |
| | wonderland | [ˈwʌndəlænd] | stebuklų šalis |
| | won't | [wəʊnt] | *sutrumpinta* will not |
| | wood | [wʊd] | miškas; mediena |
| | wood-pecker | [ˈwʊdpekə] | genys |
| | wool | [wʊl] | vilna |
| | word | [wɜːd] | žodis |
| ✿ | wore | | dėvėjo (*būt. l.*) žr. w e a r |
| | work | [wɜːk] | darbas, veikla |
| | work | [wɜːk] | dirbti |
| ✿ | worked | [wɜːkt] | dirbo |
| | workman | [ˈwɜːkmən] | darbininkas |
| | world | [wɜːld] | pasaulis |
| | worm | [wɜːm] | kirmėlė |
| | worry | [ˈwʌri] | nerimas |
| | worse | [wɜːs] | blogesnis |
| | worship | [ˈwɜːʃɪp] | garbinti |
| ✿ | worshipped | [ˈwɜːʃɪpt] | garbino |
| | worst | [wɜːst] | blogiausias |
| | worth | [wɜːθ] | kaina, vertė |
| | would | [wʊd], [wəd] | *vartojamas mandagiam prašymui reikšti* |
| | would like | [wəd ˈlaɪk] | *vartojamas pageidavimui reikšti* |
| | Wow! | [waʊ] | Oho! |
| | wreath | [riːθ] | vainikas |
| | wrist | [rɪst] | riešas |
| | write | [raɪt] | rašyti |
| ✿ | wrote | [rəʊt] | rašė |
| | writing | [ˈraɪtɪŋ] | rašymas; rašysena |
| | writing-paper | [ˈraɪtɪŋpeɪpə] | rašomasis popierius |
| | wrong | [rɒŋ] | neteisingas |

A a B b C c D d E e F f G g H h I i J j K k L l M m N n O o P p Q q R r S s T t U u V v W w X x Y y Z z

## X x

| | | |
|---|---|---|
| Xmas | [ˈkrɪsməs] | Kalėdos *šnek.* |
| X-ray | [ˈeksreɪ] | rentgeno spinduliai |
| xylophone | [ˈzaɪləfəʊn] | ksilofonas |

## Y y

| | | | |
|---|---|---|---|
| | yacht | [jɒt] | jachta |
| | yard | [jɑːd] | kiemas |
| | yawn | [jɔːn] | žiovauti |
| ✿ | yawned | [jɔːnd] | žiovavo |
| | year | [jɪə] | metai |
| | yellow | [ˈjeləʊ] | geltonas |
| | yes | [jes] | taip |
| | yesterday | [ˈjestədeɪ], [ˈjestədi] | vakar |
| | yoghurt | [ˈjɒgət] | jogurtas |
| | yo-yo | [ˈjəʊjəʊ] | jo-jo (*žaidimas*) |
| | you | [juː], [ju], [jə] | tu, jūs |
| | young | [jʌŋ] | jaunas |
| | your | [jɔː], [jə] | tavo, jūsų (*su daiktv.*) |
| | yours | [jɔːz] | tavo, jūsų (*be daiktv.*) |
| | yourself | [jɔːˈself], [jəˈself] | tu pats (*vienas*) |
| | yourselves | [jɔːˈselvz], [jəˈselvz] | jūs patys (*vieni*) |
| | youth theatre | [ˈjuːθ θɪətə] | jaunimo teatras |
| | Yuk! | [jʌk] | Fu! |

## Z z

| | | | |
|---|---|---|---|
| | zebra | [ˈziːbrə] | zebras |
| | zebra-crossing | [ˈziːbrəkrɒsɪŋ] | pėsčiųjų perėja |
| | zero | [ˈzɪərəʊ] | nulis |
| | zip | [zɪp] | užtraukti užtrauktuką |
| ✿ | zipped | [zɪpt] | užtraukė užtrauktuką |
| | zipper | [ˈzɪpə] | užtrauktukas |
| | zoo | [zuː] | zoologijos sodas |

# LIETUVIŲ–ANGLŲ

## A a, Ą ą

| | | |
|---|---|---|
| abėcėlė | ABC | [ˌeɪbiːˈsiː] |
| | alphabet | [ˈælfəbet] |
| abi | both | [bəʊθ] |
| abrikosas | apricot | [ˈeɪprɪkət] |
| absurdiškas | absurd | [əbˈsɜːd] |
| abu | both | [bəʊθ] |
| Ačiū! | Thank you! | [ˈθæŋk ˌjuː] |
| adata | needle | [ˈniːdl] |
| adyti | mend | [mend] |
| adresas | address | [əˈdres] |
| Afrika | Africa | [ˈæfrɪkə] |
| agrastas | gooseberry | [ˈgʊzberi] |
| aguona | poppy | [ˈp ɒpi] |
| agurkas | cucumber | [ˈkjuːkəmbə] |
| agurotis | melon | [ˈmelən] |
| aikštė | square | [skweə] |
| Airija | Ireland | [ˈaɪələnd] |
| Airijos jūra | Irish Sea | [ˌaɪrɪʃ ˈsiː] |
| aišku | of course | [əv ˈkɔːs] |
| aiškus | clear | [klɪə] |
| aitvaras | kite | [kaɪt] |
| akies vokas | eyelid | [ˈaɪlɪd] |
| akinantis | dazzling | [ˈdæzlɪŋ] |
| akiniai | glasses | [ˈglɑːsɪz] |
| *šnek.* | specs | [speks] |
| (*nuo saulės*) | sunglasses | [ˈsʌnglɑːsɪz] |
| akis | eye | [aɪ] |
| aklas | blind | [blaɪnd] |
| akmuo | stone | [stəʊn] |
| akrobatas | acrobat | [ˈækrəbæt] |
| aktorius | actor | [ˈæktə] |
| albatrosas | albatross | [ˈælbətr ɒs] |

# KALBŲ ŽODYNAS

| | | |
|---|---|---|
| albumas | album | [ˈælbəm] |
| aliejus | oil | [ɒɪl] |
| aligatorius | alligator | [ˈælɪgeɪtə] |
| alyva (*vaisius*) | olive | [ˈɒlɪv] |
| alkanas | hungry | [ˈhʌŋgri] |
| alksnis | alder | [ˈɔːldə] |
| alkūnė | elbow | [ˈelbəʊ] |
| amatininkas | craftsman | [ˈkrɑːftsmən] |
| Amerika | America | [əˈmerɪkə] |
| amerikietis | American | [əˈmerɪkən] |
| amerikietiškas | American | [əˈmerɪkən] |
| amfibija | amphibian | [æmˈfɪbɪən] |
| amžinai | forever | [fərˈevə] |
| amžius | age | [eɪdʒ] |
| ananasas | pineapple | [ˈpaɪnæpl] |
| ančiukas | duckling | [ˈdʌklɪŋ] |
| anglas | English | [ˈɪŋglɪʃ] |
| | Englishman | [ˈɪŋglɪʃmən] |
| anglė | Englishwoman | [ˈɪŋglɪʃˌwʊmən] |
| angliškas | English | [ˈɪŋglɪʃ] |
| anglų kalba | English | [ˈɪŋglɪʃ] |
| Anglija | England | [ˈɪŋglənd] |
| animacinis filmas | cartoon | [kɑːˈtuːn] |
| anksti | early | [ˈɜːli] |
| ankštas | tight | [taɪt] |
| ant | on | [ɒn] |
| (*žymint kryptį*) | onto | [ˈɒntə] |
| (*syn. on*) | upon | [əˈpɒn] |
| ant kranto | ashore | [əˈʃɔː] |
| antakis | eyebrow | [ˈaɪbraʊ] |
| Antarktida | Antarctica | [ænˈtɑːktɪkə] |
| antena | antenna | [ænˈtenə] |
| | aerial | [ˈeərɪəl] |
| antilopė | antelope | [ˈæntɪləʊp] |

| | | |
|---|---|---|
| antis | duck | [dʌk] |
| antklodė | blanket | [ˈblæŋkɪt] |
| antradienis | Tuesday | [ˈtju:zdeɪ], [ˈtju:zdi] |
| antras aukštas | first floor | [ˈfɜ:st flɔ:] |
| antras | second | [ˈsekənd] |
| antraštė | heading | [ˈhedɪŋ] |
| apačia | bottom | [ˈb ɒtəm] |
| apačioje | below | [bɪˈləʊ] |
| apatinės kelnės | underpants | [ˈʌndəpænts] |
| apatiniai baltiniai | undershirt | [ˈʌndəʃɜ:t] |
| apatiniai drabužiai | underwear | [ˈʌndəweə] |
| apatiniame aukšte | downstairs | [ˌdaʊnˈsteəz] |
| apatinis sijonas | petticoat | [ˈpetɪkəʊt] |
| apdovanojimas | reward | [rɪˈwɔ:d] |
| apdovanoti | reward | [rɪˈwɔ:d] |
| apelsinas | orange | [ˈ ɒrɪndʒ] |
| apgavystė | lie | [laɪ] |
| apibūdinti | describe | [dɪˈskraɪb] |
| apie | about | [əˈbaʊt] |
| apykaklė | collar | [ˈk ɒlə] |
| apyrankė | bracelet | [ˈbreɪslət] |
| apkūni (*apie moterį*) | plump | [plʌmp] |
| aplankyti | visit | [ˈvɪzɪt] |
| aplink | around | [əˈraʊnd] |
| aprašymas | description | [dɪˈskrɪpʃn] |
| apsilankymas | visit | [ˈvɪzɪt] |
| apsimesti | pretend | [priˈtend] |
| apsirengti | dress | [dres] |
| | put on | [ˌpʊt ˈ ɒn] |
| apskritimas | circle | [ˈsɜ:kl] |
| apsukti | turn round | [ˌtɜ:n ˈraʊnd] |
| apsvaigęs | dizzy | [ˈdɪzi] |
| aptarimas | discussion | [dɪˈskʌʃn] |
| aptarti | discuss | [dɪˈskʌs] |
| apvalus | round | [raʊnd] |
| apversti | turn over | [ˌtɜ:n ˈəʊvə] |

| | | |
|---|---|---|
| arabas | Arabian | [əˈreɪbɪən] |
| Arabija | Arabia | [əˈreɪbɪə] |
| arabų kalba | Arabian | [əˈreɪbɪən] |
| arabiškas | Arabian | [əˈreɪbɪən] |
| arba | or | [ɔ:] |
| arbata | tea | [ti:] |
| arbatinis šaukštelis | teaspoon | [ˈti:spu:n] |
| arbatinukas | teapot | [ˈti:p ɒt] |
| arbūzas | watermelon | [ˈwɔ:təmelən] |
| architektas | architect | [ˈɑ:kɪtekt] |
| aritmetika | arithmetic | [əˈrɪθmətɪk] |
| Arka (*Nojaus laivas*) | Ark | [ɑ:k] |
| arklidė | stable | [ˈsteɪbl] |
| arklys | horse | [hɔ:s] |
| armija | army | [ˈɑ:mi] |
| arti | near | [nɪə] |
| asilas | donkey | [ˈd ɒŋki] |
| asmuo | person | [ˈpɜ:sn] |
| ąsotis | jug | [dʒʌg] |
| astra *bot.* | aster | [ˈæstə] |
| astronautas | astronaut | [ˈæstrənɔ:t] |
| astronomas | astronomer | [əˈstr ɒnəmə] |
| astronomija | astronomy | [əˈstr ɒnəmi] |
| aš | I | [aɪ] |
| aš esu | I am | [ˈaɪ əm] |
| Aš gyvenu puikiai! | I'm fine! | [ˌaɪm ˈfaɪn] |
| aš pati (*viena*) | myself | [maɪˈself] |
| aš pats (*vienas*) | myself | [maɪˈself] |
| ✿ aš turėjau | I'd got | [aɪd ˈg ɒt] |
| aš turiu | I've got | [aɪv ˈg ɒt] |
| ašara | tear | [tɪə] |
| aštrus | sharp | [ʃɑ:p] |
| aštuonkojis | octopus | [ˈ ɒktəpəs] |
| aštuntas | eighth | [eɪtθ] |
| aštuoni | eight | [eɪt] |
| aštuoniasdešimt | eighty | [ˈeɪti] |

| | | |
|---|---|---|
| aštuoniasdešimtas | eightieth | [ˌeɪtɪəθ] |
| aštuoniolika | eighteen | [ˌeɪˈtiːn] |
| aštuonioliktas | eighteenth | [ˌeɪˈtiːnθ] |
| ateiti | come | [kʌm] |
| ateitis | future | [ˈfjuːtʃə] |
| ✿ atėjo | came | [keɪm] |
| Atėnai | Athens | [ˈæθɪnz] |
| atgal | back | [bæk] |
| | backwards | [ˈbækwədz] |
| atidaryti | open | [ˈəʊpn] |
| atidėti | put off | [ˌpʊt ˈɒf] |
| atimti *mat.* | subtract | [səbˈtrækt] |
| Atlantas | Atlantic | [ətˈlæntɪk] |
| ✿ atleido | forgave | [fəˈgeɪv] |
| Atleiskite! | Excuse me! | [ɪkˈskjuːz mɪ] |
| atleisti | forgive | [fəˈgɪv] |
| atletas | athlete | [ˈæθliːt] |
| atletika | athletics | [æθˈletɪks] |
| ✿ atnešė | brought | [brɔːt] |
| atnešti | bring | [brɪŋ] |
| atostogauti | an holiday | [ɒn ˈhɒlədeɪ], [ɒn ˈhɒlədi] |
| atostogos | holiday | [ˈhɒlədeɪ], [ˈhɒlədi] |
| *amer.* | vacation | [vəˈkeɪʃn] |
| atsakymas | answer | [ˈɑnsə] |
| atsakyti | answer | [ˈɑnsə] |
| | reply | [rɪˈplaɪ] |
| atsargus | careful | [ˈkeəfəl] |
| Atsiprašau! | I'm sorry! | [ˌaɪm ˈsɒri] |
| *šnek.* | Sorry! | [ˈsɒrɪ] |
| | Excuse me! | [ɪkˈskjuːz mɪ] |
| | Pardon! | [ˈpɑdn] |
| atsisėsti | sit down | [ˌsɪt ˈdaʊn] |
| atsistoti | stand up | [ˌstænd ˈʌp] |
| atsisveikinimas | farewell | [feəˈwel] |
| atsitikimas | accident | [ˈæksɪdənt] |

| | | |
|---|---|---|
| atsitikti | happen | ['hæpn] |
| atspėti | guess | [ges] |
| atstumas | distance | ['dɪstəns] |
| atvykimas | arrival | [ə'raɪvl] |
| atvykti | arrive | [ə'raɪv] |
| atvirutė | card | [kɑ:d] |
| | postcard | ['pəʊstkɑ:d] |
| audeklas | cloth | [klɒθ] |
| audra | storm | [stɔ:m] |
| (*su griaustiniu*) | thunderstorm | ['θʌndəstɔ:m] |
| augalas | plant | [plɑ:nt] |
| augintinis (*gyvūnėlis*) | pet | [pet] |
| ✿ augo | grew | [gru:] |
| augti | grow | [grəʊ] |
| auklė | nanny | ['næni] |
| | nurse | [nɜ:s] |
| auksas | gold | [gəʊld] |
| auksinė žuvelė | goldfish | ['gəʊldfɪʃ] |
| auksinis | golden | ['gəʊldən] |
| aukštas | high | [haɪ] |
| (*apie žmogų*) | tall | [tɔ:l] |
| aukštyn | up | [ʌp] |
| aukštyn kojom | upside-down | [ˌʌpsaɪd'daʊn] |
| aukštis | height | [haɪt] |
| aulinis batas | boot | [bu:t] |
| ausinės | headphones | ['hedfəʊnz] |
| ausis | ear | [ɪə] |
| auskaras | earring | ['ɪərɪŋ] |
| Australija | Australia | [ɒ'streɪlɪə] |
| ausų skausmas | earache | ['ɪəreɪk] |
| autobusas | bus | [bʌs] |
| autobuso stotelė | bus-stop | ['bʌsstɒp] |
| autobuso vairuotojas | bus-driver | ['bʌsdraɪvə] |
| autobusu (*važiuoti*) | by bus | [baɪ 'bʌs] |
| autografas | autograph | ['ɔ:təgrɑ:f] |
| automobilis | car | [kɑ:] |

| | | |
|---|---|---|
| automobilių stovėjimo vieta | parking | [ˈpɑːkɪŋ] |
| autostrada | motorway | [ˈməʊtəweɪ] |
| aviacinis | aerial | [ˈeərɪəl] |
| avietė | raspberry | [ˈrɑːzberi] |
| avilys | hive | [haɪv] |
| avis | sheep | [ʃiːp] |
| avys | sheep | [ʃiːp] |
| Azija | Asia | [ˈeɪʃə] |
| ąžuolas | oak | [əʊk] |

## B b

| | | |
|---|---|---|
| badauti | starve | [stɑːv] |
| badmintonas | badminton | [ˈbædmɪntən] |
| bagažas | luggage | [ˈlʌgɪdʒ] |
| baidarė | canoe | [kəˈnuː] |
| baigti | end | [end] |
| bailus | scary | [ˈskeəri] |
| | shy | [ʃaɪ] |
| baimė | fear | [fɪə] |
| baisus | awful | [ˈɔːfəl] |
| | terrible | [ˈterəbl] |
| bakalėja | grocer's | [ˈgrəʊsəz] |
| baklažanas | eggplant | [ˈegplɑːnt] |
| bala | puddle | [ˈpʌdl] |
| balandis (*mėnuo*) | April | [ˈeɪprəl] |
| balandis (*paukštis*) | pigeon | [ˈpɪdʒɪn] |
| baldai | furniture | [ˈfɜːnɪtʃə] |
| balerina | ballerina | [ˌbæləˈriːnə] |
| baletas | ballet | [ˈbæleɪ] |
| balionas | balloon | [bəˈluːn] |
| balkonas | balcony | [ˈbælkəni] |
| balsas | voice | [v ɒɪs] |
| baltas | white | [waɪt] |

| | | |
|---|---|---|
| bambukas | bamboo | [bæmˈbuː] |
| bananas | banana | [bəˈnɑːnə] |
| banda (*gyvulių*) | herd | [hɜːd] |
| bandelė | roll | [rəʊl] |
| bandymas | experiment | [ɪkˈsperɪmənt] |
| bandyti | try | [traɪ] |
| banga | wave | [weɪv] |
| banginis | whale | [weɪl] |
| banglenčių sportas | windsurf | [ˈwɪndsɜːf] |
| banglentė | surfboard | [ˈsɜːfbɔːd] |
| bangų mūša | surf | [sɜːf] |
| bankas | bank | [bæŋk] |
| baras | bar | [bɑː] |
| barzda | beard | [bɪəd] |
| baseinas | pool | [puːl] |
| | swimming-pool | [ˈswɪmɪŋpuːl] |
| batas | shoe | [ʃuː] |
| batų parduotuvė | shoe shop | [ˈʃuː ʃɒp] |
| batų raištelis | shoelace | [ˈʃuːleɪs] |
| bausti | punish | [ˈpʌnɪʃ] |
| bažnyčia | church | [tʃɜːtʃ] |
| be | without | [wɪˈðaʊt] |
| bebras | beaver | [ˈbiːvə] |
| begemotas | hippopotamus | [ˌhɪpəˈpɒtəməs] |
| *šnek.* | hippo | [ˈhɪpəʊ] |
| bėgikas | runner | [ˈrʌnə] |
| bėgimas | running | [ˈrʌnɪŋ] |
| ✿ bėgo | ran | [ræn] |
| bėgti | run | [rʌn] |
| beisbolas | baseball | [ˈbeɪsbɔːl] |
| beisbolo lazda | bat | [bæt] |
| belsti | knock | [nɒk] |
| benzinas | petrol | [ˈpetrəl] |
| beprotiškas | crazy | [ˈkreɪzi] |
| berniukas | boy | [bɒɪ] |
| beržas | birch | [bɜːtʃ] |

| | | |
|---|---|---|
| bet | but | [bʌt] |
| bet kas (*apie daiktą*) | anything | [ˈeniθɪŋ] |
| (*apie žmogų*) | anyone | [ˈeniwʌn] |
| (*apie žmogų*) | anybody | [ˈenibədi] |
| bet kur | anywhere | [ˈeniweə] |
| | wherever | [wɛərˈevə] |
| bet kuris (*klausiant, neig. sak.*) | any | [ˈeni] |
| beveik | nearly | [ˈnɪəli] |
| beždžionė | monkey | [ˈmʌŋki] |
| biblioteka | library | [ˈlaɪbrəri] |
| bifšteksas | steak | [steɪk] |
| bilietas | ticket | [ˈtɪkɪt] |
| bilietų kasa | ticket office | [ˈtɪkɪt ɒfɪs] |
| birželis | June | [dʒuːn] |
| bitė | bee | [biː] |
| bjaurus (*šlykštus*) | disgusting | [dɪsˈgʌstɪŋ] |
| (*baisus*) | horrible | [ˈh ɒrəbl] |
| | nasty | [ˈnɑːsti] |
| (*negražus*) | ugly | [ˈʌgli] |
| blakstiena | eyelash | [ˈaɪlæʃ] |
| blauzda | calf | [kɑːf] |
| blauzdos | calves | [kɑːlvz] |
| blizginti | polish | [ˈp ɒlɪʃ] |
| blynas | pancake | [ˈpænkeɪk] |
| blyškus | pale | [peɪl] |
| blogai | badly | [ˈbædli] |
| blogas | bad | [bæd] |
| blogesnis | worse | [wɜːs] |
| blogiausias | worst | [wɜːst] |
| blusa | flea | [fliː] |
| boksas | boxing | [ˈb ɒksɪŋ] |
| bokštas | tower | [ˈtaʊə] |
| boružė | ladybird | [ˈleɪdibɜːd] |
| botanikos sodas | botanical garden | [bəˌtænɪkl ˈgɑːdn] |

| | | |
|---|---|---|
| brangenybės | jewellery | ['dʒu:əlri] |
| brangus (*mielas*) | dear | [dɪə] |
| (*kaina didelė*) | expensive | [ɪk'spensɪv] |
| braškė | strawberry | ['strɔ:bəri] |
| Brazilija | Brazil | [brə'zɪl] |
| brėžinys | diagram | ['daɪəgræm] |
| briedis | elk | [elk] |
| Britanija | Britain | ['brɪtn] |
| britaniškas | British | ['brɪtɪʃ] |
| brokolis | broccoli | ['br ɒkəli] |
| brolis | brother | ['brʌðə] |
| bronzinis | bronze | [br ɒnz] |
| bruknė | cowberry | ['kaʊberi] |
| brūkšnys | line | [laɪn] |
| bučiuoti(s) | kiss | [kɪs] |
| budintis | on duty | [ ɒn 'dju:ti] |
| būdvardis | adjective | ['ædʒɪktɪv] |
| bugienis | holly | ['h ɒli] |
| būgnas | drum | [drʌm] |
| bukas (*apie žmogų*) | dumb | [dʌm] |
| bulius | bull | [bʊl] |
| bulvė | potato | [pə'teɪtəʊ] |
| burinis laivas | sailboat | ['seɪlbəʊt] |
| burna | mouth | [maʊθ] |
| burokas | beet | [bi:t] |
| burtininkas | wizard | ['wɪzəd] |
| burtininkas | magician | [mə'dʒɪʃn] |
| burtų lazdelė | wand | [w ɒnd] |
| *būs. l. pagalb. veiksm.* (*I a. vns. ir dgs.*) | shall | [ʃæl], [ʃəl] |
| *būs. l. pagalb. veiksm.* (*visiems asmenimis*) | will | [wɪl] |
| butas | flat | [flæt] |
| *amer.* | apartment | [ə'pɑ:tmənt] |
| butelis | bottle | ['b ɒtl] |
| *būs. l. pagalb. veiksm.* | did | [dɪd] |

| | | |
|---|---|---|
| būti | be | [biː] |
| būti apsirengusiam | have on | [ˌhæv ˈɒn] |
| būti peršalusiam | have a cold | [ˌhæv ə ˈkəʊld] |
| būtybė | creature | [ˈkriːtʃə] |
| ✿ buvau (*aš*) | was | [wɒz], [wəz] |
| ✿ buvo (*jis, ji*) | was | [wɒz], [wəz] |
| ✿ buvo (*jie, jos*) | were | [wɜː], [weə] |
| ✿ buvome (*mes*) | were | [wɜː], [weə] |
| ✿ buvote (*jūs*) | were | [wɜː], [weə] |

## C c

| | | |
|---|---|---|
| centimetras | centimetre | [ˈsentɪmiːtə] |
| centras | centre | [ˈsentə] |
| centrinis šildymas | central heating | [ˌsentrəl ˈhiːtɪŋ] |
| ceremonija | ceremony | [ˈserəməni] |
| Cha! Cha! | Ha! Ha! | [ˌhɑːˈhɑː] |
| chalatas | dressing-gown | [ˈdresɪŋgaʊn] |
| choras | choir | [ˈkwaɪə] |
| chrizantema | chrysanthemum | [krɪˈsænθəməm] |
| chuliganas | bully | [ˈbʊli] |
| cirkas | circus | [ˈsɜːkəs] |
| citrina | lemon | [ˈlemən] |
| colis (2,5 cm) | inch | [ɪntʃ] |
| cukrus | sugar | [ˈʃʊgə] |

## Č č

| | | |
|---|---|---|
| čempionas | champion | [ˈtʃæmpɪən] |
| čia | here | [hɪə] |
| čiuožėjas | skater | [ˈskeɪtə] |
| čiuožykla | skating-rink | [ˈskeɪtɪŋrɪŋk] |
| čiuožimas | skating | [ˈskeɪtɪŋ] |
| čiužinys | mattress | [ˈmætrɪs] |

| | | |
|---|---|---|
| čiuožti (*pačiūžomis*) | skate | [skeɪt] |

## D d

| | | |
|---|---|---|
| dabar | now | [naʊ] |
| dabartinis | present | [ˈprezənt] |
| daiktas | thing | [θɪŋ] |
| daiktavardis | noun | [naʊn] |
| dailė | art | [ɑːt] |
| dailės pamoka | art | [ɑːt] |
| dailininkas | artist | [ˈɑːtɪst] |
| daina | song | [sɒŋ] |
| ✿ dainavo | sang | [sæŋ] |
| dainininkas | singer | [ˈsɪŋgə] |
| dainuoti | sing | [sɪŋ] |
| daktaras | doctor | [ˈdɒktə] |
| dalykas | object | [ˈɒbdʒɪkt] |
| dalyti | divide | [dɪˈvaɪd] |
| dalytis | share | [ʃeə] |
| dalis | part | [pɑːt] |
| | section | [ˈsekʃn] |
| dangtis | lid | [lɪd] |
| | cover | [ˈkʌvə] |
| dangus | heaven | [ˈhevn] |
| | sky | [skaɪ] |
| dantis | tooth | [tuːθ] |
| dantys | teeth | [tuːθ] |
| dantistas | dentist | [ˈdentɪst] |
| dantų pasta | toothpaste | [ˈtuːθpeɪst] |
| dantų skausmas | toothache | [ˈtuːθeɪk] |
| dantų šepetėlis | toothbrush | [ˈtuːθbrʌʃ] |
| darbas (*tarnyba*) | job | [dʒɒb] |
| (*triūsas*) | labour | [ˈleɪbə] |
| (*veikla*) | work | [wɜːk] |

A a Ą ą B b C c Č č D d E e Ė ė F f G g H h I i Į į Y y J j K k L l M m N n O o P p R r S s Š š T t U u Ū ū V v Z z Ž ž

| | | |
|---|---|---|
| darbininkas | workman | [ˈwɜːkmən] |
| ✿ darė | did | [dɪd] |
| daryti | do | [duː] |
| daržas | garden | [ˈgɑːdn] |
| daržovė | vegetable | [ˈvedʒɪtəbl] |
| daržovių ir vaisių parduotuvė | greengrocer's | [ˌgriːnˈgrəʊsəz] |
| data | date | [deɪt] |
| daug (*su skaič. daiktav.*) | many | [ˈmeni] |
| (*su neskaič. daiktav.*) | much | [mʌtʃ] |
| daugiau | more | [mɔː] |
| daugiausia | most | [məʊst] |
| daugybė | a lot of | [ə ˈlɒt əv] |
| dauginti | multiply | [ˈmʌltɪplaɪ] |
| ✿ davė | gave | [geɪv] |
| dažai | paint | [peɪnt] |
| dažyti | paint | [peɪnt] |
| dažnai | often | [ˈɒfn] |
| debesis | cloud | [klaʊd] |
| debesuotas | cloudy | [ˈklaʊdi] |
| dėdė | uncle | [ˈʌŋkl] |
| degalinė | petrol station | [ˌpetrəl ˈsteɪʃn] |
| ✿ degė | burnt | [bɜːnt] |
| degti | burn | [bɜːn] |
| degtukas | match | [mætʃ] |
| deimantas | diamond | [ˈdaɪəmənd] |
| ✿ dėjo | put | [put] |
| dėkingas | grateful | [ˈgreɪtfəl] |
| deklamuoti | recite | [rɪˈsaɪt] |
| dėkoti | thank | [θæŋk] |
| dėl | for | [fɔː], [fə] |
| delfinas | dolphin | [ˈdɒlfɪn] |
| delnas | palm | [pɑːm] |
| dėmesingas | considerate | [kənˈsɪdərɪt] |
| dėmė | spot | [spɒt] |
| demonstracija | demonstration | [ˌdemənˈstreɪʃn] |

| | | |
|---|---|---|
| derlius | harvest | ['hɑːvɪst] |
| desertas | dessert | [dɪ'zɜːt] |
| dešimt | ten | [ten] |
| dešimtas | tenth | [tenθ] |
| dešinė | right | [raɪt] |
| dešra | sausage | ['sɒsɪdʒ] |
| dešrainis *amer.* | hot dog | ['hɒt dɒg] |
| dėti | put | [pʊt] |
| ✿ dėvėjo | wore | [wɔː] |
| dėvėti | wear | [weə] |
| devyni | nine | [naɪn] |
| devyniasdešimt | ninety | ['naɪnti] |
| devyniasdešimtas | ninetieth | ['naɪntɪəθ] |
| devyniolika | nineteen | [ˌnaɪn'tiːn] |
| devynioliktas | nineteenth | [ˌnaɪn'tiːnθ] |
| devintas | ninth | ['naɪnθ] |
| dėžė | box | [bɒks] |
| dėžutė | case | [keɪs] |
| didelis | big | [bɪg] |
| (*stambus*) | large | [lɑːdʒ] |
| Didieji Grįžulo Ratai | Great Bear | [ˌgreɪt 'beə] |
| didingas | grand | [grænd] |
| Didysis penktadienis | Good Friday | [ˌgʊd 'fraɪdi] |
| Didžioji Britanija | Great Britain | [ˌgreɪt 'brɪtn] |
| didis | great | [greɪt] |
| didžiulis | huge | [hjuːdʒ] |
| | enormous | [ɪ'nɔːməs] |
| diena | day | [deɪ] |
| dienoraštis | diary | ['daɪəri] |
| dienos metas | daytime | ['deɪtaɪm] |
| dienos šviesa | daylight | ['deɪlaɪt] |
| Dievas | God | [gɒd] |
| dygliuotas | prickly | ['prɪkli] |
| diktantas | dictation | [dɪk'teɪʃn] |
| dykuma | desert | ['dezət] |
| dingti | disappear | [ˌdɪsə'pɪə] |
| dinozauras | dinosaur | ['daɪnəsɔː] |

A a Ą ą B b C c Č č **D d** E e Ę ę Ė ė F f G g H h I i Į į Y y J j K k L l M m N n O o P p R r S s Š š T t U u Ū ū V v Z z Ž ž

| | | |
|---|---|---|
| dirbti | work | [wɜːk] |
| direktorė | headmistress | [ˈhedmɪstrɪs] |
| direktoriaus pavaduotojas | vice-principal | [ˌvaɪsˈprɪnsəpl] |
| direktorius | headmaster | [ˈhedmɑːstə] |
| (*mokyklos*) | principal | [ˈprɪnsəpl] |
| (*įmonės*) | director | [dɪˈrektə] |
| diržas | belt | [belt] |
| diskoteka | discotheque | [ˈdɪskətek] |
| *šnek.* | disco | [ˈdɪskəʊ] |
| dobilas | clover | [ˈkləʊvə] |
| dokumentinis | documentary | [ˌd ɒkjʊˈmentəri] |
| doleris | dollar | [ˈd ɒlə] |
| dosnus | generous | [ˈdʒenərəs] |
| dovana | gift | [gɪft] |
| | present | [ˈpreznt] |
| drabužiai | clothes | [kləʊðz] |
| drabužių spinta | wardrobe | [ˈwɔːdrəʊb] |
| drakonas | dragon | [ˈdrægən] |
| dramblys | elephant | [ˈelɪfənt] |
| dramos teatras | drama theatre | [ˈdrɑːmə θɪətə] |
| drąsa (*narsa*) | valour | [ˈvælə] |
| ✿ draskė | tore | [tɔː] |
| draskyti | tear | [teə] |
| drąsus | brave | [breɪv] |
| | bold | [bəʊld] |
| draugas | friend | [frend] |
| draugija | company | [ˈkʌmpəni] |
| drausmė | discipline | [ˈdɪsɪplɪn] |
| ✿ drebėjo | shook | [ʃʊk] |
| drebėti | shake | [ʃeɪk] |
| driežas | lizard | [ˈlɪzəd] |
| drįsti | dare | [deə] |
| dryžis | stripe | [straɪp] |
| dryžuotas | striped | [straɪpt] |
| drovus | shy | [ʃaɪ] |

| | | |
|---|---|---|
| drožtukas | pencil-sharpener | [ˌpenslʃɑ:pənə] |
| drugelis | butterfly | [ˈbʌtəflaɪ] |
| druska | salt | [sɔ:lt] |
| du | two | [tu:] |
| dubenėlis | bowl | [bəʊl] |
| Dublinas | Dublin | [ˈdʌblɪn] |
| dubuo | basin | [ˈbeɪsn] |
| dujos | gas | [gæs] |
| dukart | twice | [twaɪs] |
| duktė | daughter | [ˈdɔ:tə] |
| dukterėčia | niece | [ni:s] |
| dulkės | dust | [dʌst] |
| dulkių siurblys | vacuum-cleaner | [ˌvækjʊəmˈkli:nə] |
| dulkių šluostukas | duster | [ˈdʌstə] |
| dūmai | fume | [fju:m] |
| | smoke | [sməʊk] |
| duona | bread | [bred] |
| duoninė | breadbin | [ˈbredbɪn] |
| duonos parduotuvė | baker's | [ˈbeɪkəz] |
| duoti | give | [gɪv] |
| durininkas | butler | [bʌtlə] |
| durys | door | [dɔ:] |
| dūris | prick | [prɪk] |
| dušas | shower | [ˈʃaʊə] |
| dvidešimt | twenty | [ˈtwenti] |
| dvidešimtas | twentieth | [ˈtwentɪəθ] |
| dvylika | twelve | [twelv] |
| dvyliktas | twelfth | [twelfθ] |
| dvynys | twin | [twɪn] |
| dviratis | bicycle | [ˈbaɪsɪkl] |
| *šnek.* | bike | [baɪk] |
| dziudo | judo | [ˈdʒu:dəʊ] |
| džiaugsmas | joy | [dʒɒɪ] |
| | fun | [fʌn] |
| džinsai | jeans | [dʒi:ns] |
| džiovinti | dry | [draɪ] |

| | | |
|---|---|---|
| džiovintuvas | dryer | [ˈdraɪə] |
| džiunglės | jungle | [ˈdʒʌŋgl] |

## E e, Ė ė

| | | |
|---|---|---|
| Edinburgas | Edinburgh | [ˈedɪnbərə] |
| efektas | effect | [ɪˈfekt] |
| Egiptas | Egypt | [ˈiːdʒɪpt] |
| eglė | fir | [fɜː] |
| | fir-tree | [ˈfɜːtriː] |
| egzaminas | examination | [ɪgˌzæmɪˈneɪʃn] |
| *šnek.* | exam | [ɪgˈzæm] |
| eilė | queue | [kjuː] |
| | row | [rəʊ] |
| eilėraštis | poem | [ˈpəʊɪm] |
| (*trumpas*) | rhyme | [raɪm] |
| eime (*kviesti ką nors daryti*) | let's go | [lets ˈgəʊ] |
| eismas | traffic | [ˈtræfɪk] |
| eismo taisyklės | traffic rules | [ˈtræfɪk ruːlz] |
| eiti | go | [gəʊ] |
| eiti pasivaikščioti | go for a walk | [ˈgəʊ fər ə ˈwɔːk] |
| ✿ ėjo | went | [went] |
| ekranas | screen | [skriːn] |
| ekskursija | excursion | [ɪkˈskɜːʃn] |
| eksponatas | exhibit | [ɪgˈzɪbɪt] |
| elektra | electricity | [ɪˌlekˈtrɪsəti] |
| elektros lemputė | light-bulb | [ˈlaɪtbʌlb] |
| elfas | elf | [elf] |
| elgeta | beggar | [ˈbegə] |
| elgtis | treat | [triːt] |
| elnė (*stirna*) | hind | [haɪnd] |
| | roe | [rəʊ] |
| elnias | deer | [dɪə] |
| ✿ ėmė | took | [tʊk] |

| | | |
|---|---|---|
| erdvė | space | [speɪs] |
| erdvėlaivis | spacecraft | [ˈspeɪskrɑːft] |
| erelis | eagle | [ˈiːgl] |
| ėriukas | lamb | [læm] |
| *es. l. vns. 3 asm. pagalb. veiksm.* | does | [dʌz], [dəz] |
| *es. l. pagalb. veiksm.* | do | [duː] |
| esame (*mes*) | are | [ɑː], [ə] |
| esate (*jūs*) | are | [ɑː], [ə] |
| esi (*tu*) | are | [ɑː], [ə] |
| estas | Estonian | [esˈtəʊnɪən] |
| estiškas | Estonian | [esˈtəʊnɪən] |
| estų kalba | Estonian | [esˈtəʊnɪən] |
| Estija | Estonia | [esˈtəʊnɪə] |
| esu | am | [æm], [əm] |
| ešerys | perch | [pɜːtʃ] |
| etiketė | label | [ˈleɪbl] |
| (*kabanti*) | tag | [tæg] |
| Europa | Europe | [ˈjʊərəp] |
| ežeras | lake | [leɪk] |
| ežys | hedgehog | [ˈhedʒh ɒg] |

## F f

| | | |
|---|---|---|
| fabrikas | factory | [ˈfæktəri] |
| faksas | fax | [fæks] |
| fantastiškas | fantastic | [fænˈtæstɪk] |
| faraonas | Pharaoh | [ˈfeərəʊ] |
| fejerverkas | firework | [ˈfaɪəwɜːk] |
| fėja | fairy | [ˈfeəri] |
| filmas | film | [fɪlm] |
| fizinis lavinimas | physical training | [ˌfɪzɪkl ˈtreɪnɪŋ] |
| fleita | flute | [fluːt] |
| fokusas | magic trick | [ˌmædʒɪk ˈtrɪk] |
| fokusininkas | magician | [məˈdʒɪʃn] |

| | | |
|---|---|---|
| fonetinis | phonetic | [fəˈnetɪk] |
| fontanas | fountain | [ˈfaʊntɪn] |
| forma | shape | [ʃeɪp] |
| fotelis | armchair | [ˈɑmtʃeə] |
| fotoaparatas | camera | [ˈkæmərə] |
| fotoreporteris | cameraman | [ˈkæmərəmən] |
| fotografas | photographer | [fəˈtɒgrəfə] |
| fotografavimas | photography | [fəˈtɒgrəfi] |
| fotografuoti | take a photo | [ˌteɪk ə ˈfəʊtəʊ] |
| Fu! | Yuk! | [jʌk] |
| Fui! | Ugh! | [ɜ:h] |
| furgonas | van | [væn] |
| futbolas | football | [ˈfʊtbɔ:l] |

## G g

| | | |
|---|---|---|
| gabalėlis | piece | [pi:s] |
| gaidelis | cockerel | [ˈkɒkərəl] |
| galbūt | perhaps | [pəˈhæps] |
| galaktika | galaxy | [ˈgæləksi] |
| ✿ galėjo (*mokėjo*) | could | [kʊd], [kəd] |
| galėti (*mokėti*) | can | [kæn], [kən] |
| (*prašant*) | may | [meɪ] |
| (*abejojant*) | might | [maɪt] |
| galimas | possible | [ˈpɒsəbl] |
| galingas | powerful | [ˈpaʊəfəl] |
| galva | head | [hed] |
| ✿ galvojo | thought | [θɔ:t] |
| galvos skausmas | headache | [ˈhedeɪk] |
| galvosūkis | puzzle | [ˈpʌzl] |
| galvoti | think | [θɪŋk] |
| ✿ gamino | made | [meɪd] |
| gaminti | make | [meɪk] |
| gamta | nature | [ˈneɪtʃə] |
| gamtos pamoka | nature | [ˈneɪtʃə] |

| | | |
|---|---|---|
| gandras | stork | [stɔ:k] |
| ganytis | graze | [greɪz] |
| garai | steam | [sti:m] |
| garažas | garage | ['gærɑ:ʒ] |
| garbanotas | curly | ['kɜ:li] |
| garbino | worship | ['wɜ:ʃɪp] |
| garsas | sound | [saʊnd] |
| garsiai | aloud | [ə'laʊd] |
| garstyčios | mustard | ['mʌstəd] |
| garsus | loud | [laʊd] |
| garvežio mašinistas | engine-driver | ['endʒɪndraɪvə] |
| garvežys | engine | ['endʒɪn] |
| gąsdinti | frighten | ['fraɪtn] |
| gatvė | street | [stri:t] |
| gaublys | globe | [gləʊb] |
| ✿ gaudė | caught | [kɔ:t] |
| gaudyti | catch | [kætʃ] |
| gauti | get | [get] |
| ✿ gavo | got | [g ɒt] |
| gebėjimas | facility | [fə'sɪləti] |
| gegutė | cuckoo | ['kʊku:] |
| gegužė | May | [meɪ] |
| gėlas vanduo | freshwater | ['freʃwɔ:tə] |
| gelbėjimo valtis | lifeboat | ['laɪfbəʊt] |
| gelbėti | rescue | ['reskju:] |
| (*išsaugoti*) | save | [seɪv] |
| gėlė | flower | ['flaʊə] |
| gėlėtas | flowered | ['flaʊəd] |
| gėlių vazonas | flowerpot | ['flaʊəp ɒt] |
| geležinkelio stotis | railway station | [ˌreɪlweɪ 'steɪʃn] |
| geležinkelis | railway | ['reɪlweɪ] |
| geležis | iron | ['aɪən] |
| ✿ gėlė (*įgėlė*) | stung | [stʌŋ] |
| gėlininkas | florist | ['fl ɒrɪst] |
| gelti | sting | [stɪŋ] |
| geltonas | yellow | ['jeləʊ] |

A a Ą ą B b C c Č č D d E e Ę ę Ė ė F f G g H h I i Į į Y y J j K k L l M m N n O o P p R r S s Š š T t U u Ū ū V v Z z Ž ž

| | | |
|---|---|---|
| genealoginis medis | family-tree | [ˈfæməlitriː] |
| genys | wood-pecker | [ˈwʊdpekə] |
| gentis | tribe | [traɪb] |
| geografija | geography | [dʒɪˈ ɒgrəfi] |
| gerai | well | [wel] |
| Gerai! | OK! | [ˌəʊ ˈkeɪ] |
| malonai leisti laiką | have a good time | [ˌhæv ə gʊd ˈtaɪm] |
| geras | good | [gʊd] |
| ✿ gėrė | drank | [dræŋk] |
| gėrėtis | admire | [ədˈmaɪə] |
| geriau | better | [ˈbetə] |
| geriausias | best | [best] |
| gėrimas | drink | [drɪŋk] |
| gerklė | throat | [θrəʊt] |
| gero būdo | good-tempered | [ˌgʊdˈtempəd] |
| gerti | drink | [drɪŋk] |
| gerumas | goodness | [ˈgʊdnɪs] |
| gydytojas | doctor | [ˈd ɒktə] |
| gilė | acorn | [ˈeɪkɔ:n] |
| gilus | deep | [diːp] |
| gimęs | born | [bɔ:n] |
| gimimo diena | birthday | [ˈbɜːθdeɪ], [ˈbɜːθdi] |
| gimimo liudijimas | BC | [ˌbɜːθ səˈtɪfɪkət] |
| gimimo vieta | birthplace | [ˈbɜːθpleɪs] |
| gimnastas | gymnast | [dʒɪmˈnæst] |
| gimnastika | gymnastics | [dʒɪmˈnæstɪks] |
| gimtoji kalba | mother-tongue | [ˈmʌðətʌŋ] |
| ginčas | quarrel | [ˈkw ɒrəl] |
| ginčytis | quarrel | [ˈkw ɒrəl] |
| gintaras | amber | [ˈæmbə] |
| ✿ girdėjo | heard | [hɜːd] |
| girdėti | hear | [hɪə] |
| girtis | boast | [bəʊst] |
| gitara | guitar | [gɪˈtɑː] |
| gitaristas | guitarist | [gɪˈtɑːrɪst] |
| gyvas | alive | [əˈlaɪv] |

| | | |
|---|---|---|
| gyvatė | snake | [sneɪk] |
| gyvatvorė | hedge | [hedʒ] |
| gyvenimas | life | [laɪf] |
| gyventi | live | [lɪv] |
| gyvūnas | animal | [ˈænɪml] |
| gyvūnėlių parduotuvė | pet shop | [ˈpet ʃɒp] |
| glaudės | trunks | [trʌŋks] |
| gluosnis | willow | [ˈwɪləʊ] |
| gobtuvas | hood | [hʊd] |
| godus | greedy | [ˈgriːdi] |
| golfas | golf | [gɒlf] |
| gorila | gorilla | [gəˈrɪlə] |
| grafas | count | [kaʊnt] |
| graikas | Greek | [griːk] |
| Graikija | Greece | [griːs] |
| graikiškas | Greek | [griːk] |
| graikų kalba | Greek | [griːk] |
| gramas | gramme | [græm] |
| grandinė | chain | [tʃeɪn] |
| gražiai atrodantis | fine looking | [ˌfaɪn ˈlʊkɪŋ] |
| gražus | beautiful | [ˈbjuːtɪfəl] |
| | lovely | [ˈlʌvli] |
| | nice | [naɪs] |
| (*apie vyrą*) | handsome | [ˈhænsəm] |
| graži (*apie moteris*) | pretty | [ˈprɪti] |
| grėblys | rake | [reɪk] |
| greipfrutas | grapefruit | [ˈgreɪpfruːt] |
| greitai | soon | [suːn] |
| greitas | fast | [fɑːst] |
| greitkelis | highway | [ˈhaɪweɪ] |
| greta | next to | [ˈnekst tə] |
| gręžti | drill | [drɪl] |
| griaučiai | skeleton | [ˈskelɪtn] |
| griaustinis | thunder | [ˈθʌndə] |
| griauti | destroy | [dɪˈstrɒɪ] |
| grybas | mushroom | [ˈmʌʃrʊm] |

A a Ą ą B b C c Č č D d E e Ę ę Ė ė F f G g H h I i Į į Y y J j K k L l M m N n O o P p R r S s Š š T t U u Ū ū V v Z z Ž ž

| | | |
|---|---|---|
| grietinėlė | cream | [kriːm] |
| grindys | floor | [flɔː] |
| grobikas | invader | [ɪnˈveɪdə] |
| grožis | beauty | [ˈbjuːti] |
| grūdai | grain | [greɪn] |
| grupė | group | [gruːp] |
| grūsti | crush | [ˈkrʌʃ] |
| gruodis | December | [dɪˈsembə] |
| gudrus (*šaunus*) | smart | [smɑːt] |
| gulbė | swan | [swɒn] |
| ✿ gulėjo | lay | [leɪ] |
| gulėti | lie | [laɪ] |
| gumos juostelė | elastic tape | [ɪˌlæstɪk ˈteɪp] |
| guoba | elm | [elm] |
| gurkšnelis | sip | [sɪp] |
| gurkšnis | swallow | [ˈswɒləʊ] |
| gvazdikas *bot.* | carnation | [kɑːˈneɪʃn] |

## H h

| | | |
|---|---|---|
| hidroplanas | seaplane | [ˈsiːpleɪn] |

## I i, Į į, Y y

| | | |
|---|---|---|
| į (*į vidų*) | into | [ˈɪntə] |
| (*žymi kryptį*) | to | [tə] |
| (*verčiamas viet. l.*) | in | [ɪn] |
| (*žymi laiką, vietą*) | towards | [təˈwɔːdz] |
| Į sveikatą! (*čiaudėjant*) | Bless you! | [ˈbles ˌjuː] |
| idėja | idea | [aɪˈdɪə] |
| įdomių vietų apžiūrėjimas | sightseeing | [ˈsaɪtsiːɪŋ] |
| įdomus | interesting | [ˈɪntrɪstɪŋ] |
| įdrėksti | scratch | [skrætʃ] |

| | | |
|---|---|---|
| įeiti | enter | [ˈentə] |
| įėjimas | entrance | [ˈentrəns] |
| ieškoti | look for | [ˌlʊk ˈfɔ:] |
| įjungti | switch on | [ˌswɪtʃ ˈɒn] |
| | turn on | [ˌtɜ:n ˈɒn] |
| iki (*kol*) | till | [tɪl] |
| | until | [ənˈtɪl] |
| Iki! (*atsisveikinant*) | Bye-bye! | [ˌbaɪ ˈbaɪ] |
| | See you! | [ˈsi: ˌju:] |
| ilgas | long | [lɒŋ] |
| ilgis | lengh | [leŋθ] |
| įlįsti | get into | [ˌget ˈɪntə] |
| ilsėtis | rest | [rest] |
| iltis | tusk | [tʌsk] |
| imperatorius | emperor | [ˈempərə] |
| imperija | empire | [ˈempaɪə] |
| imti | take | [teɪk] |
| indas | dish | [dɪʃ] |
| indauja | cupboard | [ˈkʌbəd] |
| indėnas | Indian | [ˈɪndɪən] |
| indėnų kalba | Indian | [ˈɪndɪən] |
| Indija | India | [ˈɪndɪə] |
| indų plovimo mašina | dishwasher | [ˈdɪʃwɒʃə] |
| įniršęs | furious | [ˈfjʊərɪəs] |
| injekcija | injection | [ɪnˈdʒekʃn] |
| instrukcija | instruction | [ɪnˈstrʌkʃn] |
| instrumentas | instrument | [ˈɪnstrəmənt] |
| interviu | interview | [ˈɪntəvju:] |
| inžinierius | engineer | [ˌendʒɪˈnɪə] |
| ypač | especially | [ɪˈspeʃəli] |
| ypatingas | special | [ˈspeʃəl] |
| įprastas | ordinary | [ˈɔ:dnri] |
| | traditional | [trəˈdɪʃnəl] |
| ir | and | [ənd] |
| yra (*jis, ji*) | is | [ɪz] |
| (*jie, jos*) | are | [ɑ:] |

| | | |
|---|---|---|
| irklas | oar | [ɔ:] |
| (*baidarei*) | paddle | [ˈpædl] |
| irklinė valtis | rowboat | [ˈrəʊbəʊt] |
| irkluoti | row | [rəʊ] |
| irzlus | bad-tempered | [ˌbædˈtempəd] |
| įsidurti | prick | [prɪk] |
| įsiveržėlis | invader | [ɪnˈveɪdə] |
| ispanas | Spanish | [ˈspænɪʃ] |
| Ispanija | Spain | [speɪn] |
| ispaniškas | Spanish | [ˈspænɪʃ] |
| ispanų kalba | Spanish | [ˈspænɪʃ] |
| įstaiga | office | [ˈɒfɪs] |
| įstatymas | law | [lɔ:] |
| istorija | history | [ˈhɪstəri] |
| įstrižai | diagonally | [daɪˈægənli] |
| įstrižainė | diagonal | [daɪˈægənl] |
| iš (*žymi veiksmo kr.*) | out | [aʊt] |
| | from | [frɒm], [frəm] |
| iš karto | at once | [ət ˈwʌns] |
| iš viso (*suma*) | total | [ˈtəʊtl] |
| išblyškęs | pale | [peɪl] |
| išdidus | proud | [praʊd] |
| išdykęs | naughty | [ˈnɔ:ti] |
| išeiginė diena | day off | [ˌdeɪ ˈɒf] |
| išėjimas | exit | [ˈeksɪt], [ˈegzɪt] |
| išgąsdintas | frightened | [ˈfraɪtnd] |
| išilgai | along | [əˈlɒŋ] |
| išjungti | switch off | [ˌswitʃ ˈɒf] |
| | turn off | [ˌtɜ:n ˈɒf] |
| iškelti | raise | [reɪz] |
| iškyla | picnic | [ˈpɪknɪk] |
| iškristi | fall out | [ˌfɔ:l ˈaʊt] |
| išlįsti | get out of | [ˌget ˈaʊt əv] |
| išmintingas | wise | [waɪz] |
| išnykęs | extinct | [ɪkˈstɪŋkt] |
| išnykti | disappear | [ˌdɪsəˈpɪə] |

| | | |
|---|---|---|
| išorėje | out | [aʊt] |
| išradimas | invention | [ɪn'venʃn] |
| išrasti | invent | [ɪn'vent] |
| išreikšti | express | [ɪk'spres] |
| išsekęs | exhausted | [ɪg'zɔ:stɪd] |
| išsigandęs | afraid | [ə'freɪd] |
| | scared | [skeəd] |
| išsirikiuoti | line | [laɪn] |
| išsitiesti | stretch | [stretʃ] |
| išsiveržti | erupt | [ɪ'rʌpt] |
| išsiveržimas | eruption | [ɪ'rʌpʃn] |
| išskyrus | excepting | [ɪk'septɪŋ] |
| | except | [ɪk'sept] |
| ištekėti | marry | ['mæri] |
| ištroškęs | thirsty | ['θɜ:sti] |
| išvaryti | put out | [ˌpʊt 'aʊt] |
| išvyka | trip | [trɪp] |
| italas | Italian | [ɪ'tælɪən] |
| Italija | Italy | ['ɪtəli] |
| itališkas | Italian | [ɪ'tælɪən] |
| italų kalba | Italian | [ɪ'tælɪən] |
| įtartinas | suspicious | [sə'spɪʃəs] |
| įtarus | suspicious | [sə'spɪʃəs] |
| įvardis | pronoun | ['prəʊnaʊn] |
| įžymus | famous | ['feɪməs] |
| įžūlus | bold | [bəʊld] |

## J j

| | | |
|---|---|---|
| jachta | yacht | [jɒt] |
| jaguaras | jaguar | ['dʒægjʊə] |
| jai | her | [hɜ:], [hə] |
| jam | him | [hɪm] |
| japonas | Japanese | [ˌdʒæpə'ni:z] |
| Japonija | Japan | [dʒə'pæn] |

| | | |
|---|---|---|
| japoniškas | Japanese | [ˌdʒæpəˈniːz] |
| japonų kalba | Japanese | [ˌdʒæpəˈniːz] |
| jas | them | [ðem], [ðəm] |
| jaučiai | oxen | [ˈɒksn] |
| jaudinantis | exciting | [ɪkˈsaɪtɪŋ] |
| jaunas | young | [jʌŋ] |
| jauniklis (*žvėries*) | cub | [kʌb] |
| jaunimo teatras | youth theatre | [ˌjuːθ θɪətə] |
| jausmas (*emocijos*) | feeling | [ˈfiːlɪŋ] |
| (*pojūtis*) | sense | [sens] |
| jausti | feel | [fiːl] |
| jausti (malonumą) | enjoy | [ɪnˈdʒɒɪ] |
| ✿ jautė | felt | [felt] |
| jautiena | beef | [biːf] |
| jautis | ox | [ɒks] |
| JAV | USA | [ˌjuːesˈeɪ] |
| jeigu | if | [ɪf] |
| ji pati (*viena*) | herself | [hɜːˈself], [həˈself] |
| ji | she | [ʃiː], [ʃɪ] |
| jie | they | [ðeɪ] |
| jie patys (*vieni*) | themselves | [ðəmˈselvz] |
| jiems | them | [ðem], [ðəm] |
| jis | he | [hiː], [hɪ] |
| jis, ji (*apie gyvūną, daiktą*) | it | [ɪt] |
| jis pats (*vienas*) | himself | [hɪmˈself] |
| jo | his | [hɪz] |
| jo-jo (*žaidimas*) | yo-yo | [ˈjəʊjəʊ] |
| jogurtas | yoghurt | [ˈjɒgət] |
| jojimas | horse-riding | [ˈhɔːsraɪdɪŋ] |
| | riding | [ˈraɪdɪŋ] |
| ✿ jojo | rode | [rəʊd] |
| joms | them | [ðem], [ðəm] |
| jos (*kas*) | they | [ðeɪ] |
| (*kieno*)(*su daiktav.*) | her | [hɜː], [hə] |
| (*kieno*)(*be daiktav.*) | hers | [hɜːz] |

| | | |
|---|---|---|
| jo, jos (*apie daiktą, gyvūną*) | its | [ɪts] |
| jos pačios (*vienos*) | themselves | [ðəmˈselvz] |
| joti | ride | [raɪd] |
| jų (*su daiktav.*) | their | [ðeə] |
| (*be daiktav.*) | theirs | [ðeəz] |
| judėti | move | [muːv] |
| judinti | wiggle | [ˈwɪgl] |
| jungti | connect | [kəˈnekt] |
| | join | [dʒɒɪn] |
| Jungtinės Amerikos Valstijos | United States of America | [juːˌnaɪtɪd steɪts əv əˈmerɪkə] |
| Jungtinė Karalystė | UK | [juːˌnaitid ˌkɪŋdəm] |
| juodas | black | [blæk] |
| juokingas | funny | [ˈfʌni] |
| juoktis | laugh | [lɑːf] |
| juos | them | [ðem], [ðəm] |
| juosta | tape | [teɪp] |
| | stripe | [straɪp] |
| Jupiteris | Jupiter | [ˈdʒuːpɪtə] |
| jūra | sea | [siː] |
| jūreivis | sailor | [ˈseɪlə] |
| jūros arkliukas | seahorse | [ˈsiːhɔːs] |
| jūros žvaigždė | starfish | [ˈstɑːfɪʃ] |
| jūs | you | [juː], [ju], [jə] |
| jūs patys (*vieni*) | yourselves | [jɔːˈselvz], [jəˈselvz] |
| jūsų (*su daiktav.*) | your | [jɔː], [jə] |
| (*be daiktav.*) | yours | [jɔːz] |

## K k

| | | |
|---|---|---|
| ✿ kabėjo | hung | [hʌŋ] |
| kabėti | hang | [hæŋ] |
| kačiukas | kitten | [ˈkɪtn] |

A a Ą ą B b C c Č č D d E e Ė ė F f G g H h I i Į į Y y J j **K k** L l M m N n O o P p R r S s Š š T t U u Ū ū V v Z z Ž ž

| | | |
|---|---|---|
| kad ir kaip būtų | anyway | [ˈenɪweɪ] |
| kada nors | ever | [ˈevə] |
| kada | when | [wen] |
| kadangi | because | [bɪˈkɒz] |
| kai dėl | as for | [ˈæz fə] |
| kailis | fur | [fɜː] |
| | skin | [skɪn] |
| kaimas | village | [ˈvɪlɪdʒ] |
| kaimynas | neighbour | [ˈneɪbə] |
| kaina | price | [praɪs] |
| ✿ kainavo | cost | [kɒst] |
| kainuoti | cost | [kɒst] |
| kaip | as | [æz], [əz] |
| (*palyginant*) | like | [laɪk] |
| kaip | how | [haʊ] |
| kairė | left | [left] |
| kaitintis saulėje | sunbathe | [ˈsʌnbeɪð] |
| kakava | cocoa | [ˈkəʊkəʊ] |
| kaklaraištis | tie | [taɪ] |
| kaklas | neck | [nek] |
| kakta | forehead | [ˈfɒrɪd] |
| kaladėlė | block | [blɒk] |
| kalafioras | cauliflower | [ˈkɒlɪflaʊə] |
| kalakutas | turkey | [ˈtɜːki] |
| kalba | language | [ˈlæŋgwɪdʒ] |
| ✿ kalbėjo | spoke | [spəʊk] |
| kalbėti | speak | [spiːk] |
| | talk | [tɔːk] |
| Kalėdos | Christmas | [ˈkrɪsməs] |
| *šnek.* | Xmas | [ˈkrɪsməs] |
| Kalėdų eglutė | Christmas tree | [ˈkrɪsməs triː] |
| Kalėdų giesmė | carol | [ˈkærəl] |
| Kalėdų Senelis | Santa Claus | [ˈsæntə klɔːz] |
| | Father Christmas | [ˌfɑːðə ˈkrɪsməs] |
| kalėjimas | prison | [ˈprɪzn] |
| kalendorius | calendar | [ˈkælɪndə] |

| | | |
|---|---|---|
| kalinys | prisoner | [ˈprɪznə] |
| kalnas | mountain | [ˈmaʊntɪn] |
| kalnuotas kraštas | highland | [ˈhaɪlənd] |
| kaltė | fault | [fɔ:lt] |
| kalva | hill | [hɪl] |
| kambarinė | housemaid | [ˈhaʊsmeɪd] |
| kambarys | room | [ru:m], [rʊm] |
| kamienas | trunk | [trʌŋk] |
| kaminas | chimney | [ˈtʃɪmni] |
| kampas | corner | [ˈkɔ:nə] |
| kamuolys | ball | [bɔ:l] |
| Kanada | Canada | [ˈkænədə] |
| kanalas | channel | [ˈtʃænl] |
| kanarėlė | canary | [kəˈneəri] |
| ✿ kando | bit | [bɪt] |
| kanoja | canoe | [kəˈnu:] |
| kantrus | patient | [ˈpeɪʃnt] |
| kapitonas | captain | [ˈkæptɪn] |
| karalienė | queen | [kwi:n] |
| karalystė | kingdom | [ˈkɪŋdəm] |
| karalius | king | [kɪŋ] |
| kardas | sword | [sɔ:d] |
| Kardifas | Cardiff | [ˈkɑ:dɪf] |
| kareivis | soldier | [ˈsəʊldʒə] |
| karieta | coach | [kəʊtʃ] |
| karys | warrior | [ˈw ɒrɪə] |
| karnavalas | carnival | [ˈkɑ:nɪvl] |
| karoliai | necklace | [ˈneklɪs] |
| karštas | hot | [h ɒt] |
| karštis | heat | [hi:t] |
| kartais | sometimes | [ˈsʌmtaɪmz] |
| | ever | [ˈevə] |
| kartoti | repeat | [rɪˈpi:t] |
| kartu | together | [təˈgeðə] |
| kartus | bitter | [ˈbɪtə] |
| karuselė | merry-go-round | [ˈmerɪgəʊraʊnd] |

| | | |
|---|---|---|
| karvė | cow | [kaʊ] |
| kas (*apie žmogų*) | who | [hu:] |
| (*apie daiktą*) | what | [wɒt] |
| Kas atsitiko? | Wha t's the matter? | [ˌwɒts ðə ˈmætə] |
| kas nors (*apie žmogų*) | anybody | [ˈenibədi] |
| (*apie daiktą*) | anything | [ˈeniθɪŋ] |
| (*apie žmogų*) | anyone | [ˈeniwʌn] |
| kasa | checkout | [ˈtʃekaʊt] |
| kasdien | everyday | [ˈevrideɪ] |
| kasdieninis | everyday | [ˈevrideɪ] |
| ✿ kasė | dug | [dʌg] |
| kasetė | cassete | [kəˈset] |
| kasyti | scratch | [skrætʃ] |
| kasmetinis | annual | [ˈænjʊəl] |
| kaspinas | ribbon | [ˈrɪbən] |
| kasti | dig | [dɪg] |
| kąsti | bite | [baɪt] |
| kastuvas | spade | [speɪd] |
| kaštonas | horse-chestnut | [ˌhɔ:sˈtʃesnʌt] |
| katė | cat | [kæt] |
| katedra | cathedral | [kəˈθi:drəl] |
| katytė | pussy | [ˈpʊsi] |
| kaubojus | cowboy | [ˈkaʊbɒɪ] |
| kaučiukmedis | rubber-tree | [ˈrʌbətri:] |
| kaukė | mask | [mɑ:sk] |
| kaulas | bone | [bəʊn] |
| kauliukas (*lošimo*) | dice | [daɪs] |
| kava | coffee | [ˈkɒfi] |
| kavinė | cafe | [ˈkæfeɪ] |
| kavos stalelis | coffee-table | [ˈkɒfiteɪbl] |
| kažkas (*apie žmogų*) | somebody | [ˈsʌmbədi] |
| (*apie daiktą*) | something | [ˈsʌmθɪŋ] |
| (*apie žmogų*) | someone | [ˈsʌmwʌn] |
| kažkur (*kur nors*) | somewhere | [ˈsʌmweə] |
| kėdė | chair | [tʃeə] |

| | | |
|---|---|---|
| keiktis | curse | [kɜːs] |
| keistas | strange | [streɪndʒ] |
| keisti | change | [tʃeɪndʒ] |
| keleivinis garlaivis ar lėktuvas | liner | [ˈlaɪnə] |
| keleivis | passenger | [ˈpæsɪndʒə] |
| keletas (*teig. sak.*) | some | [sʌm] |
| keliamieji metai | leap-year | [ˈliːpjɪə] |
| kelias (*plentas*) | road | [rəʊd] |
| (*būdas*) | way | [weɪ] |
| keliauti | travel | [ˈtrævl] |
| keliautojas | traveller | [ˈtrævələ] |
| kelionė | journey | [ˈdʒɜːni] |
| kelis | knee | [niː] |
| kelnės | trousers | [ˈtraʊzəz] |
| *amer.* | pants | [pænts] |
| keltis | get up | [ˌget ˈʌp] |
| kempinė | sponge | [spʌndʒ] |
| kengūra | kangaroo | [ˌkæŋgəˈruː] |
| kepalai | loaves | [ləʊvz] |
| kepalas | loaf | [ləʊf] |
| kepėjas | baker | [ˈbeɪkə] |
| kepykla | bakery | [ˈbeɪkəri] |
| kepta mėsa ant grotelių | barbecue | [ˈbɑːbɪkjuː] |
| kepti (*duoną*) | bake | [beɪk] |
| (*riebaluose*) | fry | [fraɪ] |
| (*ant iešmo*) | grill | [grɪl] |
| keptuvė | pan | [pæn] |
| kepurė | cap | [kæp] |
| ketinti | going to | [ˈgəʊɪŋ tə] |
| keturi | four | [fɔː] |
| keturiasdešimt | forty | [ˈfɔːti] |
| keturiasdešimtas | fortieth | [ˈfɔːtɪəθ] |
| keturiolika | fourteen | [ˌfɔːˈtiːn] |
| keturioliktas | fourteenth | [ˌfɔːˈtiːnθ] |

| | | |
|---|---|---|
| ketvirtadienis | Thursday | [ˈθɜːzdəɪ], [ˈθɜːzdi] |
| ketvirtas | fourth | [fɔːθ] |
| ketvirtis | quarter | [ˈkwɔːtə] |
| kiaulė | pig | [pɪg] |
| kiaušinis | egg | [eg] |
| kiautas | shell | [ʃel] |
| kibiras | bucket | [ˈbʌkɪt] |
| kiek (*skaič. daikt.*) | how many | [ˌhaʊ ˈmeni] |
| (*su neskaič. daikt.*) | how much | [ˌhaʊ ˈmʌtʃ] |
| kiek metų | how old | [ˌhaʊ ˈəʊld] |
| kiekvienas (*pabrėžia individualumą*) | each | [iːtʃ] |
| (*bendrumas su visais*) | every | [ˈevri] |
| (*apie žmogų*) | everybody | [ˈevribədi] |
| kiemas | yard | [jɑːd] |
| kieno | whose | [huːz] |
| kilęs | originated | [ɒˈrɪdʒɪneɪtɪd] |
| kilimas | carpet | [ˈkɑːpɪt] |
| (*nedidelis*) | rug | [rʌg] |
| kilimėlis (*prie durų*) | doormat | [ˈdɔːmæt] |
| | mat | [mæt] |
| ✿ kilo | rose | [rəʊz] |
| kilogramas | kilogram | [ˈkɪləgræm] |
| *šnek.* | kilo | [ˈkiːləʊ] |
| kilometras | kilometre | [ˈkɪləmiːtə] |
| kilti | rise | [raɪz] |
| Kinija | China | [ˈtʃaɪnə] |
| kino teatras | cinema | [ˈsɪnəmə] |
| kirmėlė | worm | [wɜːm] |
| kirpėjas (*moterų*) | hairdresser | [ˈheədresə] |
| (*vyrų*) | barber | [ˈbɑːbə] |
| kirpykla (*vyrų*) | barber's | [ˈbɑːbəz] |
| (*moterų*) | hairdresser's | [ˈheədresəz] |
| kirvis | axe | [æks] |
| kišenė | pocket | [ˈpɒkɪt] |
| kišeninis peilis | penknife | [ˈpennaɪf] |

| | | |
|---|---|---|
| kišenpinigiai | pocket-money | [ˈpɒkɪtmʌni] |
| kiškis | hare | [heə] |
| kitas (*dar vienas*) | another | [əˈnʌðə] |
| (*ateinantis*) | next | [nekst] |
| (*anas*) | other | [ˈʌðə] |
| klaida (*skaičiavimo*) | fault | [fɔ:lt] |
| | mistake | [mɪˈsteɪk] |
| klaidingas | false | [fɔ:ls] |
| klajoti | wander | [ˈwɒndə] |
| klasė (*patalpa*) | classroom | [ˈklɑːsrum] |
| (*mokyklos*) | class | [klɑːs] |
| „klasės“ (*žaidimas*) | hopscotch | [ˈhɒpskɒtʃ] |
| klasės lenta | blackboard | [ˈblækbɔ:d] |
| klasės darbas | classwork | [ˈklɑːswɜːk] |
| klasiokas | classmate | [ˈklɑːsmeɪt] |
| klausimas | question | [ˈkwestʃən] |
| klausyti | listen | [ˈlɪsn] |
| klausti | ask | [ɑːsk] |
| klaviatūra | keyboard | [ˈkiːbɔ:d] |
| klevas | maple | [ˈmeɪpl] |
| klijai | glue | [gluː] |
| klijuoti | stick | [stɪk] |
| klounas | clown | [klaʊn] |
| klubas (*kūno dalis*) | hip | [hɪp] |
| | club | [klʌb] |
| ✿ klūpojo | knelt | [nelt] |
| klūpoti | kneel | [niːl] |
| knarkimas | snore | [snɔ:] |
| knyga | book | [bʊk] |
| knygynas | bookshop | [ˈbʊkʃɒp] |
| knygų lentyna | bookshelf | [ˈbʊkʃelf] |
| knygų spinta | bookcase | [ˈbʊkkeɪs] |
| kobra | cobra | [ˈkəʊbrə] |
| kodas | code | [kəʊd] |
| kodėl | why | [wai] |
| koja (*iki pėdos*) | leg | [leg] |

A a Ą ą B b C c Č č D d E e Ę ę Ė ė F f G g H h I i Į į Y y J j K k L l M m N n O o P p R r S s Š š T t U u Ų ų Ū ū V v Z z Ž ž

| | | |
|---|---|---|
| kojinė | stocking | [ˈstɒkɪŋ] |
| kojos pirštas | toe | [təʊ] |
| kokakola | coca-cola | [ˌkəukəˈkəulə] |
| *šnek.* | coke | [kəʊk] |
| kokoso riešutas | coconut | [ˈkəʊkənʌt] |
| koks | what | [wɒt] |
| kol | while | [waɪl] |
| koledžas | college | [ˈkɒlɪdʒ] |
| kolekcija (*rinkinys*) | collection | [kəˈlekʃn] |
| kolibris | humming-bird | [ˈhʌmɪŋbɜːd] |
| komanda | team | [tiːm] |
| kombinezonas | overalls | [ˈəʊvərɔːlz] |
| komedija | comedy | [ˈkɒmədi] |
| komiksai | comics | [ˈkɒmɪks] |
| kompaktinis diskas | CD | [ˌsiːˈdiː] |
| kompanija | company | [ˈkʌmpəni] |
| kompasas | compass | [ˈkʌmpəs] |
| kompiuterinis žaidimas | computer game | [kəmˈpjuːtə ˌgeɪm] |
| kompiuteris | computer | [kəmˈpjuːtə] |
| koncertas | concert | [ˈkɒnsət] |
| konferencija | conference | [ˈkɒnfərəns] |
| konkursas | contest | [ˈkɒntəst] |
| konsultuoti | consult | [kənˈsʌlt] |
| kontrolė | control | [kənˈtrəʊl] |
| kontrolinis darbas | test | [test] |
| kopa | dune | [djuːn] |
| kopėčios | ladder | [ˈlædə] |
| kopija | copy | [ˈkɒpi] |
| kopijuoti | copy | [ˈkɒpi] |
| komplektas | set | [set] |
| kopti | mount | [maʊnt] |
| kopūstas | cabbage | [ˈkæbɪdʒ] |
| koralas | coral | [ˈkɒrəl] |
| koridorius | corridor | [ˈkɒrɪdɔː] |
| korta | card | [kɑːd] |

| | | |
|---|---|---|
| kosėti | have a cough | [ˌhæv ə ˈkɒf] |
| kostiumas | suit | [suːt] |
| kotas (*augalo*) | stalk | [stɔːk] |
| kova | fight | [faɪt] |
| kovas (*mėnuo*) | March | [mɑːtʃ] |
| ✿ kovojo | fought | [fɔːt] |
| kovoti | fight | [faɪt] |
| krabas | crab | [kræb] |
| kramtyti | chew | [tʃuː] |
| kramtomoji guma | chewing-gum | [ˈtʃuːɪŋgʌm] |
| krantas | shore | [ʃɔː] |
| kraštas | edge | [edʒ] |
| ✿ kratė | shook | [ʃʊk] |
| kratyti | shake | [ʃeɪk] |
| kraujas | blood | [blʌd] |
| krauti | load | [ləʊd] |
| krautuvininkas | shopkeeper | [ˈʃɒpkiːpə] |
| kreida | chalk | [tʃɔːk] |
| krekeris | cracker | [ˈkrækə] |
| kremas | cream | [kriːm] |
| krepšinis | basketball | [ˈbɑːskɪtbɔːl] |
| krepšys | bag | [bæg] |
| | basket | [ˈbɑːskɪt] |
| kriauklė (*moliuskų*) | shell | [ʃel] |
| kriaušė | pear | [peə] |
| kriketas | cricket | [ˈkrɪkɪt] |
| krikštyti | christen | [ˈkrɪsn] |
| krioklys | waterfall | [ˈwɔːtəfɔːl] |
| kryptis | direction | [dɪˈrekʃn] |
| kristalas | crystal | [ˈkrɪstl] |
| kristi | fall | [fɔːl] |
| ✿ krito | fell | [fel] |
| kryžiažodis | crossword | [ˈkrɒswɜːd] |
| kryžius | cross | [krɒs] |
| krokodilas | crocodile | [ˈkrɒkədaɪl] |
| krovinys | load | [ləʊd] |

A a Ą ą B b C c Č č D d E e Ė ė F f G g H h I i Į į Y y J j **K k** L l M m N n O o P p R r S s Š š T t U u Ū ū V v Z z Ž ž

| | | |
|---|---|---|
| krūmas | bush | [bʊʃ] |
| krumplys | knuckle | [ˈnʌkl] |
| krūtinė | chest | [tʃest] |
| krūva | heap | [hiːp] |
| ksilofonas | xylophone | [ˈzaɪləfəʊn] |
| kubas | cube | [kjuːb] |
| kūdikis | baby | [ˈbeɪbi] |
| kūgis | cone | [kəʊn] |
| kukurūzų dribsniai | cornflakes | [ˈkɔ:nfleɪks] |
| kukurūzų spragėsiai | popcorn | [ˈp ɒpkɔ:n] |
| kulka | bullet | [ˈbʊlɪt] |
| kulkšnis | ankle | [ˈæŋkl] |
| kulnas | heel | [hiːl] |
| kumeliukas (*iki metų*) | foal | [fəʊl] |
| (*iki 4 metų*) | colt | [kəʊlt] |
| kumpis | ham | [hæm] |
| kumščiuotis | punch | [pʌntʃ] |
| kumštinė pirštinė | mitten | [ˈmɪtn] |
| kūnas | body | [ˈb ɒdi] |
| kūno kultūra | physical education | [ˌfɪzɪkl ˌedʒʊˈkeɪʃn] |
| kupra | hump | [hʌmp] |
| kupranugaris | camel | [ˈkæməl] |
| kuprinė (*turisto*) | rucksack | [ˈrʌksæk] |
| (*mokyklos*) | schoolbag | [ˈskuːlbæg] |
| kur | where | [weə] |
| kur tik | wherever | [wɛərˈevə] |
| kurapka | quail | [kweɪl] |
| kuri(s) | which | [wɪtʃ] |
| kurmis | mole | [məʊl] |
| kursas | course | [kɔ:s] |
| kutenti | tickle | [ˈtɪkl] |
| kvadratas | square | [skweə] |
| kvailas (*neprotingas*) | foolish | [ˈfuːlɪʃ] |
| (*paikas*) | silly | [ˈsɪli] |
| (*neišmanėlis*) | stupid | [ˈstjuːpɪd] |

| | | |
|---|---|---|
| kvailys | fool | [fuːl] |
| kvepėti | smell | [smel] |
| kviesti | call | [kɔːl] |

## L l

| | | |
|---|---|---|
| laba diena | good afternoon | [ˌgʊd ɑːftəˈnuːn] |
| labai | very | [ˈveri] |
| labai gerai | very well | [ˈveri wel] |
| labanaktis | goodnight | [gʊdˈnaɪt] |
| laboratorija | laboratory | [ləˈbɒrətri] |
| Labas! | Hello! | [həˈləʊ] |
| *amer.* | Hi! | [haɪ] |
| labas rytas | good morning | [ˌgʊd ˈmɔːnɪŋ] |
| labas vakaras | good evening | [ˌgʊd ˈiːvnɪŋ] |
| labdara | charity | [ˈtʃærəti] |
| lagaminas | suitcase | [ˈsjuːtkeɪs] |
| laidoti | bury | [ˈberi] |
| laikas | time | [taɪm] |
| ✿ laikė (*sugriebė*) | held | [held] |
| (*turėjo*) | kept | [kept] |
| laikyti (*sugriebti*) | hold | [həʊld] |
| (*turėti*) | keep | [kiːp] |
| laikraščių kioskas | newsstand | [ˌnjuːzˈstænd] |
| laikraštis | newspaper | [ˈnjuːspeɪpə] |
| laikrodis | clock | [klɒk] |
| laiku | in time | [ɪn ˈtaɪm] |
| laimė | luck | [lʌk] |
| ✿ laimėjo | won | [wʌn] |
| laimėti | win | [wɪn] |
| laimingas (*linksmas*) | happy | [ˈhæpi] |
| (*dėl sėkmės*) | lucky | [ˈlʌki] |
| laiminti | bless | [bles] |
| laiptai | stairs | [steəz] |
| laisvalaikio pomėgis | hobby | [ˈhɒbi] |

A a Ą ą B b C c Č č D d E e Ę ę Ė ė F f G g H h I i Į į Y y J j K k L l M m N n O o P p R r S s Š š T t U u Ū ū V v Z z Ž ž

| | | |
|---|---|---|
| laisvas | free | [fri:] |
| laiškanešys | postman | ['pəʊstmən] |
| laiškas | letter | ['letə] |
| laivas | ship | [ʃɪp] |
| laižyti | lick | [lɪk] |
| lakas | polish | ['pɒlɪʃ] |
| lakštingala | nightingale | ['naɪtɪŋgeɪl] |
| lakuoti | polish | ['pɒlɪʃ] |
| lama | llama | ['lɑːmə] |
| langas | window | ['wɪndəʊ] |
| languotas | checked | [tʃekt] |
| (*apie audinį*) | | |
| lankas | bow | [bəʊ] |
| lankyti | visit | ['vɪzɪt] |
| lankstyti | fold | [fəʊld] |
| lankstus | elastic | [ɪ'læstɪk] |
| lapai | leaves | [li:vz] |
| lapas | leaf | [li:f] |
| lapė | fox | [fɒks] |
| lapkritis | November | [nəʊ'vembə] |
| lašas | drop | [drɒp] |
| lašiniai | bacon | ['beɪkən] |
| Latvija | Latvia | ['lætvɪə] |
| latvis | Latvian | ['lætvɪən] |
| latviškas | Latvian | ['lætvɪən] |
| latvių kalba | Latvian | ['lætvɪən] |
| laukas | field | [fi:ld] |
| lauke | out-of-doors | [ˌaʊtəvdɔ:z] |
| (*išorinė pusė*) | outside | [ˌaʊt'saɪd] |
| laukti | wait | [weɪt] |
| laužas | bonfire | ['bɒnfaɪə] |
| ✿ laužė | broke | [brəʊk] |
| laužyti | break | [breɪk] |
| lava | lava | ['lɑːvə] |
| lazda | stick | [stɪk] |
| (*beisbolo*) | bat | [bæt] |

| | | |
|---|---|---|
| lazdynas | hazel | [ˈheɪzl] |
| ledai (*valgomieji*) | ice-cream | [ˌaɪskriːm] |
| ledas | ice | [aɪs] |
| ledi | lady | [ˈleɪdi] |
| ledinukas *amer.* | candy | [ˈkændi] |
| ledo ritulys | ice-hockey | [ˈaɪsh ɒki] |
| | hockey | [ˈh ɒki] |
| lego (*žaidimas*) | lego | [ˈlegəʊ] |
| ✿ leido (*sutiko*) | let | [let] |
| (*eikvojo*) | spent | [spent] |
| leisti (*sudaryti sąlygas*) | allow | [əˈlaʊ] |
| (*sutikti*) | let | [let] |
| (*eikvoti*) | spend | [spend] |
| leistis rogutėmis | toboggan | [təˈb ɒgən] |
| lėkštelė | saucer | [ˈsɔːsə] |
| lėkštė | plate | [pleɪt] |
| lėktuvas | aeroplane | [ˈeərəpleɪn] |
| | plane | [pleɪn] |
| lėlė | doll | [d ɒl] |
| (*apie teatrą*) | puppet | [ˈpʌpɪt] |
| lelija | lily | [ˈlɪli] |
| lėlių teatras | puppet theatre | [ˈpʌpɪt θɪətə] |
| lempa | lamp | [læmp] |
| lengvas | easy | [ˈiːzi] |
| lenkas | Pole | [pəʊl] |
| ✿ lenkė | bent | [bent] |
| Lenkija | Poland | [ˈpəʊlənd] |
| lenkti | bend | [bend] |
| lenktyniauti | race | [reɪs] |
| lenktyniavimas | racing | [ˈreɪsɪŋ] |
| lenta | board | [bɔːd] |
| lentelė | chart | [tʃɑːt] |
| lentyna | shelf | [ʃelf] |
| lentynos | shelves | [ʃelvz] |
| leopardas | leopard | [ˈlepəd] |
| lėtai | slowly | [ˈsləʊli] |

A a Ą ą B b C c Č č D d E e Ė ė F f G g H h I i Į į Y y J j K k L l M m N n O o P p R r S s Š š T t U u Ū ū V v Z z Ž ž

| | | |
|---|---|---|
| lėtas | slow | [sləʊ] |
| letena | paw | [pɔ:] |
| liaunas (*lieknas*) | slim | [slɪm] |
| lydeka | pike | [paɪk] |
| liemenė *amer.* | vest | [vest] |
| liemuo | waist | [weɪst] |
| liepa | lime-tree | [ˈlaɪmtri:] |
| (*mėnuo*) | July | [dʒu:ˈlai] |
| liepsna | flame | [fleɪm] |
| liesas | lean | [li:n] |
| (*plonas*) | thin | [θɪn] |
| liesti | touch | [tʌtʃ] |
| lietaus lašelis | raindrop | [ˈreɪndr ɒp] |
| lietingas | rainy | [ˈreɪni] |
| lietpaltis | raincoat | [ˈreɪnkəʊt] |
| lietsargis | umbrella | [ʌmˈbrelə] |
| lietus | rain | [reɪn] |
| Lietuva | Lithuania | [ˌlɪθju:ˈeɪnɪə] |
| lietuvis | Lithuanian | [ˌlɪθju:ˈeɪnɪən] |
| lietuviškas | Lithuanian | [ˌlɪθju:ˈeɪnɪən] |
| lietuvių kalba | Lithuanian | [ˌlɪθju:ˈeɪnɪən] |
| liežuvis | tongue | [tʌŋ] |
| liftas | lift | [lɪft] |
| lygiavertis | equivalent | [ɪkˈwɪvələnt] |
| ligoninė | hospital | [ˈh ɒspɪtl] |
| lygus (*vienodos dalys*) | egual | [ˈi:kwl] |
| (*glotnus*) | smooth | [smu:ð] |
| likusieji | all the rest | [ˌɔ:l ðə ˈrest] |
| limonadas | lemonade | [leməˈneɪd] |
| linija | line | [laɪn] |
| liniuotė | ruler | [ˈru:lə] |
| link | towards | [təˈwɔ:dz] |
| linksmai | gaily | [ˈgeɪli] |
| | merrily | [ˈmerɪli] |
| linksmas (*malonus*) | cheerful | [ˈtʃɪəfəl] |
| (*nerūpestingas*) | gay | [geɪ] |
| (*džiugus*) | merry | [ˈmeri] |

| | | |
|---|---|---|
| linktelėti | nod | [nɒd] |
| liokajus | butler | [ˈbʌtlə] |
| lipdukas | sticker | [ˈstɪkə] |
| lipni juosta | sticky tape | [ˈstɪki ˈteɪp] |
| lipnus | sticky | [ˈstɪki] |
| lipti | climb | [klaɪm] |
| litas | litas | [ˈlɪtəs] |
| literatūra | literature | [ˈlɪtrətʃə] |
| literatūrinis | literary | [ˈlɪtərəri] |
| lyti | rain | [reɪn] |
| litras | litre | [ˈliːtə] |
| liūdnas | sad | [sæd] |
| liūtas | lion | [ˈlaɪən] |
| lizdas | nest | [nest] |
| lobis | treasure | [ˈtreʒə] |
| Londonas | London | [ˈlʌndn] |
| lopyti | mend | [mend] |
| lopšys | cradle | [ˈkreɪdl] |
| loterija | lottery | [ˈlɒtəri] |
| loti | bark | [bɑːk] |
| lotynų kalba | Latin | [ˈlætɪn] |
| lova | bed | [bed] |
| lubos | ceiling | [ˈsiːlɪŋ] |
| lūpa | lip | [lɪp] |
| lupti | peel | [piːl] |
| lūšis | ounce | [aʊns] |

## M m

| | | |
|---|---|---|
| magnetofonas | tape-recorder | [ˈteɪprɪkɔːdə] |
| (*ausinukas*) | walkman | [wɔːkmən] |
| maistas | food | [fuːd] |
| maišas | sack | [sæk] |
| maišyti | mix | [mɪks] |
| | stir | [stɜː] |

A a Ą ą B b C c Č č D d E e Ę ę Ė ė F f G g H h I i Į į Y y J j K k L l **M m** N n O o P p R r S s Š š T t U u Ų ų Ū ū V v Z z Ž ž

| | | |
|---|---|---|
| ✿ maitino | fed | [fed] |
| maitinti | feed | [fi:d] |
| makaronai | noodles | [ˈnu:dlz] |
| maldauti | beg | [beg] |
| malimo mašina | grinder | [ˈgraɪndə] |
| Malonu susipažinti! | How do you do! | [ˌhaʊ də jʊ ˈdu:] |
| malonumas | fun | [fʌn] |
| malonus (*meilus*) | kind | [kaɪnd] |
| (*geras*) | nice | [naɪs] |
| (*smagus*) | pleasant | [ˈpleznt] |
| malūnsparnis | helicopter | [ˈhelɪkɒptə] |
| mama *šnek.* | mum | [mʌm] |
| mamytė | mummy | [ˈmʌmi] |
| man | me | [mi:], [mɪ] |
| mandagiai | politely | [pəˈlaɪtli] |
| mandagus | polite | [pəˈlaɪt] |
| mane | me | [mi:], [mɪ] |
| manija | craze | [kreɪz] |
| mano (*su daiktv.*) | my | [maɪ] |
| (*be daiktv.*) | mine | [maɪn] |
| maratonas | marathon | [ˈmærəθən] |
| margutis | Easter egg | [ˈi:stər eg] |
| Marsas | Mars | [mɑ:z] |
| marškinėliai (*teniso*) | T-shirt | [ˈti:ʃɜ:t] |
| marškiniai | shirt | [ʃɜ:t] |
| maršrutas | route | [ru:t] |
| mašina | machine | [məˈʃi:n] |
| matematika | mathematics | [ˌmæθəˈmætɪks] |
| *šnek.* | maths | [mæθs] |
| ✿ matė | saw | [sɔ:] |
| matyti | see | [si:] |
| matuoti | measure | [ˈmeʒə] |
| (*temperatūrą*) | take temperature | [ˌteɪk ˈtemprətʃə] |
| maudymosi kostiumas | bathing-suit | [ˈbeɪðɪŋsu:t] |
| (*moteriškas*) | swimsuit | [ˈswɪmsu:t] |

| | | |
|---|---|---|
| maudytis vonioje | have a bath | [ˌhæv ə ˈbɑ:θ] |
| mažai | few | [fju:] |
| mažas | little | [ˈlɪtl] |
| | small | [smɔ:l] |
| mažesnis | less | [less] |
| mažiau | less | [less] |
| mažiausias | least | [li:st] |
| mažmožis | trifle | [ˈtraɪfl] |
| medalis | medal | [ˈmedl] |
| mediena | wood | [wʊd] |
| medis | tree | [tri:] |
| medus | honey | [ˈhʌni] |
| medūza | jellyfish | [ˈdʒelifɪʃ] |
| medvilnė | cotton | [ˈkɒtn] |
| medvilninis sportinis nertinis | sweatshirt | [ˈswetʃɜ:t] |
| medžiaga | cloth | [klɒθ] |
| medžioti | hunt | [hʌnt] |
| medžiotojas | hunter | [ˈhʌntə] |
| mėgstamas | favourite | [ˈfeɪvərɪt] |
| mėgstąs, mylįs | fond | [fɒnd] |
| megztinis (*susegamas*) | cardigan | [ˈkɑ:dɪgən] |
| (*velkamas per galvą*) | pullover | [ˈpʊləʊvə] |
| (*džemperis*) | jumper | [ˈdʒʌmpə] |
| (*nertinis*) | sweater | [ˈswetə] |
| mėgti (*patikti*) | like | [laɪk] |
| meilė | love | [lʌv] |
| meilės laiškelis | valentine | [ˈvæləntaɪn] |
| Meksika | Mexico | [ˈmeksɪkəʊ] |
| meksikietis | Mexican | [ˈmeksɪkən] |
| meksikietiškas | Mexican | [ˈmeksɪkən] |
| melas | lie | [laɪ] |
| mėlynas | blue | [blu:] |
| mėlynė (*uoga*) | blueberry | [ˈblu:beri] |
| melionas | melon | [ˈmelən] |
| melodija | tune | [tju:n] |

A a
Ą ą
B b
C c
Č č
D d
E e
Ę ę
Ė ė
F f
G g
H h
I i
Į į
Y y
J j
K k
L l
**M m**
N n
O o
P p
R r
S s
Š š
T t
U u
Ū ū
V v
Z z
Ž ž

| | | |
|---|---|---|
| melodingas | musical | [ˈmjuːzɪkl] |
| melstis | pray | [prei] |
| menas | art | [ɑːt] |
| menininkas | artist | [ˈɑːtɪst] |
| menkė | cod | [kɒd] |
| mėnulis | moon | [muːn] |
| mėnuo | month | [mʌnθ] |
| mergaitė | girl | [ˈgɜːl] |
| Merkurijus | Mercury | [ˈmɜːkjʊri] |
| mes | we | [wiː] |
| mėsa | meat | [miːt] |
| mėsainis | hamburger | [ˈhæmbɜːgə] |
| mėsinė | butcher's | [ˈbʊtʃəz] |
| mėsininkas | butcher | [ˈbʊtʃə] |
| mesti | throw | [θrəʊ] |
| (*lapus*) | shed | [ʃed] |
| | cast | [kɑːst] |
| meška | bear | [beə] |
| metai | year | [jɪə] |
| metalas | metal | [ˈmetl] |
| ✿ metė | threw | [θruː] |
| (*lapus*) | shed | [ʃed] |
| | cast | [kɑːst] |
| metras | metre | [ˈmiːtə] |
| metropolitenas | underground | [ˈʌndəgraʊnd] |
| metų laikas | season | [ˈsiːzn] |
| miegamasis | bedroom | [ˈbedrʊm] |
| miegantis | asleep | [əˈsliːp] |
| miegmaišis | sleeping-bag | [ˈsliːpɪŋbæg] |
| ✿ miegojo | slept | [slept] |
| miegoti | sleep | [sliːp] |
| mieguistas | sleepy | [ˈsliːpi] |
| mielas | lovely | [ˈlʌvli] |
| miestas (*didmiestis*) | city | [ˈsɪti] |
| (*mažas*) | town | [taʊn] |

| | | |
|---|---|---|
| mikrobangų krosnelė | microwave oven | [ˌmaɪkrəweɪv ˈʌvn] |
| mikrobas | germ | [dʒɜːm] |
| mikrofonas | microphone | [ˈmaɪkrəfəʊn] |
| *šnek.* | mike | [maɪk] |
| mylėti | love | [lʌv] |
| mylia | mile | [maɪl] |
| milijardas | billiard | [ˈbɪlɪəd] |
| milijonas | million | [ˈmɪljən] |
| | billion | [ˈbɪljən] |
| milijonierius | millionaire | [ˌmɪljəˈneə] |
| miltai | flour | [ˈflaʊə] |
| milžinas | giant | [ˈdʒaɪənt] |
| milžiniškas | enormous | [ɪˈnɔːməs] |
| (*gigantiškas*) | gigantic | [dʒaɪˈgæntɪk] |
| mini sijonas | miniskirt | [ˈmɪniskɜːt] |
| minia | crowd | [kraʊd] |
| minkštas žaislas | soft toy | [ˌsɒft tɒɪ] |
| minkštas | soft | [sɒft] |
| mintis | idea | [aɪˈdɪə] |
| minusas | minus | [ˈmaɪnəs] |
| minutė | minute | [ˈmɪnɪt] |
| miręs | dead | [ded] |
| mirksėti | wink | [wɪŋk] |
| mirti | die | [daɪ] |
| mįslė | riddle | [ˈrɪdl] |
| miškas | forest | [ˈfɒrɪst] |
| | wood | [wʊd] |
| mobilus telefonas | mobile phone | [ˌməʊbaɪl ˈfəʊn] |
| močiutė | grandmother | [ˈgrænmʌðə] |
| *šnek.* | granny | [ˈgræni] |
| modelis | model | [ˈmɒdl] |
| modernus | modern | [ˈmɒdn] |
| ✿ mokė | taught | [tɔːt] |
| ✿ mokėjo | paid | [peɪd] |
| ✿ mokėsi | learnt | [lɜːnt] |

A a Ą ą B b C c Č č D d E e Ė ė F f G g H h I i Į į Y y J j K k L l **M m** N n O o P p R r S s Š š T t U u Ū ū V v Z z Ž ž

A a
Ą ą
B b
C c
Č č
D d
E e
Ę ę
Ė ė
F f
G g
H h
I i
Į į
Y y
J j
K k
L l
M m
N n
O o
P p
R r
S s
Š š
T t
U u
Ū ū
V v
Z z
Ž ž

| | | |
|---|---|---|
| mokėti | pay | [peɪ] |
| mokykla | school | [sku:l] |
| mokykliniai reikmenys | school set | [ˈsku:l set] |
| mokinė | schoolgirl | [ˈsku:lgɜ:l] |
| mokiniai | schoolchildren | [ˈsku:ltʃɪldrən] |
| mokinys | schoolboy | [ˈsku:lb ɒi] |
| mokinys (-ė) | pupil | [ˈpju:pl] |
| | student | [ˈstju:dnt] |
| mokyti | teach | [ti:tʃ] |
| mokytis | learn | [lɜ:n] |
| | study | [ˈstʌdi] |
| mokytojas | teacher | [ˈti:tʃə] |
| mokytojų kambarys | staff room | [ˈstɑ:f rʊm] |
| mokomasis dalykas | subject | [ˈsʌbʒɪkt] |
| mokslas | science | [ˈsaɪəns] |
| (*studijos*) | studies | [ˈstʌdɪz] |
| mokslininkas | scientist | [ˈsaɪəntɪst] |
| molbertas | easel | [ˈi:zl] |
| moliūgas | pumpkin | [ˈpʌmpkɪn] |
| moneta | coin | [k ɒɪn] |
| morka | carrot | [ˈkærət] |
| moteris (*lytis*) | female | [ˈfi:meɪl] |
| | woman | [ˈwʊmən] |
| moterys | women | [ˈwɪmɪn] |
| motociklas | motorbike | [ˈməʊtəbaɪk] |
| motina | mother | [ˈmʌðə] |
| mugė | funfair | [ˈfʌnfeə] |
| muilas | soap | [səʊp] |
| muitinė | customs | [ˈkʌstəmz] |
| mums | us | [ʌs], [əs] |
| murkti | purr | [pɜ:] |
| mus | us | [ʌs], [əs] |
| musė | fly | [flaɪ] |
| mūsų (*su daiktav.*) | our | [ˈaʊə] |
| (*be daiktav.*) | ours | [ˈaʊəz] |

| | | |
|---|---|---|
| mūšis | battle | [ˈbætl] |
| muziejus | museum | [mjuːˈzɪəm] |
| muzika | music | [ˈmjuːzɪk] |
| muzikinis teatras | musical theatre | [ˈmjuːzɪkl θɪətə] |
| muzikos pamoka | music | [ˈmjuːzɪk] |

## N n

| | | |
|---|---|---|
| nagas (*žmogaus*) | fingernail | [ˈfɪŋgəneɪl] |
| (*gyvūno*) | claw | [klɔ:] |
| naft | aoil | [ ɒɪl] |
| Nagi! | Come on! | [ˌkʌm ˈɒn] |
| naktį | at night | [ət ˈnaɪt] |
| naktis | night | [naɪt] |
| namai | home | [həʊm] |
| namas | house | [haʊs] |
| naminis | domestic | [d ɒˈmestɪk] |
| namų darbai | homework | [ˈhəʊmwɜːk] |
| namų šeimininkė | housewife | [ˈhaʊswaɪf] |
| (*ūkvedė*) | housekeeper | [ˈhaʊskiːpə] |
| narcizas *bot.* | daffodil | [ˈdæfədɪl] |
| narys | member | [ˈmembə] |
| narsa | valour | [ˈvælə] |
| narvas | cage | [keɪdʒ] |
| našlaitė *bot.* | pansy | [ˈpænzi] |
| naudingas | useful | [ˈjuːsfəl] |
| | helpful | [ˈhelpfəl] |
| naudoti | use | [juːz] |
| naujas | new | [njuː] |
| Nauji metai | New Year | [ˌnjuː ˈjɪe] |
| naujienos | news | [njuːz] |
| ne (*neig. liep.*) | don't | [ˈdəʊnt] |
| | no | [nəʊ] |
| (*neig. prie veiksm.*) | not | [n ɒt] |
| neatidus kitiems | inconsidirate | [ˌɪnkənˈsɪdərət] |

| | | |
|---|---|---|
| nebylys | mute | [mjuːt] |
| nebylus | dumb | [dʌm] |
| ✿ nebuvau | wasn't | [ˈwɒznt] |
| ✿ nebuvo (*jis, ji*) | wasn't | [ˈwɒznt] |
| ✿ nebuvo | weren't | [wɜːnt], [weənt] |
| ✿ nebuvome | weren't | [wɜːnt], [weənt] |
| ✿ nebuvote | weren't | [wɜːnt], [weənt] |
| nedaugelis | few | [fjuː] |
| ✿ negalėjo | couldn't | [ˈkʊdnt] |
| negalėjo būti | couldn't be | [ˈkʊdnt bɪ] |
| negali *šnek.* | can't | [kɑːnt] |
| | cannot | [ˈkænnɒt] |
| negali būti | can't be | [ˈkɑːnt bɪ] |
| negalima (*draudimas*) | mustn't | [ˈmʌsnt] |
| | must not | [ˌmʌst ˈnɒt] |
| negu | than | [ðən] |
| neįprastas | unusual | [ʌnˈjuːʒʊəl] |
| nekęsti | hate | [heɪt] |
| Nekvailiok! | Don't be silly! | [ˌdəʊnt biː ˈsɪli] |
| nelaimingas | unhappy | [ʌnˈhæpi] |
| (*pasigailėtinas*) | miserable | [ˈmɪzərəbl] |
| nendrė | reed | [riːd] |
| nėra (*jų*) | aren't | [ɑːnt] |
| (*jo, jos*) | isn't | [ɪznt] |
| nereikia (*neprivaloma*) | needn't | [ˈniːdnt] |
| nerimas | worry | [ˈwʌri] |
| nerti (*vandenyje*) | dive | [daɪv] |
| nerūpestingas | careless | [ˈkeələs] |
| nes | because | [bɪˈkɒz] |
| nesame | aren't | [ɑːnt] |
| nesantis | absent | [ˈæbsənt] |
| nesate | aren't | [ɑːnt] |
| neseniai | lately | [ˈleɪtli] |
| nesi | aren't | [ɑːnt] |
| Nesijaudink! | Don't worry! | [ˌdəʊnt ˈwʌri] |
| nesveikas | unhealthy | [ʌnˈhelθi] |

| | | |
|---|---|---|
| nešti | carry | [ˈkæri] |
| net | even | [ˈi:vn] |
| neteisingas | wrong | [r ɒŋ] |
| netikras | false | [fɔ:ls] |
| neturi (*jie, jos*) | haven't | [ˈhævnt] |
| (*jis, ji*) | hasn't | [ˈhæznt] |
| netvarka | mess | [mes] |
| neužmirštuolė *bot.* | forget-me-not | [fəˈgetmɪn ɒt] |
| nežymimasis artikelis | a, an | [eɪ], [ə], [ən] |
| nė vienas (*iš dviejų*) | neither | [ˈnaɪðə] |
| (*niekas*) | none | [nʌn] |
| niekada | never | [ˈnevə] |
| niekas (*apie daiktą*) | nothing | [ˈnʌθɪŋ] |
| (*apie žmogų*) | nobody | [ˈnəʊb ɒdi] |
| niekas (*nulis*) | nought | [nɔ:t] |
| nykštys | thumb | [θʌm] |
| nykštukas | dwarf | [dwɔ:f] |
| Niujorkas | New York | [ˌnju: ˈjɔ:k] |
| niurnėti | grumble | [ˈgrʌmbl] |
| noras | wish | [wɪʃ] |
| norėti (*trokšti*) | want | [w ɒnt] |
| (*linkėti*) | wish | [wɪʃ] |
| nosinė | handkerchief | [ˈhæŋkətʃɪf] |
| nosis | nose | [nəʊz] |
| NSO | UFO | [ˈju:fəʊ] |
| nugalėtojas | winner | [ˈwɪnə] |
| nugara | back | [bæk] |
| nugarkaulis | backbone | [ˈbækbəʊn] |
| nukristi (*nulašėti*) | drop | [dr ɒp] |
| | fall down | [ˌfɔ:l ˈdaʊn] |
| nulis | zero | [ˈzɪərəʊ] |
| nuliūdęs | upset | [ʌpˈset] |
| numesti | drop | [dr ɒp] |
| nuo | from | [fr ɒm], [frəm] |
| nuobodus (*įkyrus*) | boring | [ˈbɔ:rɪŋ] |
| | dull | [dʌl] |

A a Ą ą B b C c Č č D d E e Ę ę Ė ė F f G g H h I i Į į Y y J j K k L l M m N n O o P p R r S s Š š T t U u Ų ų Ū ū V v Z z Ž ž

| | | |
|---|---|---|
| nuobodžiaujantis | bored | [bɔːd] |
| nuodai | poison | [ˈpɒɪzn] |
| nuosavas | own | [əʊn] |
| nuostaba | wonder | [ˈwʌndə] |
| nuostabus | wonderful | [ˈwʌndəfəl] |
| nuostolis | damage | [ˈdæmɪdʒ] |
| nuoširdus | sincere | [sɪnˈsɪə] |
| nuoširdžiai | sincerely | [sɪnˈsɪəli] |
| nuotykis | adventure | [ədˈventʃə] |
| nuotrauka | photograph | [ˈfəʊtəgrɑːf] |
| *šnek.* | photo | [ˈfəʊtəʊ] |
| *amer.* | picture | [ˈpɪktʃə] |
| Nurimk! | Be quiet! | [ˌbiː ˈkwaɪət] |
| nusikaltėlis | criminal | [ˈkrɪmɪnl] |
| nusikaltimas | crime | [kraɪm] |
| nusileisti | land | [lænd] |
| nusivilkti | take off | [ˌteɪk ˈɒf] |
| nusnūsti | take a nap | [ˌteɪk ə ˈnæp] |
| nuspręsti | decide | [dɪˈsaɪd] |
| nustebęs | surprised | [səˈpraɪzd] |
| nušalimas | frostbite | [ˈfrɒstbaɪt] |
| nužudyti | kill | [kɪl] |

## O o

| | | |
|---|---|---|
| obelis | apple-tree | [ˌæplˈtriː] |
| observatorija | observatory | [əbˈzɜːvətri] |
| obuolių pyragas | apple pie | [ˌæpl ˈpaɪ] |
| oda (*išdirbta*) | leather | [ˈleðə] |
| (*žmogaus, gyvulio*) | skin | [skɪn] |
| Oho! | Wow! | [waʊ] |
| Oi! | Oops! | [uːps] |
| olimpinės žaidynės | Olympic Games | [ɒˈlɪmpɪk ˌgeɪmz] |
| olimpinis | olympic | [ɒˈlɪmpɪk] |
| omaras | lobster | [ˈlɒbstə] |

| | | |
|---|---|---|
| operos ir baleto teatras | opera and ballet theatre | [ˈɒprə ənd ˈbæleɪ θɪətə] |
| operos teatras | opera house | [ˈɒprə haʊs] |
| oras | air | [eə] |
| (*klimatas*) | weather | [ˈweðə] |
| orbita | orbit | [ˈɔ:bɪt] |
| originalus | original | [ɒˈrɪdʒənl] |
| orkaitė | oven | [ˈʌvn] |
| orkestras | band | [bænd] |
| orų prognozė | weather-forecast | [ˈweðə ˌfɔ:kɑ:st] |
| oro uostas | airport | [ˈeəpɔ:t] |
| ovalus | oval | [ˈəʊvəl] |
| ožys | goat | [gəʊt] |
| ožka | goat | [gəʊt] |

## P p

| | | |
|---|---|---|
| paaiškinti | explain | [ɪkˈspleɪn] |
| pabaiga | end | [end] |
| | finish | [ˈfɪnɪʃ] |
| pabaigti (*iki galo*) | complete | [kəmˈpli:t] |
| | finish | [ˈfɪnɪʃ] |
| pabaisa | monster | [ˈmɒnstə] |
| pabėgimas | escape | [ɪˈskeɪp] |
| pabėgti (*išvengti*) | escape | [ɪˈskeɪp] |
| | run away | [ˌrʌn əˈweɪ] |
| ✿ pabudo | woke | [wəʊk] |
| | awoke | [əˈwəʊk] |
| pabusti | wake | [weɪk] |
| | awake | [əˈweɪk] |
| pačiūža | skate | [skeɪt] |
| padanga | tyre | [ˈtaɪə] |
| padaryti klaidą | make a mistake | [ˌmeɪk ə mɪsˈteɪk] |
| padavėja | waitress | [ˈweɪtrɪs] |
| padavėjas | waiter | [ˈweɪtə] |

A a Ą ą B b C c Č č D d E e Ę ę Ė ė F f G g H h I i Į į Y y J j K k L l M m N n O o **P p** R r S s Š š T t U u Ū ū V v Z z Ž ž

| | | |
|---|---|---|
| padažas | dressing | [ˈdresɪŋ] |
| padėjėjas | assistant | [əˈsɪstənt] |
| padėklas | tray | [treɪ] |
| padengti stalą | lay the table | [ˌleɪ ðə ˈteɪbl] |
| padėti | help | [help] |
| pagalba | help | [help] |
| pagaliau | at last | [ət ˈlɑːst] |
| | finally | [ˈfaɪnəli] |
| pagalvė | pillow | [ˈpɪləʊ] |
| pagalvėlė | cushion | [ˈkʊʃn] |
| pagamintas iš | made of | [ˈmeɪd əv] |
| paguldyti | lay | [leɪ] |
| ✿ paguldė | laid | [leɪd] |
| pajūris | seaside | [ˈsiːsaɪd] |
| pakalnutė | lily-of-the-valley | [ˌlɪliəvðəvæli] |
| pakankamai | enough | [ɪˈnʌf] |
| pa(si)keisti | change | [tʃeɪndʒ] |
| pakelti | lift | [lɪft] |
| paketas | packet | [ˈpækɪt] |
| pakrantė (*jūros*) | coast | [kəʊst] |
| pakraštys | edge | [edʒ] |
| pakviesti | invite | [ɪnˈvaɪt] |
| pakvietimas | invitation | [ɪnvɪˈteɪʃn] |
| palaidinė | blouse | [blaʊz] |
| palangė | windowsill | [ˈwɪndəʊsɪl] |
| palapinė | tent | [tent] |
| paleisti (*raketą*) | launch | [lɔːntʃ] |
| palydovas | satellite | [ˈsætəlaɪt] |
| ✿ paliko | left | [left] |
| palikti | leave | [liːv] |
| palmė | palm tree | [ˈpɑːm triː] |
| paltas | coat | [kəʊt] |
| | overcoat | [ˈəʊvəkəʊt] |
| pamesti | lose | [luːz] |
| ✿ pametė | lost | [lɒst] |
| ✿ pamiršo | forgot | [fəˈgɒt] |

| | | |
|---|---|---|
| pamiršti | forget | [fə'get] |
| pamoka | class | [klɑːs] |
| | lesson | ['lesn] |
| pamušalas | lining | ['laɪnɪŋ] |
| panašus | like | [laɪk] |
| panda | panda | ['pændə] |
| panelė | Miss | [mɪs] |
| papildomas | extra | ['ekstrə] |
| paprastai | usually | ['juːʒʊəli] |
| paprastas | plain | [pleɪn] |
| paprotys | custom | ['kʌstəm] |
| papūga | parrot | ['pærət] |
| parašiutas | parachute | ['pærəʃuːt] |
| ✿ pardavė | sold | [səʊld] |
| pardavėjas (-a) | shop-assistant | ['ʃɒpəsɪstənt] |
| parduoti | sell | [sel] |
| parduotuvė | shop | [ʃɒp] |
| *amer.* | store | [stɔː] |
| pareiga | duty | ['djuːti] |
| pareigūnas | officer | ['ɒfɪsə] |
| parkas | park | [pɑːk] |
| parkeris | pen | [pen] |
| paroda | exhibition | [ˌeksɪ'bɪʃn] |
| paršiukas | piglet | ['pɪglɪt] |
| partneris | partner | ['pɑːtnə] |
| pas | to | [tə] |
| pasaka | fairy-tale | ['feəriteɪl] |
| pasakyti/parašyti paraidžiui | spell | [spel] |
| pasakojimas | story | ['stɔːri] |
| ✿ pasakojo | told | [təʊld] |
| pasakoti | tell | [tel] |
| pasas | passport | ['pɑːspɔːt] |
| pasaulis | world | [wɜːld] |
| pasiekti | reach | [riːtʃ] |
| pasikeitimas | change | [tʃeɪndʒ] |

| | | |
|---|---|---|
| pasilikti | stay | [steɪ] |
| ✿ pasirinko | chose | [tʃəʊz] |
| pasirinkti | choose | [tʃuːz] |
| pasirodymas (*spektaklis*) | performance | [pəˈfɔːməns] |
| pasirodyti | appear | [əˈpɪə] |
| pasiruošęs | ready | [ˈredi] |
| pasiteisinimas | excuse | [ɪkˈskjuːs] |
| pasiūlymas | suggestion | [səˈdʒestʃn] |
| pasivaikščioti | walk | [wɔːk] |
| Pasivaišinkite! | Help yourself! | [ˌhelp jəˈself] |
| paskolinti | lend | [lend] |
| paskui | after | [ˈɑːftə] |
| paskutinis | last | [lɑːst] |
| paslaptis | mystery | [ˈmɪstəri] |
| | secret | [ˈsiːkrɪt] |
| pastaba | note | [nəʊt] |
| pastarnokas | parsnip | [ˈpɑːsnɪp] |
| pastatas | building | [ˈbɪldɪŋ] |
| pastebėti | notice | [ˈnəʊtɪs] |
| pasukti | turn | [tɜːn] |
| paštas (*korespondencija*) | mail | [ˈmeɪl] |
| (*skyrius*) | post-office | [ˈpəʊst ɒfɪs] |
| pašto dėžutė | letterbox | [ˈletəb ɒks] |
| | post-box | [ˈpəʊstb ɒks] |
| pašto ženklas | stamp | [stæmp] |
| pa(si)švęsti | devote | [dɪˈvəʊt] |
| pataisymas | revision | [rɪˈvɪʒn] |
| patarimas | advice | [ədˈvaɪs] |
| patarlė | proverb | [ˈpr ɒvɜːb] |
| patefonas | record-player | [ˈrekədpleɪə] |
| patenkintas | glad | [glæd] |
| | pleased | [pliːzd] |
| patiesti (*paguldyti*) | lay | [leɪ] |
| ✿ patiesė (*paguldė*) | laid | [leɪd] |
| patiekalas | dish | [dɪʃ] |
| patinas | male | [meɪl] |

| | | |
|---|---|---|
| patys (*mes vieni*) | ourselves | [aʊə'selvz] |
| (*jie, jos vienos*) | themselves | [ðəm'selvz] |
| patogus | comfortable | ['kʌmfətəbl] |
| patogumai *dgs.* | facilities | [fə'sɪlətɪz] |
| paukščiukas | chick | [tʃɪk] |
| Paukščių Takas | Milky Way | [ˌmɪlki 'weɪ] |
| paukštis | bird | [bɜːd] |
| pavadinimas | title | ['taɪtl] |
| pavargęs | tired | ['taɪəd] |
| pavasaris | spring | [sprɪŋ] |
| paveikslas | painting | ['peɪntɪŋ] |
| paveikslėlis | picture | ['pɪktʃə] |
| paviršius | surface | ['sɜːfɪs] |
| pavyzdys | example | [ɪg'zɑːmpl] |
| pavojingas | dangerous | ['deɪndʒərəs] |
| pavojus | danger | ['deɪndʒə] |
| pažadas | promise | ['prɒmɪs] |
| ✿ pažadino | woke | [wəʊk] |
| pažadinti | wake | [weɪk] |
| pažymėjimas | certificate | [sə'tɪfɪkət] |
| pažymys | mark | [mɑːk] |
| pėda | foot | [fʊt] |
| pėdos | feet | [fiːt] |
| peiliai | knives | [naɪvz] |
| peilis | knife | [naɪf] |
| pelekas | fin | [fɪn] |
| pelenai | ash | [æʃ] |
| pelė | mouse | [maʊs] |
| pelėda | owl | [aʊl] |
| pelės | mice | [maɪs] |
| pelikanas | pelican | ['pelɪkən] |
| penalas | pencil-case | ['penslkeɪs] |
| | pencil-box | ['penslbɒks] |
| penki | five | [faɪv] |
| penkiasdešimt | fifty | ['fɪfti] |
| penkiasdešimtas | fiftieth | ['fɪftɪəθ] |

| | | |
|---|---|---|
| penkiolika | fifteen | [ˌfɪfˈtiːn] |
| penkioliktas | fifteenth | [ˌfɪfˈtiːnθ] |
| penktadienis | Friday | [ˈfraɪdeɪ], [ˈfraɪdi] |
| penktas | fifth | [fɪfθ] |
| pensas | pence | [pens] |
| per (*laiką*) | across | [əˈkrɒs] |
| per (*laikotarpį*) | during | [ˈdjʊərɪŋ] |
| (*kiaurai*) | through | [θruː] |
| per atostogas | during holidays | [ˌdjʊərɪŋ ˈhɒlədeɪz], [ˌdjʊərɪŋ ˈhɒlədɪz] |
| | on holiday | [ɒn ˈhɒlədeɪ], [ɒn ˈhɒlədi] |
| per pietus | at noon | [ət ˈnuːn] |
| per sekundę | per second | [pə ˈsekənd] |
| per valandą | per hour | [pər ˈaʊə] |
| pereiti | cross | [krɒs] |
| perėja (*pėsčiųjų*) | crossing | [ˈkrɒsɪŋ] |
| perėti | hatch | [hætʃ] |
| persekioti | chase | [tʃeɪs] |
| persikas | peach | [piːtʃ] |
| pertrauka | break | [breɪk] |
| pervežimas | transportation | [ˌtrænspɔːˈteɪʃn] |
| pėsčiomis | on foot | [ɒn ˈfʊt] |
| pėsčiųjų perėja | zebra-crossing | [ˈziːbrəkrɒsɪŋ] |
| petys | shoulder | [ˈʃəʊldə] |
| petnešos | braces | [ˈbreɪsɪz] |
| pianinas | piano | [pɪˈænəʊ] |
| pica | pizza | [ˈpiːtsə] |
| pienas | milk | [mɪlk] |
| pienė *bot.* | dandelion | [ˈdændɪlaɪən] |
| pieno kokteilis | milkshake | [ˈmɪlkʃeɪk] |
| ✿ piešė | drew | [druː] |
| piešimo pamoka | drawing | [ˈdrɔːɪŋ] |
| piešinys | drawing | [ˈdrɔːɪŋ] |
| piešti | draw | [drɔː] |

| | | |
|---|---|---|
| pieštukas | pencil | [ˈpensl] |
| pietauti | have lunch | [ˌhæv ˈlʌntʃ] |
| pietinis | southern | [ˈsʌðən] |
| pietų kryptis | south | [saʊθ] |
| pietūs | lunch | [lʌntʃ] |
| pieva | meadow | [ˈmedəʊ] |
| pievelė (*dekoratyvinė*) | lawn | [lɔ:n] |
| pigus | cheap | [tʃi:p] |
| piktas | angry | [ˈæŋgri] |
| (*vaikas*) | bad-tempered | [bædˈtempəd] |
| piktžolė | weed | [wi:d] |
| pilis | castle | [ˈkɑ:sl] |
| | palace | [ˈpælɪs] |
| piliulė | pill | [pɪl] |
| pilkas | grey | [greɪ] |
| pilkasis lokys | grizzly | [ˈgrɪzli] |
| pilnas | full | [fʊl] |
| pilotas | pilot | [ˈpaɪlət] |
| pilti | pour | [pɔ:] |
| pilvas | stomach | [ˈstʌmək] |
| pilvo skausmas | stomachache | [ˈstʌməkeɪk] |
| pingvinas | penguin | [ˈpeŋgwɪn] |
| pinigai | money | [ˈmʌni] |
| piniginė | purse | [pɜ:s] |
| pipirai | pepper | [ˈpepə] |
| pyragas | pie | [paɪ] |
| piramidė | pyramid | [ˈpɪrəmɪd] |
| piratas | pirate | [ˈpaɪərət] |
| pirkėjas | customer | [ˈkʌstəmə] |
| pirklys | merchant | [ˈmɜ:tʃənt] |
| ✿ pirko | bought | [bɔ:t] |
| pirkti | buy | [baɪ] |
| pirmadienis | Monday | [ˈmʌndeɪ], [ˈmʌndi] |
| pirmas | first | [fɜ:st] |
| pirmas aukštas | ground floor | [ˈgraʊnd flɔ:] |

| | | |
|---|---|---|
| pirmyn | forwards | [ˈfɔ:wədz] |
| pirštas | finger | [ˈfɪŋgə] |
| pirštinė | glove | [glʌv] |
| pirštų atspaudas | fingerprint | [ˈfɪŋgəprɪnt] |
| pižama | pyjamas | [pəˈdʒɑːməz] |
| pjauti | cut | [kʌt] |
| plakatas | poster | [ˈpəʊstə] |
| plaktukas | hammer | [ˈhæmə] |
| planas | plan | [plæn] |
| (*schema*) | diagram | [ˈdaɪəgræm] |
| planeta | planet | [ˈplænɪt] |
| plastilinas | plasticine | [ˈplæstɪsiːn] |
| plastikas | plastic | [ˈplæstɪk] |
| platus | wide | [waɪd} |
| (*erdvus*) | broad | [brɔ:d] |
| plaukai | hair | [ˈheə] |
| ✿ plaukė | swam | [swæm] |
| plaukikas | swimmer | [ˈswɪmə] |
| plaukimas | swimming | [ˈswɪmɪŋ] |
| plaukioti | have a swim | [ˌhæv ə ˈswɪm] |
| plaukti (*laivu*) | sail | [seɪl] |
| (*maudytis*) | swim | [swɪm] |
| plaukų kasa | plait | [plæt] |
| plaukų šepetys | hairbrush | [ˈheəbrʌʃ] |
| plaukuotas | hairy | [ˈheəri] |
| plaustas | raft | [rɑːft] |
| plaušinė | mop | [m ɒp] |
| plauti | wash | [w ɒʃ] |
| plautis (*kūno organas*) | lung | [lʌŋ] |
| plautuvė | sink | [sɪŋk] |
| plazdenti | flap | [flæp] |
| plepys | chatterbox | [ˈtʃætəb ɒks] |
| plėšikas | robber | [ˈr ɒbə] |
| plėšikauti | rob | [r ɒb] |
| pliaukštelėti | slap | [slæp] |
| pliažas (*paplūdimys*) | beach | [biːtʃ] |

| | | |
|---|---|---|
| plikas | bald | [bɔ:ld] |
| plyta | brick | [brɪk] |
| pliusas | plus | [plʌs] |
| pliušinis meškutis | teddy bear | [ˈtedi beə] |
| plokštelė | record | [ˈrekəd] |
| plonas | thin | [θɪn] |
| ploti | clap | [klæp] |
| plūduriuoti | float | [fləʊt] |
| plunksna (*paukščio*) | feather | [ˈfeðə] |
| Plutonas | Pluto | [ˈplu:təʊ] |
| po | under | [ˈʌndə] |
| | after | [ˈɑ:ftə] |
| pogulis | nap | [næp] |
| poilsis | rest | [rest] |
| pokalbis | conversation | [ˌkɒnvəˈseɪʃn] |
| | dialogue | [ˈdaɪəlɒg] |
| pokšėti | pop | [pɒp] |
| pokštas | joke | [dʒəʊk] |
| | trick | [trɪk] |
| policija | police | [pəˈli:s] |
| policijos nuovada | police station | [pəˈli:s steɪʃn] |
| policininkas | policeman | [pəˈli:smən] |
| pomidoras | tomato | [təˈmɑ:təʊ] |
| pomidorų padažas | ketchup | [ˈketʃəp] |
| pompa | pump | [pʌmp] |
| ponas | Mr | [ˈmɪstə] |
| ponia | lady | [ˈleɪdi] |
| | Mrs | [ˈmɪsɪz] |
| ponis | pony | [ˈpəʊni] |
| popierius | paper | [ˈpeɪpə] |
| popietė | afternoon | [ˌɑ:ftəˈnu:n] |
| popiet *lot.* | p.m. | [ˌpəʊst məˈrɪdɪəm] |
| populiarus | popular | [ˈpɒpjulə] |
| pora | pair | [peə] |
| poromis | in pairs | [ɪn ˈpeəz] |
| portugalas | Portuguese | [ˌpɔ:tʃʊˈgi:z] |

A a Ą ą B b C c Č č D d E e Ę ę Ė ė F f G g H h I i Į į Y y J j K k L l M m N n O o P p R r S s Š š T t U u Ų ų Ū ū V v Z z Ž ž

| | | |
|---|---|---|
| Portugalija | Portugal | [ˈpɔːtʃʊgl] |
| portugališkas | Portuguese | [ˌpɔːtʃʊˈgiːz] |
| portugalų kalba | Portuguese | [ˌpɔːtʃʊˈgiːz] |
| posakis | saying | [ˈseɪɪŋ] |
| potvynis | flood | [flʌd] |
| povandeninis laivas | submarine | [ˌsʌbməˈriːn] |
| povas | peacock | [ˈpiːk ɒk] |
| poveikis | effect | [ɪˈfekt] |
| ✿ pradėjo | began | [bɪˈgæn] |
| pradėti | begin | [bɪˈgɪn] |
| | start | [stɑːt] |
| pradinis | primary | [ˈpraɪməri] |
| pradžia | beginning | [bɪˈgɪnɪŋ] |
| | start | [stɑːt] |
| praeiti | pass (by) | [pɑːs] |
| praeiti pro | go through | [ˌgəʊ ˈθruː] |
| praeitis | past | [pɑːst] |
| praeivis | passerby | [ˌpɑːsəˈbaɪ] |
| praleisti | miss | [mɪs] |
| (*praslysti*) | slip | [slɪp] |
| pramoga | entertainment | [ˌentəˈteɪnmənt] |
| pranašautoja | fortune-teller | [ˈfɔːtʃuːntelə] |
| prancūzas | Frenchman | [ˈfrentʃmən] |
| prancūzė | Frenchwomen | [ˈfrentʃwʊmən] |
| Prancūzija | France | [frɑːns] |
| prancūzų kalba | French | [frentʃ] |
| pranešimas | message | [ˈmesɪdʒ] |
| Prašant! (*daryti*) | Please! | [pliːz] |
| prašau | please | [pliːz] |
| prašymas | request | [rɪˈkwest] |
| prašyti išmaldos | beg | [beg] |
| Prašom! (*ką duodant*) | Here you are! | [ˈhɪə jʊ ˈɑː] |
| prašyti | ask | [ɑːsk] |
| pratybos (*įgūdžiams*) | drill | [drɪl] |
| | practice | [ˈpræktɪs] |
| pratimas | exercise | [ˈeksəsaɪz] |

| | | |
|---|---|---|
| prausti | wash | [wɒʃ] |
| praustis po dušu | have a shower | [ˌhæv ə ˈʃaʊə] |
| pravardė | nickname | [ˈnɪkneɪm] |
| pretenduoti | pretend | [prɪˈtend] |
| prekystalis | counter | [ˈkaʊntə] |
| prekių sąrašas | shopping list | [ˈʃɒpɪŋ lɪst] |
| pridėti | add | [æd] |
| prie | at | [ət] |
| priekis | front | [frʌnt] |
| priekyje | in front of | [ɪn ˈfrʌnt əv] |
| prielinksnis | preposition | [ˌprepəˈzɪʃn] |
| prielinksnis (*žymi nutolimą*) | off | [ɒf] |
| prielinksnis (*žymi priklausomumą*) | of | [əv] |
| prieplauka | harbour | [ˈhɑːbə] |
| prieš | against | [əˈgeɪnst] |
| (*praeityje*) | ago | [əˈgəʊ] |
| (*anksčiau*) | before | [bɪˈfɔː] |
| prieš mūsų erą | BC | [bɪˌfɔː ˈkraɪst] |
| priešas | enemy | [ˈenɪmi] |
| priešais | opposite | [ˈɒpəzɪt] |
| priešpiet lot. | a. m. | [ˌæntɪ məˈrɪdɪəm] |
| prieveiksmis | adverb | [ˈædvɜːb] |
| priežiūra | control | [kənˈtrəʊl] |
| prijaukinti | tame | [teɪm] |
| prijuostė | apron | [ˈeɪprən] |
| prikaistuvas | saucepan | [ˈsɔːspən] |
| priklausyti | belong | [bɪˈlɒŋ] |
| ✿ prilipo | stuck | [stʌk] |
| prilipti | stick | [stɪk] |
| princas | prince | [prɪns] |
| princesė | princess | [ˌprɪnˈses] |
| prinokęs | mellow | [ˈmeləʊ] |
| | ripe | [raɪp] |
| prisiminti | remember | [rɪˈmembə] |

| | | |
|---|---|---|
| pristatyti | deliver | [dɪˈlɪvə] |
| pritarti | agree | [əˈgriː] |
| pritvirtinti | attach | [əˈtætʃ] |
| ✿ privalėjo | had to | [ˈhæd tə] |
| privalėti (*aplinkybės*) | have to | [ˈhæv tə] |
| (*būtinumas*) | must | [mʌst], [məst] |
| prizas | prize | [praɪz] |
| prižiūrėti | look after | [ˌlʊk ˈɑːftə] |
| pro | through | [θruː] |
| procentas | per cent | [pə ˈsent] |
| profesorius | professor | [prəˈfesə] |
| proginė suknelė | gown | [gaʊn] |
| programa | programme | [ˈprəʊgræm] |
| programuotojas | computer | [kəmˈpjuːtə |
| | programmer | ˌprəʊgræmə] |
| projektas | project | [ˈpr ɒdʒekt] |
| protingas | clever | [ˈklevə] |
| | intelligent | [ɪnˈtelɪdʒənt] |
| publika | audience | [ˈɔːdɪəns] |
| pudingas | pudding | [ˈpʊdɪŋ] |
| Puiku! | Great! | [greɪt] |
| puikus | brilliant | [ˈbrɪlɪənt] |
| | fine | [faɪn] |
| puma | puma | [ˈpjuːmə] |
| pumpuoti | pump | [pʌmp] |
| pumpuras | bud | [bʌd] |
| puodas | pot | [p ɒt] |
| puodelis | cup | [kʌp] |
| puodelis (*arbatai*) | mug | [mʌg] |
| puokštė | bunch | [bʌntʃ] |
| puošti | decorate | [ˈdekəreɪt] |
| pupa | bean | [biːn] |
| purpurinis | purple | [ˈpɜːpl] |
| purvinas | dirty | [ˈdɜːti] |
| pusbrolis | cousin | [ˈkʌzn] |
| pusė | half | [hɑːf] |

| | | |
|---|---|---|
| pusės | halves | [hɑːvz] |
| pusiau pilnas | half full | [ˈhɑːf fʊl] |
| puskojinė | sock | [sɒk] |
| puslapis | page | [peɪdʒ] |
| pusryčiai | breakfast | [ˈbrekfəst] |
| pusryčiauti | have breakfast | [ˌhæv ˈbrekfəst] |
| pusseserė | cousin | [ˈkʌzn] |
| pūsti | blow | [bləʊ] |
| pušis | pine | [paɪn] |
| ✿ pūtė | blew | [bluː] |

## R r

| | | |
|---|---|---|
| radijas | radio | [ˈreɪdɪəʊ] |
| ✿ rado | found | [faʊnd] |
| ragana | witch | [wɪtʃ] |
| raganosis | rhinoceros | [raɪˈnɒsərəs] |
| *šnek.* | rhino | [ˈraɪnəʊ] |
| ragas | horn | [hɔːn] |
| ragauti | taste | [teɪst] |
| raidė | letter | [ˈletə] |
| raitelis | horseman | [ˈhɔːsmən] |
| raketa | rocket | [ˈrɒkɪt] |
| raketė | racket | [ˈrækɪt] |
| raktas | key | [kiː] |
| ramiai | quietly | [ˈkwaɪətli] |
| ramunėlė | camomile | [ˈkæməmaɪl] |
| ramus | quiet | [ˈkwaɪət] |
| randas | scar | [skɑː] |
| ranka (*nuo plaštakos iki peties*) | arm | [ɑːm] |
| (*plaštaka*) | hand | [hænd] |
| rankdarbis | handicraft | [ˈhændɪkrɑːft] |
| rankena | handle | [ˈhændl] |
| rankinis laikrodis | watch | [wɒtʃ] |

A a Ą ą B b C c Č č D d E e Ę ę Ė ė F f G g H h I i Į į Y y J j K k L l M m N n O o P p **R r** S s Š š T t U u Ų ų Ū ū V v Z z Ž ž

| | | |
|---|---|---|
| rankovė | sleeve | [sliːv] |
| rankšluostis | towel | [ˈtaʊəl] |
| rasa | dew | [djuː] |
| rąstas | log | [lɒg] |
| rasti | find | [faɪnd] |
| rašalas | ink | [ɪŋk] |
| ✿ rašė | wrote | [rəʊt] |
| rašymas | writing | [ˈraɪtɪŋ] |
| rašysena | writing | [ˈraɪtɪŋ] |
| rašyba | spelling | [ˈspelɪŋ] |
| rašyti | write | [raɪt] |
| rašomasis stalas | desk | [desk] |
| rašomasis popierius | writing-paper | [ˈraɪtɪŋpeɪpə] |
| raštelis | note | [nəʊt] |
| ratas (*automobilo*) | wheel | [wiːl] |
| | circle | [ˈsɜːkl] |
| ratukinės pačiūžos | roller skates | [ˈrəʊlə ˌskeɪts] |
| raudonas | red | [red] |
| razina | raisin | [ˈreɪzn] |
| reaktyvinis lėktuvas | jet | [dʒet] |
| regbis | rugby | [ˈrʌgbi] |
| regėjimas | sight | [saɪt] |
| registratorius | receptionist | [rɪˈsepʃənɪst] |
| reikėti | need | [niːd] |
| reikšmė | meaning | [ˈmiːnɪŋ] |
| reikšti | mean | [miːn] |
| ✿ reiškė | meant | [ment] |
| rėkti | shout | [ʃaʊt] |
| rengti vakarėlį | have a party | [ˌhæv ə ˈpɑːti] |
| rengtis | dress | [dres] |
| rentgeno spinduliai | X-ray | [ˈeksreɪ] |
| repeticija | rehearsal | [rɪˈhɜːsl] |
| replės | pliers | [ˈplaɪəz] |
| reporteris | reporter | [rɪˈpɔːtə] |
| restoranas | restaurant | [ˈrestrɒnt] |
| rezultatas | score | [skɔː] |

| | | |
|---|---|---|
| riaumoti | roar | [rɔ:] |
| ridikas | radish | [ˈrædɪʃ] |
| riebus | fat | [fæt] |
| riedlentė | skateboard | [ˈskeɪtbɔ:d] |
| riedučiai | roller blades | [ˈrəʊlə bleɪdz] |
| riekė | slice | [slaɪs] |
| riešas | wrist | [rɪst] |
| riešutas | nut | [nʌt] |
| riešutų spaustukai | nutcracker | [ˈnʌtkrækə] |
| ryklys | shark | [ʃɑːk] |
| rinkinys | set | [set] |
| | collection | [kəˈlekʃn] |
| rinkti (*kolekcionuoti*) | collect | [kəˈlekt] |
| | gather | [ˈgæðə] |
| | pick | [pɪk] |
| rišti | tie | [taɪ] |
| rytai | East | [iːst] |
| rytas | morning | [ˈmɔ:nɪŋ] |
| riteris | knight | [naɪt] |
| ryti | swallow | [ˈswɒləʊ] |
| rytinis | eastern | [ˈiːstən] |
| rytoj | tomorrow | [təˈmɒrəʊ] |
| ryžiai | rice | [raɪs] |
| robotas | robot | [ˈrəʊbɒt] |
| rodyti (į) | point | [pɒɪnt] |
| | show | [ʃəʊ] |
| rogės | sledge | [sledʒ] |
| rogių sportas | sledging | [ˈsledʒɪŋ] |
| romantiškas | romantic | [rəʊˈmæntɪk] |
| rombas | diamond | [ˈdaɪəmənd] |
| romėnas | Roman | [ˈrəʊmən] |
| romėniškas | Roman | [ˈrəʊmən] |
| roplys | reptile | [ˈreptaɪl] |
| rožė *bot.* | rose | [rəʊz] |
| rožinis | pink | [pɪŋk] |
| rudas | brown | [braʊn] |

A a Ą ą B b C c Č č D d E e Ė ė F f G g H h I i Į į Y y J j K k L l M m N n O o P p R r S s Š š T t U u Ū ū V v Z z Ž ž

| | | |
|---|---|---|
| ruduo | autumn | [ˈɔ:təm] |
| *amer.* | fall | [fɔ:l] |
| rugiagėlė | cornflower | [ˈkɔ:nflaʊə] |
| rugpjūtis | August | [ˈɔ:gəst] |
| rugsėjis | September | [sepˈtembə] |
| rūgštus | sour | [ˈsaʊə] |
| rūkas | fog | [fɒg] |
| rūkyti | smoke | [sməʊk] |
| rūkti | smoke | [sməʊk] |
| rūmai | palace | [ˈpælɪs] |
| rungtynės | match | [mætʃ] |
| ruonis | seal | [si:l] |
| rūpinimasis | care | [keə] |
| rūpintis | care | [keə] |
| rupūžė | toad | [təʊd] |
| rusas | Russian | [ˈrʌʃn] |
| Rusija | Russia | [ˈrʌʃə] |
| rusiškas | Russian | [ˈrʌʃn] |
| rusų kalba | Russian | [ˈrʌʃn] |
| rūsys | basement | [ˈbeɪsmənt] |
| rūšis (*veislė*) | kind | [kaɪnd] |
| (*klasė*) | sort | [sɔ:t] |
| (*tipas*) | type | [taɪp] |

## S s

| | | |
|---|---|---|
| safari | safari | [səˈfɑ:ri] |
| saga | button | [ˈbʌtn] |
| sagė | brooch | [brəʊtʃ] |
| sakai | resin | [ˈrezɪn] |
| ✿ sakė | said | [sed] |
| sakinys | sentence | [ˈsentəns] |
| sakyti | say | [seɪ] |
| sala | island | [ˈaɪlənd] |
| saldainis *amer.* | candy | [ˈkændi] |

| | | |
|---|---|---|
| saldumynų parduotuvė | sweet shop | [ˈswi:t ʃɒp] |
| saldus | sweet | [swi:t] |
| salė | hall | [hɔ:l] |
| salieras | celery | [ˈseləri] |
| sąlyga | condition | [kənˈdɪʃn] |
| salotos (*lapai*) | lettuce | [ˈletɪs] |
| (*patiekalas*) | salad | [ˈsæləd] |
| samana | moss | [mɒs] |
| sandalas | sandal | [ˈsændl] |
| sandėlis | store | [stɔ:] |
| santuoka | marriage | [ˈmærɪdʒ] |
| sapnas | dream | [dri:m] |
| ✿ sapnavo | dreamt | [dremt] |
| sapnuoti | dream | [dri:m] |
| sąrašas | list | [lɪst] |
| sąsiuvinis | exercise-book | [ˈeksəsaɪzbʊk] |
| Saturnas | Saturn | [ˈsætən] |
| saugus | safe | [seɪf] |
| saulė | sun | [sʌn] |
| saulėgrąža | sunflower | [ˈsʌnflaʊə] |
| saulės šviesa | sunshine | [ˈsʌnʃaɪn] |
| saulėtas | sunny | [ˈsʌni] |
| saulutė *bot.* | daisy | [ˈdeɪzi] |
| sausainis | biscuit | [ˈbɪskɪt] |
| *amer.* | cookie | [ˈkʊki] |
| sausas | dry | [draɪ] |
| sausis | January | [ˈdʒænjʊəri] |
| savaitė | week | [wi:k] |
| savaitgalis | weekend | [ˌwi:kˈend] |
| savanaudis | selfish | [ˈselfɪʃ] |
| sąvaržėlė | paperclip | [ˈpeɪpəklɪp] |
| schema | chart | [tʃɑ:t] |
| ✿ sėdėjo | sat | [sæt] |
| sėdėti | sit | [sɪt] |
| sėkla | seed | [si:d] |
| seklys | detective | [dɪˈtektɪv] |

A a Ą ą B b C c Č č D d E e Ę ę Ė ė F f G g H h I i Į į Y y J j K k L l M m N n O o P p R r S s Š š T t U u Ų ų Ū ū V v Z z Ž ž

| | | |
|---|---|---|
| sekmadienis | Sunday | [ˈsʌndeɪ], [ˈsʌndi] |
| sėkmė | fortune | [ˈfɔːtʃuːn] |
| | luck | [lʌk] |
| sekretorius (-ė) | secretary | [ˈsekrətri] |
| sekti | follow | [ˈfɒləʊ] |
| | trace | [treɪs] |
| sekundė | second | [ˈsekənd] |
| senas | old | [əʊld] |
| senelė | grandmother | [ˈɡrænmʌðə] |
| *šnek.* | grandma | [ˈɡrænmɑː] |
| senelis | grandfather | [ˈɡrænfɑːðə] |
| *šnek.* | granddad | [ˈɡrændæd] |
| *šnek.* | grandpa | [ˈɡrænpɑː] |
| seneliai | grandparents | [ˈɡrænpeərənts] |
| Senis Šaltis | Father Frost | [ˌfɑːðə ˈfrɒst] |
| senovinis | ancient | [ˈeɪnʃənt] |
| septyni | seven | [ˈsevn] |
| septyniasdešimt | seventy | [ˈsevnti] |
| septyniasdešimtas | seventieth | [ˈsevntɪəθ] |
| septyniolika | seventeen | [ˌsevnˈtiːn] |
| septynioliktas | seventeenth | [ˌsevnˈtiːnθ] |
| septintas | seventh | [ˈsevnθ] |
| seras (*kreipinys*) | sir | [sɜː] |
| serbentai | currant | [ˈkʌrənt] |
| sergantis | sick | [sɪk] |
| | ill | [ɪl] |
| serialas | series | [ˈsɪəriːz] |
| serija | series | [ˈsɪəriːz] |
| seselė (*medicinos*) | nurse | [nɜːs] |
| Sėskite! | Take a seat! | [ˌteɪk ə ˈsiːt] |
| sesuo | sister | [ˈsɪstə] |
| siaubas | horror | [ˈhɒrə] |
| siaubingas | terrible | [ˈterəbl] |
| siauras | narrow | [ˈnærəʊ] |
| sicilietis | Sicilian | [sɪˈsɪlɪən] |
| sicilietiškas | Sicilian | [sɪˈsɪlɪən] |

| | | |
|---|---|---|
| sidabras | silver | [ˈsɪlvə] |
| sidabrinis | silvery | [ˈsɪlvəri] |
| siena | wall | [wɔ:l] |
| sijonas | skirt | [skɜ:t] |
| silkė | herring | [ˈherɪŋ] |
| silpnas | weak | [wi:k] |
| sirgti | be ill | [ˌbi: ˈɪl] |
| siūlas | thread | [θred] |
| siūlyti | suggest | [səˈdʒest] |
| ✿ siuntė | sent | [sent] |
| siuntinys | parcel | [ˈpɑ:sl] |
| siurprizas | surprise | [səˈpraɪz] |
| siųsti | send | [send] |
| (*paštu*) | post | [pəʊst] |
| siūti | sew | [səʊ] |
| skafandras | spacesuit | [ˈspeɪssu:t] |
| skaičiavimo mašinėlė | calculator | [ˈkælkjʊleɪtə] |
| skaičiuoti | count | [kaʊnt] |
| skaičius | number | [ˈnʌmbə] |
| ✿ skaitė | read | [red] |
| skaitymas | reading | [ˈri:dɪŋ] |
| skaityti | read | [ri:d] |
| skalbimas | washing | [ˈwɒʃɪŋ] |
| skalbimo mašina | clothes-washer | [ˈkləʊðzwɒʃə] |
| | washer | [ˈwɒʃə] |
| skalbti | wash | [wɒʃ] |
| ✿ skambėjo | rang | [ræŋ] |
| skambėti | sound | [saʊnd] |
| *šnek.* | buzz | [bʌz] |
| (*apie telefoną*) | ring | [rɪŋ] |
| skambinti (*telefonu*) | phone | [fəʊn] |
| skambutis (*varpelis*) | bell | [bel] |
| skanus | delicious | [dɪˈlɪʃəs] |
| | tasty | [ˈteɪsti] |
| skardinė | tin | [tɪn] |
| skatinant (*daryti*) | Please! | [pli:z] |

| | | |
|---|---|---|
| skaudėti galvą | have a headache | [ˌhæv ə ˈhedeɪk] |
| skaudėti gerklę | have a sore throat | [ˌhæv ə ˈsɔ: ˈθrəʊt] |
| skausmas | pain | [peɪn] |
| skelbimas | advertisement | [ədˈvɜ:tɪsmənt] |
| | notice | [ˈnəʊtɪs] |
| skelbimų lenta | notice-board | [ˈnəʊtɪsbɔ:d] |
| ✿ skendo | sank | [sæŋk] |
| skersai | across | [əˈkrɒs] |
| skęsti | drown | [draʊn] |
| (*grimzti*) | sink | [sɪŋk] |
| skylė | hole | [həʊl] |
| skiltis | graph | [græf], [grɑ:f] |
| skyrius (*knygos*) | chapter | [ˈtʃæptə] |
| | section | [ˈsekʃn] |
| skirtingas | different | [ˈdɪfrənt] |
| skirtumas | difference | [ˈdɪfrəns] |
| sklandymas | gliding | [ˈglaɪdɪŋ] |
| sklandytuvas | glider | [ˈglaɪdə] |
| ✿ skolino | lent | [lent] |
| skolinti | lend | [lend] |
| skolintis | borrow | [ˈbɒrəʊ] |
| skonis | taste | [teɪst] |
| skrebutis | toast | [təʊst] |
| skrybėlė | hat | [hæt] |
| ✿ skrido | flew | [flu:] |
| skristi | fly | [flaɪ] |
| skrudinti | toast | [təʊst] |
| skruostas | cheek | [tʃi:k] |
| skruzdėlė | ant | [ænt] |
| skubėti | hurry | [ˈhʌri] |
| (*skubotai veikti*) | rush | [rʌʃ] |
| skulptūra | sculpture | [ˈskʌlptʃə] |
| slankstelis (*stuburo*) | vertebra | [ˈvɜ:tɪbrə] |
| slaptas | secret | [ˈsi:krɪt] |
| slėnis | valley | [ˈvæli] |

| | | |
|---|---|---|
| slenkstis | doorstep | [ˈdɔ:step] |
| ✿ slėpėsi | hid | [hɪd] |
| slėpynės | hide-and-seek | [ˌhaɪdənd'si:k] |
| slėptis | hide | [haɪd] |
| slidė | ski | [ski:] |
| slidinėjimas | skiing | ['ski:ɪŋ] |
| slidinėti | ski | [ski:] |
| slidininkas | skier | ['ski:ə] |
| ✿ slydo | slid | [slɪd] |
| slysti | slide | [slaɪd] |
| | slip | [slɪp] |
| slyva | plum | [plʌm] |
| sluoksnis | layer | ['leɪə] |
| smagiai leisti laiką | have a lot of fun | [ˌhæv ə 'lɒt əv 'fʌn] |
| smakras | chin | [tʃɪn] |
| smalsiai žiūrėti | stare | [steə] |
| smegenys | brain | [breɪn] |
| smeigtukas | pin | [pɪn] |
| smėlis | sand | [sænd] |
| smuikas | violin | [ˌvaɪə'lɪn] |
| smulkinti | crush | [krʌʃ] |
| smulkmena | trifle | ['traɪfl] |
| smulkus | tiny | ['taɪni] |
| (*mažytis*) | little | ['lɪtl] |
| snaigė | snowflake | ['snəʊfleɪk] |
| snapas | beak | [bi:k] |
| sniegas | snow | [snəʊ] |
| sniego gniūžtė | snowball | ['snəʊbɔ:l] |
| snieguolė *bot.* | snowdrop | ['snəʊdrɒp] |
| snieguotas | snowy | ['snəʊi] |
| snigti | snow | [snəʊ] |
| sodas | garden | ['gɑ:dn] |
| sodininkas | gardener | ['gɑ:dnə] |
| sodinti | plant | [plɑ:nt] |
| sofa | sofa | ['səʊfə] |
| sostas | throne | [θrəʊn] |

A a Ą ą B b C c Č č D d E e Ė ė F f G g H h I i Į į Y y J j K k L l M m N n O o P p R r S s Š š T t U u Ū ū V v Z z Ž ž

| | | |
|---|---|---|
| sostinė | capital | [ˈkæpɪtl] |
| spagečiai | spaghetti | [spəˈgeti] |
| spalis | October | [ ɒkˈtəʊbə] |
| spalva | colour | [ˈkʌlə] |
| spalvingas | colourful | [ˈkʌləfəl] |
| sparnas | wing | [wɪŋ] |
| spaudos pardavėjas | newsagent | [ˈnjuːzeɪdʒənt] |
| spausdinti | print | [prɪnt] |
| (*mašinėlė*) | type | [taɪp] |
| spausdintuvas | printer | [ˈprɪntə] |
| spausti | press | [pres] |
| specialybė | speciality | [ˌspeʃɪˈæləti] |
| specialus | special | [ˈspeʃl] |
| spėti | guess | [ges] |
| spyglys (*dyglys*) | prickle | [ˈprɪkl] |
| spyna | lock | [l ɒk] |
| spindulys | ray | [reɪ] |
| spirti | kick | [kɪk] |
| sportas | sport | [spɔ:t] |
| sportiniai batai | running shoes | [ˌrʌnɪŋ ˈʃuːz] |
| | trainers | [ˈtreɪnəz] |
| sportininkas | sportsman | [ˈspɔ:tsmən] |
| sportinis kostiumas | tracksuit | [ˈtræksuːt] |
| sporto prekių parduotuvė | sports center | [ˈspɔ:ts sentə] |
| sporto salė | gymnasium | [dʒɪmˈneɪzɪəm] |
| *šnek.* | gym | [dʒɪm] |
| spragtelėti | click | [klɪk] |
| (*pirštais*) | snap | [snæp] |
| sprendimas (*nutarimas*) | decision | [dɪˈsɪʒn] |
| (*išaiškinimas*) | solution | [səˈluːʃn] |
| spręsti uždavinius | do sums | [ˌduː ˈsʌmz] |
| sprogimas | explosion | [ɪkˈspləʊʒn] |
| sprogti | explode | [ɪkˈspləʊd] |
| sraigė | snail | [sneɪl] |
| sriuba | soup | [suːp] |

| | | |
|---|---|---|
| srovė | stream | [striːm] |
| stabdys | brake | [breɪk] |
| stačiakampis | rectangle | [ˌrekˈtæŋgl] |
| stadionas | stadium | [ˈsteɪdɪəm] |
| staiga | suddenly | [ˈsʌdnli] |
| stalas | table | [teɪbl] |
| stalčius | drawer | [ˈdrɔːə] |
| stalo tenisas | table tennis | [ˈteɪbl tenɪs] |
| stalo teniso kamuoliukas | ping-pong | [ˈpɪŋpɒŋ] |
| staltiesė | tablecloth | [ˈteɪblklɒθ] |
| starteris | starter | [ˈstɑːtə] |
| ✿ statė | built | [bɪlt] |
| statybininkas | builder | [ˈbɪldə] |
| statyti | build | [bɪld] |
| statula | statue | [ˈstætʃuː] |
| stebėti (*žiūrėti TV*) | watch | [wɒtʃ] |
| stebėtis | wonder | [ˈwʌndə] |
| stebinti | surprise | [səˈpraɪz] |
| stebuklas | magic | [ˈmædʒɪk] |
| stebuklų šalis | wonderland | [ˈwʌndəlænd] |
| styga | string | [strɪŋ] |
| stiklainis | jar | [dʒɑː] |
| stiklas | glass | [glɑːs] |
| stiklinė | glass | [glɑːs] |
| stiprus | strong | [strɒŋ] |
| stirna | roe | [rəʊ] |
| | hind | [haɪnd] |
| stogas | roof | [ruːf] |
| storas | thick | [θɪk] |
| (*riebus*) | fat | [fæt] |
| stotelė | stop | [stɒp] |
| stotis | station | [ˈsteɪʃn] |
| ✿ stovėjo | stood | [stʊd] |
| stovėti | stand | [stænd] |
| stovykla | camp | [kæmp] |
| straipsnis | article | [ˈɑːtɪkl] |

A a Ą ą B b C c Č č D d E e Ę ę Ė ė F f G g H h I i Į į Y y J j K k L l M m N n O o P p R r S s Š š T t U u Ū ū V v Z z Ž ž

A a Ą ą B b C c Č č D d E e Ė ė F f G g H h I i Į į Y y J j K k L l M m N n O o P p R r S s Š š T t U u Ū ū V v Z z Ž ž

| | | |
|---|---|---|
| straublys | trunk | [trʌŋk] |
| strazdana | freckle | [ˈfrekl] |
| strėlė | arrow | [ˈærəʊ] |
| striukė | jacket | [ˈdʒækɪt] |
| stropus | hard-working | [hɑːdˈwɜːkɪŋ] |
| strutis | ostrich | [ˈɒstrɪtʃ] |
| studentas | student | [ˈstjuːdnt] |
| studija | studio | [ˈstjuːdɪəʊ] |
| studijos | studies | [ˈstʌdɪz] |
| studijuoti | study | [ˈstʌdi] |
| stulbinantis | amazing | [əˈmeɪzɪŋ] |
| stulpas | pole | [pəʊl] |
| stumti | push | [pʊʃ] |
| su | with | [wɪð] |
| Su gimimo diena! | Happy birthday! | [ˌhæpi ˈbɜːθdeɪ] |
| suakmenėjusi iškasena | fossil | [ˈfɒsɪl] |
| suaugęs žmogus | grown-up | [ˈgrəʊnʌp] |
| sudaužyti | smash | [smæʃ] |
| ✿ sudavė | hit | [hɪt] |
| suderinti | match | [mætʃ] |
| Sudie! | Goodbye! | [gʊdˈbaɪ] |
| suduoti | hit | [hɪt] |
| sudužti | crash | [kræʃ] |
| sugadinti | damage | [ˈdæmɪdʒ] |
| sugriauti | ruin | [ruːɪn] |
| sugrįžti | come back | [kʌm ˈbæk] |
| suimti | arrest | [əˈrest] |
| suknelė | dress | [dres] |
| sukrečiantis | shocking | [ˈʃɒkɪŋ] |
| sukrėtimas | shock | [ʃɒk] |
| suktuvas | screwdriver | [ˈskruːdraɪvə] |
| sultys | juice | [dʒuːs] |
| suma | sum | [sʌm] |
| sumuštinis | sandwich | [ˈsænwɪdʒ] |
| sūnėnas | nephew | [ˈnevjuː] |

| | | |
|---|---|---|
| sunkiai | heavily | [ˈhevɪli] |
| sunkus (*keblus*) | difficult | [ˈdɪfɪkəlt] |
| (*kietas*) | hard | [hɑːd] |
| (*apie daiktą*) | heavy | [ˈhevi] |
| sunkvežimis *amer.* | truck | [trʌk] |
| | lorry | [ˈlɒri] |
| sūnus | son | [sʌn] |
| suodžiai | smoke | [sməʊk] |
| suoliukas | bench | [bentʃ] |
| ✿ suposi | swung | [swʌŋ] |
| suprasti | understand | [ˌʌndəˈstænd] |
| ✿ suprato | understood | [ˌʌndəˈstʊd] |
| suptis | swing | [swɪŋ] |
| sūris | cheese | [tʃiːz] |
| surišti į uodegą plaukai | ponytail | [ˈpəʊniteɪl] |
| sūrus | salty | [ˈsɔːlti] |
| susikaupti | concentrate | [ˈkɒnsəntreɪt] |
| susirašinėjimo draugas | pen-friend | [ˈpenfrend] |
| ✿ susitraukė | shrank | [ʃræŋk] |
| susitraukti | shrink | [ʃrɪŋk] |
| sustoti | stop | [stɒp] |
| sutarti | agree | [əˈgriː] |
| ✿ sutiko | met | [met] |
| sutikti | meet | [miːt] |
| ✿ sužeidė | hurt | [hɜːt] |
| sužeisti | hurt | [hɜːt] |
| svajonė | dream | [driːm] |
| ✿ svajojo | dreamt | [dremt] |
| svajoti | dream | [driːm] |
| svaras | pound | [paʊnd] |
| svarbus | important | [ɪmˈpɔːtnt] |
| svarstyklės | scales | [skeɪlz] |
| svečias | guest | [gest] |
| sveikas | healthy | [ˈhelθi] |
| Sveikas! | Hello! | [həˈləʊ] |
| sveikata | health | [helθ] |

| | | |
|---|---|---|
| Sveiki atvykę! | Welcome! | [ˈwelkəm] |
| sveikinimas | congratulation | [kənˌgrætjʊˈleɪʃn] |
| | greeting | [ˈgriːtɪŋ] |
| sveikinti | congratulate | [kənˈgrætjʊleɪt] |
| | greet | [griːt] |
| sverti | weigh | [weɪ] |
| svetainė | living-room | [ˈlɪvɪŋrʊm] |
| (*svečių*) | sitting-room | [ˈsɪtɪŋrʊm] |
| ✿ sviedė | cast | [kɑːst] |
| sviestas | butter | [ˈbʌtə] |
| sviesti | cast | [kɑːst] |
| sviestinė bandelė | muffin | [ˈmʌfɪn] |
| svogūnas | onion | [ˈʌnjən] |
| svoris | weight | [weɪt] |

## Š š

| | | |
|---|---|---|
| Ša! Tylėk! | Hush! | [hʌʃ] |
| šachmatai | chess | [tʃes] |
| šaka | branch | [brɑːntʃ] |
| šakelė | twig | [twɪg] |
| šaknis | root | [ruːt] |
| šakutė (*valgymo*) | fork | [fɔːk] |
| šaldiklis | freezer | [ˈfriːzə] |
| šaldytuvas | refrigerator | [rɪˈfrɪdʒəreɪtə] |
| *šnek.* | fridge | [frɪdʒ] |
| šalia | beside | [bɪˈsaɪd] |
| (*greta*) | next to | [ˈnekst tə] |
| (*transporto priemonei*) | by | [baɪ] |
| šaligatvis | pavement | [ˈpeɪvmənt] |
| *amer.* | sidewalk | [ˈsaɪdwɔːk] |
| šalikai | scarves | [skɑːvz] |
| šalikas | scarf | [skɑːf] |
| šalin | away | [əˈweɪ] |
| šalis | country | [ˈkʌntri] |

A a Ą ą B b C c Č č D d E e Ę ę Ė ė F f G g H h I i Į į Y y J j K k L l M m N n O o P p R r S s Š š T t U u Ū ū V v Z z Ž ž

| | | |
|---|---|---|
| šalmas | helmet | ['helmɪt] |
| ✿ šalo | froze | [frəʊz] |
| šaltas | cold | [kəʊld] |
| šalti | freeze | [fri:z] |
| šaltis | frost | [fr ɒst] |
| šampūnas | shampoo | [ʃæm'pu:] |
| šarka | magpie | ['mægpaɪ] |
| šaškės | draughts | [drɑ:fts] |
| šaukštas | spoon | [spu:n] |
| šautuvas | gun | [gʌn] |
| šeima | family | ['fæməli] |
| šepetys | brush | [brʌʃ] |
| šerifas | sheriff | ['ʃerɪf] |
| šerkšnas | frost | [fr ɒst] |
| šermukšnis | mountain ash | ['maʊntɪn æʃ] |
| šernas | wild boar | ['waɪld bɔ:] |
| šešėlis | shadow | ['ʃædəʊ] |
| šeši | six | [sɪks] |
| šešiakampis | hexagon | ['heksəgən] |
| šešiasdešimt | sixty | ['sɪksti] |
| šešiasdešimtas | sixtieth | ['sɪkstɪəθ] |
| šešiolika | sixteen | [ˌsɪks'ti:n] |
| šešioliktas | sixteenth | [ˌsɪks'ti:nθ] |
| šeštadienis | Saturday | ['sætədeɪ], ['sætədi] |
| šeštas | sixth | [sɪksθ] |
| ši | this | [ðɪs] |
| šiandien | today | [tə'deɪ] |
| šiaudas | straw | [strɔ:] |
| šiaurė | north | [nɔ:θ] |
| šiaurinis | northern | ['nɔ:ðən] |
| šie, šios | these | [ði:z] |
| šienas | hay | [heɪ] |
| šieno kūgis | haystack | ['heɪstæk] |
| šikšnosparnis | bat | [bæt] |
| šildytuvas | heater | ['hi:tə] |
| šilkas | silk | [sɪlk] |

| | | |
|---|---|---|
| šiltas | warm | [wɔ:m] |
| šiluma | warmth | [wɔ:mθ] |
| šimpanzė | chimpanzee | [ˌtʃɪmpənˈzi:] |
| šimtakojis | centipede | [ˈsentɪpi:d] |
| šimtas | hundred | [ˈhʌndrəd] |
| šimtasis | hundredth | [ˈhʌndrədθ] |
| šypsena | smile | [smaɪl] |
| šypsotis | smile | [smaɪl] |
| šiokiadienis | weekday | [ˈwi:kdeɪ] |
| šios | these | [ði:z] |
| širdis | heart | [hɑ:t] |
| šis | this | [ðɪs] |
| šiukšlės | rubbish | [ˈrʌbɪʃ] |
| šiukšlių dėžė | bin | [bɪn] |
| | dustbin | [ˈdʌstbɪn] |
| *amer.* | waste-paperbasket | [ˈweɪstpeɪpə ˌbɑ:skɪt] |
| šiurkštus | rough | [rʌf] |
| šiurpus | creepy | [ˈkri:pi] |
| šiuolaikiškas | modern | [ˈmɒdn] |
| šįvakar | tonight | [təˈnaɪt] |
| škotas | Scotsman | [ˈskɒtsmən] |
| Škotija | Scotland | [ˈskɒtlənd] |
| škotiškas | Scottish | [ˈskɒtɪʃ] |
| šlaitas | slope | [sləʊp] |
| šlapias | wet | [wet] |
| ✿ šlavė | swept | [swept] |
| šlepetė | slipper | [ˈslɪpə] |
| ✿ šliaužė | crept | [krept] |
| šliaužiantis | creeping | [ˈkri:pɪŋ] |
| šliaužti | crawl | [krɔ:l] |
| | creep | [kri:p] |
| šlubas | limp | [lɪmp] |
| šluota | broom | [bru:m], [brum] |
| šluoti | sweep | [swi:p] |
| šnervės | nostrils | [ˈnɒstrəlz] |
| šnibždėti | whisper | [ˈwɪspə] |

| | | |
|---|---|---|
| šnipas | spy | [spaɪ] |
| šnipinėti | spy | [spaɪ] |
| šokdynė | skipping-rope | [ˈskɪpɪŋrəʊp] |
| šokėjas (-a) | dancer | [ˈdɑːnsə] |
| šokinėti (*per šok-* | jump | [dʒʌmp] |
| *dynę*) *amer.* | skip | [skɪp] |
| šokoladas | chocolate | [ˈtʃɒklət] |
| šokti | dance | [dɑːns] |
| šokuoti | hop | [hɒp] |
| šonas | side | [saɪd] |
| šortai | shorts | [ʃɔ:ts] |
| špyga | fig | [fɪg] |
| štai ten | over there | [ˌəʊvə ˈðeə] |
| šukė | chip | [tʃɪp] |
| šukos | comb | [kəʊm] |
| šukuosena | haircut | [ˈheəkʌt] |
| šukuotis | comb | [kəʊm] |
| šunelis | doggy | [ˈdɒgi] |
| šungrybis | toadstool | [ˈtəʊdstuːl] |
| šuo | dog | [dɒg] |
| Šv. Valentino diena | St. Valentines day | [snt ˈvæləntaɪnz ˌdeɪ] |
| švarkas | coat | [kəʊt] |
| | jacket | [ˈdʒækɪt] |
| švarus | clean | [kliːn] |
| | neat | [niːt] |
| šveicaras | Swiss | [swɪs] |
| Šveicarija | Switzerland | [ˈswɪtsələnd] |
| šveicariškas | Swiss | [swɪs] |
| šveisti | scrub | [skrʌb] |
| švelniai | gently | [ˈdʒentli] |
| | softly | [ˈsɒftli] |
| švelnus (*klimatas*) | mild | [maɪld] |
| (*minkštas*) | soft | [sɒft] |
| švelnus vėjelis | breeze | [bri:z] |
| šventas | saint | [seɪnt] |

| | | |
|---|---|---|
| šventė | holiday | ['hɒlədeɪ], ['hɒlədi] |
| šviesa | light | [laɪt] |
| šviesoforas | traffic-lights | ['træfɪklaɪts] |
| šviesiaplaukis (-ė) | blond | [blɒnd] |
| šviesti | shine | [ʃaɪn] |
| šviesus | bright | [braɪt] |
| šviesūs (*plaukai*) | fair | [feə] |
| ✿ švietė | shone | [ʃɒn] |
| šviežias | fresh | [freʃ] |
| švilpti | whistle | ['wɪsl] |
| švilpukas | whistle | ['wɪsl] |
| švyturys | lighthouse | ['laɪthaʊs] |

## T t

| | | |
|---|---|---|
| ta | that | [ðæt] |
| tada | then | [ðen] |
| tai (*apie daiktą, gyvūną*) | it | [ɪt] |
| taigi | so | [səʊ] |
| taika | peace | [pi:s] |
| taip | yes | [jes] |
| taip kaip | as | [æz], [əz] |
| taip pat | also | ['ɔ:lsəʊ] |
| (*sakinio gale*) | too | [tu:] |
| taisyklė | rule | [ru:l] |
| taisymas | correction | [kə'rekʃn] |
| taisyti (*klaidas*) | correct | [kə'rekt] |
| (*remontuoti*) | fix | [fɪks] |
| (*tikslinti*) | revise | [rɪ'vaɪz] |
| takas (*siauras*) | lane | [leɪn] |
| | path | [pɑ:θ] |
| taksi | taxi | ['tæksi] |
| talentas | talent | ['tælənt] |
| tamsus | dark | [dɑ:k] |

| | | |
|---|---|---|
| ✿ tapo | became | [bɪˈkeɪm] |
| tapšnoti | tap | [tæp] |
| tapti | become | [bɪˈkʌm] |
| tarnas | servant | [ˈsɜːvənt] |
| tarnautojas | office-worker | [ˈɒfɪswɜːkə] |
| tarp | between | [bɪˈtwiːn] |
| tas | that | [ðæt] |
| tas pats | same | [seɪm] |
| taškas | dot | [dɒt] |
| taškuotas | spotted | [ˈspɒtɪd] |
| taupyti | save | [seɪv] |
| tautos šventė | National day | [ˌnæʃnəl ˈdeɪ] |
| tavo (*su daiktv.*) | your | [jɔ:] |
| (*be daiktv.*) | yours | [jɔ:z] |
| teatras | theatre | [ˈθɪətə] |
| teikti malonumą | please | [pliːz] |
| teikti pirmenybę | prefer | [prɪˈfɜː] |
| teisėjas | judge | [dʒʌdʒ] |
| Teisingai! | That's right! | [ˌðæts ˈraɪt] |
| teisingas | correct | [kəˈrekt] |
| | right | [raɪt] |
| | true | [truː] |
| teisti | judge | [dʒʌdʒ] |
| tekėti | flow | [fləʊ] |
| telefonas | telephone | [ˈtelɪfəʊn] |
| telefono būdelė | telephone booth | [ˈtelɪfəʊn buːθ] |
| | telephone box | [ˈtelɪfəʊn bɒks] |
| telefono numeris | telephone numbe | [ˈtelɪfəʊn nʌmbə] |
| telefono ragelis | receiver | [rɪˈsiːvə] |
| teleskopas | telescope | [ˈtelɪskəʊp] |
| televizija | television | [ˌtelɪˈvɪʒn] |
| televizorius | TV set | [tiːˈviː set] |
| temperatūra | temperature | [ˈtemprətʃə] |
| ten | there | [ðeə] |
| tenisas | tennis | [ˈtenɪs] |
| teniso aikštelė | tennis-court | [ˈtenɪskɔ:t] |

| | | |
|---|---|---|
| teptukas | paintbrush | [ˈpeɪntbrʌʃ] |
| termometras | thermometer | [θəˈm ɒmɪtə] |
| tęsti | continue | [kənˈtɪnjuː] |
| (*trukti*) | last | [lɑːst] |
| tešla | paste | [peɪst] |
| teta | aunt | [ɑːnt] |
| tėtis *šnek.* | dad | [dæd] |
| *šnek.* | pa | [pɑː] |
| tėvai | parents | [ˈpeərənts] |
| tėvas | father | [ˈfɑːðə] |
| tėvelis *šnek.* | daddy | [ˈdædi] |
| tie | those | [ðəʊz] |
| tiesiai | straight | [streɪt] |
| tiesioginis | direct | [dɪˈrekt] |
| tiesus | straight | [streɪt] |
| tigras | tiger | [ˈtaɪgə] |
| tik | only | [ˈəʊnli] |
| tikėjimas | belief | [bɪˈliːf] |
| tikėti | believe | [bɪˈliːv] |
| tikėtis | hope | [həʊp] |
| tikyba | religion | [rɪˈlɪdʒən] |
| tikrai | really | [ˈriːəli], [ˈrɪəli] |
| tikras | real | [riːəl], [rɪəl] |
| tikrinti | check | [tʃek] |
| tikslas | goal | [gəʊl] |
| tikti | fit | [fɪt] |
| tyla | silence | [ˈsaɪləns] |
| tyliai | softly | [ˈs ɒftli] |
| tylus | soft | [s ɒft] |
| tiltas | bridge | [brɪdʒ] |
| tingus | lazy | [ˈleɪzi] |
| tinklas | net | [net] |
| tinklinis | volleyball | [ˈv ɒlɪbɔːl] |
| tirpti | melt | [melt] |
| tirštas | thick | [θɪk] |
| tirti | investigate | [ɪnˈvestɪgeɪt] |

| | | |
|---|---|---|
| todėl | so | [səʊ] |
| toks | such | [sʌtʃ] |
| | so | [səʊ] |
| toli | far | [fɑ:] |
| tolimas | distant | [ˈdɪstənt] |
| tortas | cake | [keɪk] |
| tos | those | [ðəʊz] |
| traktorius | tractor | [ˈtræktə] |
| tramvajus | tram | [træm] |
| transportas | transport | [ˈtrænspɔ:t] |
| transporto priemonė | vehicle | [ˈvi:ɪkl] |
| traškučiai | chips | [tʃɪps] |
| traukinys | train | [treɪn] |
| traukiniu | by train | [baɪ ˈtreɪn] |
| traukti | drag | [dræg] |
| | pull | [pʊl] |
| trečiadienis | Wednesday | [ˈwenzdeɪ], [ˈwenzdi] |
| trečias | third | [θɜ:d] |
| treneris | coach | [kəʊtʃ] |
| treniruotė | practice | [ˈpræktɪs] |
| trenksmas | bang | [bæŋ] |
| trenkti(s) | bang | [bæŋ] |
| trikampis | triangle | [ˈtraɪæŋgl] |
| triko (*drabužis*) | tights | [taɪts] |
| trileris | thriller | [ˈθrɪlə] |
| trylika | thirteen | [ˌθɜ:ˈti:n] |
| tryliktas | thirteenth | [ˌθɜ:ˈti:nθ] |
| trimestras | term | [tɜ:m] |
| trimitas | bugle | [ˈbju:gl] |
| | trumpet | [ˈtrʌmpɪt] |
| trinti | rub | [rʌb] |
| trintukas | eraser | [ɪˈreɪzə] |
| *amer.* | rubber | [ˈrʌbə] |
| trynukai | triplets | [ˈtrɪpləts] |
| trisdešimt | thirty | [ˈθɜ:ti] |
| trisdešimtas | thirtieth | [ˈθɜ:tɪəθ] |

A a Ą ą B b C c Č č D d E e Ė ė F f G g H h I i Į į Y y J j K k L l M m N n O o P p R r S s Š š T t U u Ū ū V v Z z Ž ž

| | | |
|---|---|---|
| trys | three | [θri:] |
| triukšmas | noise | [n ɒɪz] |
| triukšmingai | noisily | [ˈn ɒɪzɪli] |
| triušis | rabbit | [ˈræbɪt] |
| trobelė | cottage | [ˈk ɒtɪdʒ] |
| trombonas | trombone | [tr ɒmˈbəʊn] |
| trukdyti | disturb | [dɪˈstɜ:b] |
| tu | you | [ju:], [ju], [jə] |
| tu pats | yourself | [jɔ:ˈself], [jəˈself] |
| tualetas | toilet | [ˈt ɒɪlɪt] |
| tūkstantis | thousand | [ˈθaʊzənd] |
| tulpė | tulip | [ˈtju:lɪp] |
| tunelis | tunnel | [ˈtʌnl] |
| tuo tarpu | meanwhile | [ˈmi:nwaɪl] |
| tuoj pat | right now | [raɪt ˈnaʊ] |
| ✿ turėjo | had got | [həd ˈg ɒt] |
| | had | [hæd], [həd] |
| turėti | have | [hæv], [həv] |
| turi (*aš, tu, jūs, mes, jie*) | have got | [həv ˈg ɒt] |
| (*jis, ji*) | has got | [həz ˈg ɒt] |
| (*jis, ji*) | has | [hæz], [həz] |
| turgus | market | [ˈmɑ:kɪt] |
| turistas | tourist | [ˈtʊərɪst] |
| turkas (-ė) | Turk | [tɜ:k] |
| Turkija | Turkey | [ˈtɜ:ki] |
| turkiškas | Turkish | [ˈtɜ:kɪʃ] |
| turkų kalba | Turkish | [ˈtɜ:kɪʃ] |
| turtas | wealth | [welθ] |
| turtingas | rich | [rɪtʃ] |
| | wealthy | [ˈwelθi] |
| tuščias | empty | [ˈempti] |
| (*neprirašytas*) | blank | [blæŋk] |
| tušinukas | ballpoint pen | [ˈbɔ:lp ɒɪnt ˌpen] |
| tvarkaraštis | timetable | [ˈtaɪmteɪbl] |
| tvarkingas | neat | [ni:t] |
| | tidy | [ˈtaɪdi] |

| | | |
|---|---|---|
| tvarkyti | tidy | [ˈtaɪdi] |
| tvarstis | bandage | [ˈbændɪdʒ] |
| tvenkinys | pond | [pɒnd] |
| tvora | fence | [fens] |

## U u, Ū ū

| | | |
|---|---|---|
| ugniagesys | fireman | [ˈfaɪəmən] |
| ugniagesių mašina | fire-engine | [ˈfaɪərˌendʒɪn] |
| ugnis | fire | [ˈfaɪə] |
| ūkanotas | foggy | [ˈfɒgi] |
| ūkininkas | farmer | [ˈfɑːmə] |
| ūkis | farm | [fɑːm] |
| undinėlė | mermaid | [ˈmɜːmeɪd] |
| ungurys | eel | [iːl] |
| uniforma | uniform | [ˈjuːnɪfɔːm] |
| universalinė parduotuvė | department store | [dɪˈpɑːtmənt ˌstɔː] |
| | supermarket | [ˈsuːpəmɑːkɪt] |
| uodas | gnat | [næt] |
| uodega | tail | [teɪl] |
| uoga | berry | [ˈberi] |
| uogienė | jam | [dʒæm] |
| uola | rock | [rɒk] |
| uostyti | smell | [smel] |
| upė | river | [ˈrɪvə] |
| uraganas | hurricane | [ˈhʌrɪkən] |
| Uranas | Uranus | [jʊˈreɪnəs] |
| urvas | cave | [keɪv] |
| ūsai | moustache | [məˈstɑːʃ] |
| už | behind | [bɪˈhaɪnd] |
| už nugaros | at the back of | [ət ðə ˈbæk əv] |
| uždaryti | close | [kləʊz] |
| uždengti | cover | [ˈkʌvə] |
| užeiti (*vidun*) | come in | [ˌkʌm ˈɪn] |

| | | |
|---|---|---|
| užgrobti | invade | [ɪnˈveɪd] |
| užkandinė (*savitarna*) | cafeteria | [ˌkæfəˈtɪərɪə] |
| (*bufetas*) | snack bar | [ˈsnækbɑː] |
| užkandis | snack | [snæk] |
| užkąsti prieš einant gulti | have supper | [ˌhæv ˈsʌpə] |
| užkimęs | hoarse | [hɔ:s] |
| užpildyti | fill | [fɪl] |
| užrakinti | lock | [lɒk] |
| Užsičiaupk! | Shut up! | [ʃʌt ˈʌp] |
| užsiėmęs | busy | [ˈbɪzi] |
| užsukti | turn off | [ˌtɜːn ˈɒf] |
| užtraukti užtrauktuką | zip | [zɪp] |
| užtrauktukas | zipper | [ˈzɪpə] |
| užuolaida | curtain | [ˈkɜːtn] |
| užvesti | start | [stɑːt] |
| užverti | shut | [ʃʌt] |
| ✿ užvėrė | shut | [ʃʌt] |

## V v

| | | |
|---|---|---|
| vabalas | beetle | [ˈbiːtl] |
| *amer.* | bug | [bʌg] |
| vabzdys | insect | [ˈɪnsekt] |
| vadas | chief | [tʃiːf] |
| vadinti | call | [kɔ:l] |
| vadovas | leader | [ˈliːdə] |
| vadovauti | lead | [liːd] |
| ✿ vadovavo | led | [led] |
| vadovėlis | schoolbook | [ˈskuːlbʊk] |
| | textbook | [ˈtekstbʊk] |
| vagis | thief | [θiːf] |
| vagys | thieves | [θiːvz] |
| vaidentis | haunt | [hɔ:nt] |
| vaiduoklis | ghost | [gəʊst] |

A a
Ą ą
B b
C c
Č č
D d
E e
Ė ė
F f
G g
H h
I i
Į į
Y y
J j
K k
L l
M m
N n
O o
P p
R r
S s
Š š
T t
U u
Ū ū
V v
Z z
Ž ž

| | | |
|---|---|---|
| vaikai | children | ['tʃɪldrən] |
| vaikaitė | granddaughter | ['grændɔ:tə] |
| vaikaitis | grandson | ['grænsʌn] |
| vaikas | child | [tʃaɪld] |
| *šnek.* | kid | [kɪd] |
| vaikinas *amer.* | guy | [gaɪ] |
| vaikiška lovelė | cot | [k ɒt] |
| vaikščiojimas | walking | ['wɔ:kɪŋ] |
| (*po parduotuves*) | shopping | ['ʃɒpɪŋ] |
| vaikščioti | walk | [wɔ:k] |
| | have a walk | [ˌhæv ə'wɔ:k] |
| vaikų žaidimas rutuliukais | marbles | ['mɑ:blz] |
| vainikas | wreath | [ri:θ] |
| vainiklapis | petal | ['petl] |
| ✿ vairavo | drove | [drəʊv] |
| vairuoti | drive | [draɪv] |
| vairuotojas | driver | ['draɪvə] |
| vaisiai | fruit | [fru:t] |
| vaisių pardavėjas | fruitseller | ['fru:tselə] |
| vaistai | medicine | ['medsn] |
| vaistininkas | chemist | ['kemɪst] |
| vaišinti | treat | [tri:t] |
| vaivorykštė | rainbow | ['reɪnbəʊ] |
| vaizdo magnetofonas | video recorder | ['vɪdɪəʊ rɪkɔ:də] |
| vakar | yesterday | ['jestədəɪ], ['jestədi] |
| vakarai | west | [west] |
| vakaras | evening | ['i:vnɪŋ] |
| vakarėlis | party | ['pɑ:ti] |
| vakarienė | dinner | ['dɪnə] |
| (*kukli*) | supper | ['sʌpə] |
| vakarieniauti | have dinner | [ˌhæv 'dɪnə] |
| vakarų | western | ['westən] |
| valanda (*60 min.*) | hour | ['aʊə] |
| (*pagal laikrodį*) | o'clock | [ə'kl ɒk] |

A a Ą ą B b C c Č č D d E e Ė ė F f G g H h I i Į į Y y J j K k L l M m N n O o P p R r S s Š š T t U u Ū ū V v Z z Ž ž

| | | |
|---|---|---|
| valdyti | rule | [ruːl] |
| valdovas | ruler | [ˈruːlə] |
| ✿ valgė | ate | [et] |
| valgiaraštis | menu | [ˈmenjuː] |
| valgykla | canteen | [kænˈtiːn] |
| valgis | meal | [miːl] |
| valgis prieš einant gulti | supper | [ˈsʌpə] |
| valgyti | eat | [iːt] |
| | have a meal | [ˌhæv ə ˈmiːl] |
| valgomasis | dining-room | [ˈdaɪnɪŋrʊm] |
| Valio! | Hooray! | [hʊˈrei] |
| | Hurrah! | [hʊˈrɑː] |
| valyti | clean | [kliːn] |
| valyti šepečiu | brush | [brʌʃ] |
| valytojas | cleaner | [ˈkliːnə] |
| valtis | boat | [bəʊt] |
| vampyras | vampire | [ˈvæmpaɪə] |
| vamzdis | tube | [tjuːb] |
| vanagas | hawk | [hɔːk] |
| vandenynas | ocean | [ˈəʊʃn] |
| vandentiekis | running water | [ˈrʌnɪŋ wɔːtə] |
| vanduo | water | [ˈwɔːtə] |
| vapsva | wasp | [wɒsp] |
| vardas | first name | [ˈfɜːst neɪm] |
| | name | [neɪm] |
| vardas ir pavardė | full name | [ˈfʊl neɪm] |
| | name | [neɪm] |
| vargšas | poor | [pʊə] |
| variklis | engine | [ˈendʒɪn] |
| varis | copper | [ˈkɒpə] |
| varlė | frog | [frɒg] |
| varna | crow | [krəʊ] |
| varnelė (*ženklas*) | tick | [tɪk] |
| varnėnas | starling | [ˈstɑːlɪŋ] |
| varpelis | bell | [bel] |
| vartai | gate | [geɪt] |

| | | |
|---|---|---|
| varžybos | contest | ['kɒntəst] |
| varžtas | screw | [skruː] |
| vasara | summer | ['sʌmə] |
| vasaris | February | ['febrʊəri] |
| vasaros atostogos | summer holidays | [ˌsʌmə 'hɒlədeɪz] [ˌsʌmə 'hɒlədɪz] |
| vaza | vase | [vɑːz] |
| ✿ važiavo | rode | [rəʊd] |
| važinėjimas riedlente | skateboarding | ['skeɪtbɔːdɪŋ] |
| važinėti rogėmis | sledge | [sledʒ] |
| važinėtis | have a ride | [ˌhæv ə 'raɪd] |
| važiuoti (*dviračiu*) | ride | [raɪd] |
| (*vairuoti*) | drive | [draɪv] |
| vėduoklė | fan | [fæn] |
| veidas | face | [feɪs] |
| veidrodis | mirror | ['mɪrə] |
| veiksmas | action | ['ækʃn] |
| veiksmažodis | verb | [vɜːb] |
| veikti | act | [ækt] |
| vėjas | wind | [wɪnd] |
| vėjuotas | windy | ['wɪndi] |
| vėl | again | [ə'gen] |
| vėliava | flag | [flæg] |
| Velykos | Easter | ['iːstə] |
| Velsas | Wales | [weɪlz] |
| vėlus | late | [leɪt] |
| Venera | Venus | ['viːnəs] |
| veranda | porch | [pɔːtʃ] |
| vergas | slave | [sleɪv] |
| vėrinys | necklace | ['neklɪs] |
| verkti | cry | [krai] |
| ✿ verpė | spun | [spʌn] |
| verpstė | spinning-wheel | ['spɪnɪŋwiːl] |
| verpti | spin | [spɪn] |
| verslininkas | businessman | ['bɪznɪsmən] |

| | | |
|---|---|---|
| versti į kitą kalbą | translate | [trænz'leɪt] |
| veršiukai | calves | [kɑːvz] |
| veršiukas | calf | [kɑːf] |
| vertė | worth | [wɜːθ] |
| vertimas į kitą kalbą | translation | [trænz'leɪʃn] |
| veržti | screw | [skruː] |
| vesti | marry | ['mæri] |
| (*vadovauti*) | lead | [liːd] |
| vėsus | cool | [kuːl] |
| vežimas | cart | [kɑːt] |
| vėžlys | tortoise | ['tɔːtəs] |
| viduje | in | [ɪn] |
| vidinis | inside | [ɪn'saɪd] |
| vidurdienis | midday | [ˌmɪd'deɪ] |
| | noon | [nuːn] |
| viduryje | in the middle of | [ɪn ðə 'mɪdl əv] |
| vidurinis (*mokslas*) | secondary | ['sekəndəri] |
| vidurys | middle | ['mɪdl] |
| vidurnaktis | midnight | ['mɪdnaɪt] |
| vidutinis | medium | ['miːdɪəm] |
| vieną kartą | once | [wʌns] |
| vienas (*skaičius*) | one | [wʌn] |
| vienas iš dviejų | either | ['aɪðə] |
| vienas pats | alone | [ə'ləʊn] |
| vienišas | lonely | ['ləʊnli] |
| vienodas (*lygus*) | egual | ['iːkwəl] |
| vienuolika | eleven | [ɪ'levn] |
| vienuoliktas | eleventh | [ɪ'levnθ] |
| viešbutis | hotel | [həʊ'tel] |
| vieta | place | [pleɪs] |
| (*sėdėti*) | seat | [siːt] |
| vikriai (*greitai*) | quickly | ['kwɪkli] |
| vikrus (*greitas*) | quick | [kwɪk] |
| vikšras | caterpillar | ['kætəpɪlə] |
| viktorina | quiz | [kwɪz] |
| vilkai | wolves | [wʊlvz] |

| | | |
|---|---|---|
| vilkas | wolf | [wʊlf] |
| vilkelis (*žaislas*) | spinning top | [ˈspɪnɪŋ tɒp] |
| vilkėti | wear | [weə] |
| vilna | wool | [wʊl] |
| viltis | hope | [həʊp] |
| vynas | wine | [waɪn] |
| vinis | nail | [neɪl] |
| vynuogė | grape | [greɪp] |
| violetinė spalva | violet | [ˈvaɪələt] |
| vyrai | men | [men] |
| vyras (*sutuoktinis*) | husband | [ˈhʌzbənd] |
| (*lytis*) | male | [meɪl] |
| (*žmogus*) | man | [mæn] |
| virdulys | kettle | [ˈketl] |
| virėjas | cook | [kʊk] |
| viryklė | cooker | [ˈkʊkə] |
| | stove | [stəʊv] |
| virpėjimas | vibration | [vaɪˈbreɪʃn] |
| virš | above | [əˈbʌv] |
| | over | [ˈəʊvə] |
| viršelis | cover | [ˈkʌvə] |
| viršun (*laiptais*) | upstairs | [ʌpˈsteəz] |
| viršus | top | [tɒp] |
| viršutiniame aukšte | upstairs | [ʌpˈsteəz] |
| virinti | boil | [bɒɪl] |
| virti (*gaminti*) | cook | [kʊk] |
| virtuvė | kitchen | [ˈkɪtʃn] |
| vyrukas *šnek.* | chap | [tʃæp] |
| virvė | rope | [rəʊp] |
| (*plona*) | string | [strɪŋ] |
| vis dar | still | [stɪl] |
| vis tiek | anyway | [ˈeniweɪ] |
| visada | always | [ˈɔ:lweɪz] |
| visata | universe | [ˈju:nɪvɜ:s] |
| visi kiti | all the rest | [ˌɔ:l ðə ˈrest] |
| visi (*apie žmogų*) | everybody | [ˈevribədi] |
| | all | [ɔ:l] |

A a Ą ą B b C c Č č D d E e Ė ė F f G g H h I i Į į Y y J j K k L l M m N n O o P p R r S s Š š T t U u Ū ū **V v** **Z z** Ž ž

| | | |
|---|---|---|
| viskas | everything | [ˈevriθɪŋ] |
| Viskas gerai! | All right! | [ˌɔ:l ˈraɪt] |
| visos | all | [ɔ:l] |
| visur | everywhere | [ˈevriweə] |
| Viso gero! | Goodbye! | [gʊdˈbaɪ] |
| visus metus | all-year-round | [ˌɔ:l jɪe ˈraʊnd] |
| viščiukas | chicken | [ˈtʃɪkɪn] |
| *šnek.* | chick | [tʃɪk] |
| vyšnia | cherry | [ˈtʃeri] |
| višta | hen | [hen] |
| vyturys | skylark | [ˈskaɪlɑ:k] |
| vizitas | visit | [ˈvɪzɪt] |
| ✿ vogė | stole | [stəʊl] |
| vogti | steal | [sti:l] |
| vokas | envelope | [ˈenvələʊp] |
| vokiečių kalba | German | [ˈdʒɜ:mən] |
| Vokietija | Germany | [ˈdʒɜ:məni] |
| vokietis | German | [ˈdʒɜ:mən] |
| vokiškas | German | [ˈdʒɜ:mən] |
| vonia | bath | [bɑ:θ] |
| (*kambarys*) | bathroom | [ˈbɑ:θrʊm] |
| *amer.* | bathtub | [ˈbɑ:θtʌb] |
| voras | spider | [ˈspaɪdə] |
| voratinklis | web | [web] |
| voverė | squirrel | [ˈskwɪrəl] |
| vulkanas | volcano | [vɒlˈkeɪnəʊ] |

## Z z

| | | |
|---|---|---|
| zebras | zebra | [ˈzi:brə] |
| zylė | titmouse | [ˈtɪtmaʊs] |
| zoologijos sodas | zoo | [zu:] |
| zvimbimas | buzz | [bʌz] |

# Ž ž

| | | |
|---|---|---|
| žadėti | promise | [ˈpr ɒmɪs] |
| žadintuvas | alarm-clock | [əˈlɑːmkl ɒk] |
| žaibas | lightning | [ˈlaɪtnɪŋ] |
| žaidėjas | player | [ˈpleɪə] |
| žaidimas | game | [geɪm] |
| žaidimų aikštė | playground | [ˈpleɪgraʊnd] |
| žaidimų kambarys | playroom | [ˈpleɪrʊm] |
| žaislas | toy | [t ɒɪ] |
| žaislų parduotuvė | toy shop | [ˈt ɒɪ ʃɒp] |
| žaisti | play | [pleɪ] |
| *šnek.* | have a game | [ˌhæv ə ˈgeɪm] |
| žalias | green | [griːn] |
| žandikaulis | jaw | [dʒɔː] |
| žąsis | goose | [guːs] |
| žąsys | geese | [giːs] |
| žavėtis | admire | [ədˈmaɪə] |
| žavus | charming | [ˈtʃɑːmɪŋ] |
| želė (*drebučiai*) | jelly | [ˈdʒeli] |
| žemas | low | [ləʊ] |
| Žemė (*planeta*) | Earth | [ɜːθ] |
| (*dirva*) | ground | [graʊnd] |
| (*sausuma*) | land | [lænd] |
| žemėlapis | map | [mæp] |
| žemės drebėjimas | earthquake | [ˈɜːθkweɪk] |
| žemės trauka | gravity | [ˈgrævɪti] |
| žemiau | below | [bɪˈləʊ] |
| (*po*) | beneath | [bɪˈniːθ] |
| žemyn | down | [daʊn] |
| žemyn laiptais | downstairs | [ˌdaʊnˈsteəz] |
| žemynas | continent | [ˈk ɒntɪnənt] |
| žemuogė | strawberry | [ˈstrɔːbəri] |
| ženklas | sign | [saɪn] |
| ženkliukas | badge | [bædʒ] |

A a Ą ą B b C c Č č D d E e Ė ė F f G g H h I i Į į Y y J j K k L l M m N n O o P p R r S s Š š T t U u Ū ū V v Z z Ž ž

| | | |
|---|---|---|
| žiauriai | fiercely | [ˈfɪəsli] |
| žiaurus (*negailestingas*) | cruel | [krʊəl] |
| (*piktas*) | fierce | [fɪəs] |
| žibintas iš moliūgo | jack-o-lantern | [ˌdʒækəˈlæntən] |
| žibintuvėlis | torch | [tɔːtʃ] |
| žibsėti | twinkle | [ˈtwɪŋkl] |
| žibutė *bot.* | violet | [ˈvaɪələt] |
| žydėjimas | blossom | [ˈbl ɒsəm] |
| židinys | fireplace | [ˈfaɪəpleɪs] |
| žiedas (*ant piršto*) | ring | [rɪŋ] |
| žiedinis kopūstas | cauliflower | [ˈk ɒlɪflaʊə] |
| žiedlapis | petal | [ˈpetl] |
| žiema | winter | [ˈwɪntə] |
| žygis pėsčiomis | hike | [haɪk] |
| žygiuoti | march | [mɑːtʃ] |
| žymeklis | marker | [ˈmɑːkə] |
| žymė | mark | [mɑːk] |
| žymėti | mark | [mɑːk] |
| žymimasis artikelis | the | [ðə] |
| žymus | famous | [ˈfeɪməs] |
| žinduolis | mammal | [ˈmæml] |
| žingsnis | step | [step] |
| žiniukas | whizz-kid | [ˈwɪzkɪd] |
| ✿ žinoma | of course | [əv ˈkɔːs] |
| žinojo | knew | [njuː] |
| žinoti | know | [nəʊ] |
| žinutė | message | [ˈmesɪdʒ] |
| žiogas | grasshopper | [ˈgrɑːsh ɒpə] |
| žiovauti | yawn | [jɔːn] |
| žirafa | giraffe | [dʒəˈrɑːf] |
| žirklės | scissors | [ˈsɪzəz] |
| žirnis | pea | [piː] |
| žiūrėti | look | [lʊk] |
| (*TV*) | watch | [w ɒtʃ] |
| žiurkė | rat | [ræt] |
| žiurkėnas | hamster | [ˈhæmstə] |

| | | |
|---|---|---|
| žiūronai | binoculars | [bɪ'nɒkjʊləz] |
| žiūrovai (*publika*) | audience | ['ɔ:dɪəns] |
| žiūrovų salė | auditorium | [ˌɔ:dɪ'tɔ:rɪəm] |
| žmogus | man | [mæn] |
| | human being | [ˌhju:mən 'bi:ɪŋ] |
| | person | ['pɜ:sn] |
| žmogžudystė | murder | ['mɜ:də] |
| žmona | wife | [waɪf] |
| žmonės | people | ['pi:pl] |
| | men | [men] |
| žnaibyti | tingle | ['tɪŋgl] |
| žodynas (*knyga*) | dictionary | ['dɪkʃənri] |
| žodynėlis (*sąsiuvinis*) | vocabulary | [və'kæbjʊləri] |
| žodis | word | [wɜ:d] |
| žolė | grass | [grɑ:s] |
| žonglierius | juggler | ['dʒʌglə] |
| žudyti | murder | ['mɜ:də] |
| žurnalas (*periodinis*) | magazine | [ˌmægə'zi:n] |
| (*įrašams*) | register | ['redʒɪstə] |
| žuvėdra | seagull | ['si:gʌl] |
| žuvies parduotuvė | fish shop | ['fɪʃ ʃɒp] |
| žuvis | fish | [fɪʃ] |
| žvaigždė | star | [stɑ:] |
| žvakė | candle | ['kændl] |
| žvejyba | fishing | ['fɪʃɪŋ] |
| žvejybos tinklas | fishing-net | ['fɪʃɪŋnet] |
| žvejys | fisherman | ['fɪʃəmən] |
| žvilgterėti | glance | [glɑ:ns] |
| žvirblis | sparrow | ['spærəʊ] |

**Petružienė, Rasa**

Pe264 Anglų-lietuvių lietuvių-anglų kalbų pradžiamokslių žodynas=English-Lithuanian Lithuanian-English beginning learner's dictionary : apie 3000 žodžių / Rasa Petružienė, Danguolė Žalionienė. — 3-oji laida. — Kaunas: Jotema, [2015]. — 222, [2] p. + 1 lent. lap.

ISBN 978-9955-13-552-4

Žodyne pateikiama apie 3000 anglų kalbos žodžių ir žodžių junginių. Čia paaiškinama, kaip perskaityti anglišką žodį, pateikiamos skaitvardžių, dažniausiai vartojamų netaisyklingųjų veiksmažodžių lentelės. Taip pat yra vardų ir veiksmažodžių trumpųjų formų sąrašai.

Žodynas skiriamas visiems pradedantiems mokytis anglų kalbos.

UDK 811.111`374.8-022.215=172+811.172`374.8-022.215=111

SL 250. 14 sp. l. Užsak. Nr. 15.0899
UAB „Jotema“, Algirdo g. 53, 50157 Kaunas
Tel. 337695, el. paštas: info@jotema.lt
http://www.jotema.lt
Spausdino UAB „Spindulio spaustuvė“, B. Brazdžionio g. 23, 48184 Kaunas